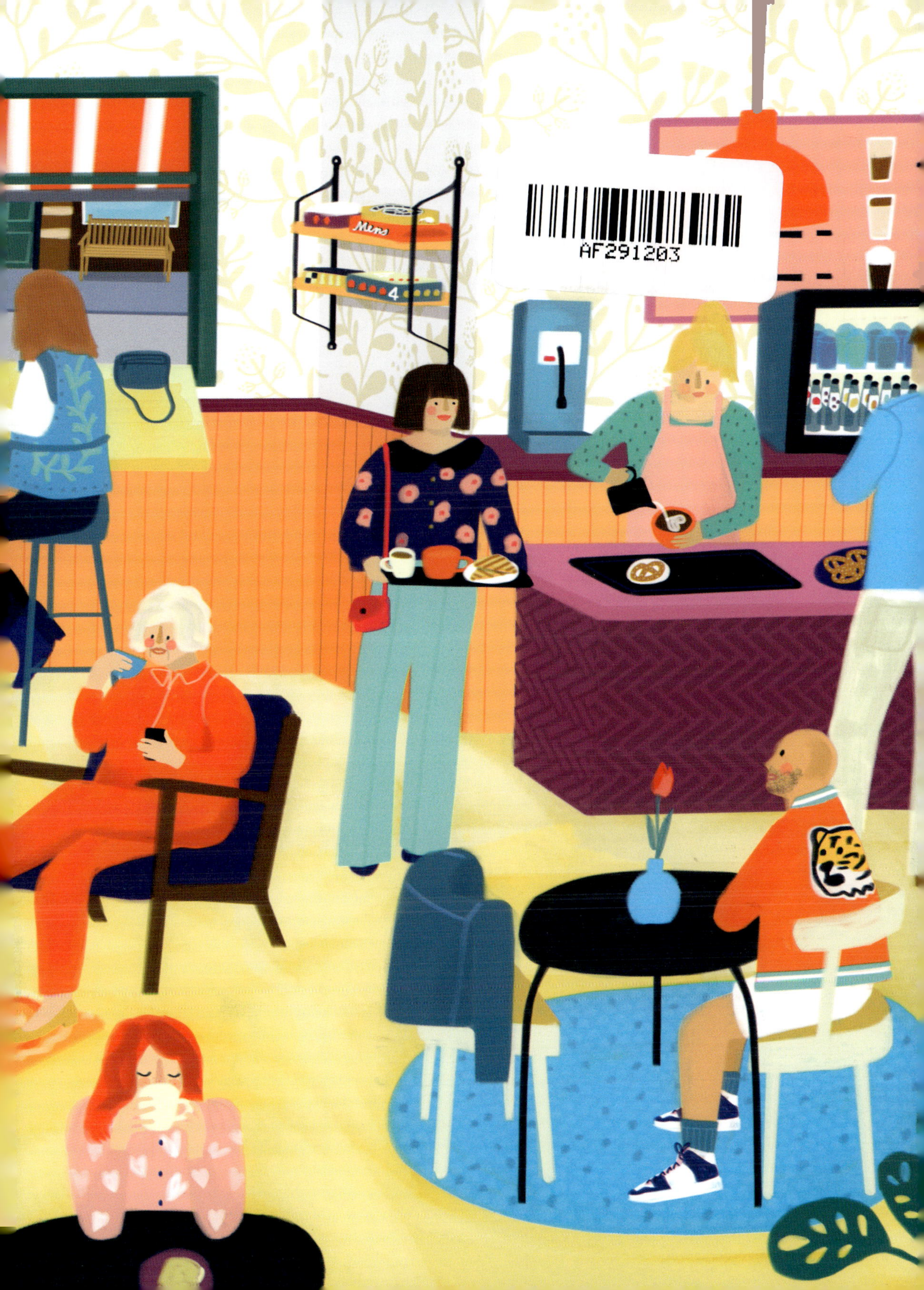
Mens
4
AF291203

The art of Painting

© 2024 Instituto Monsa de ediciones.

First edition in September 2024 by Monsa Publications,
Carrer Gravina 43 (08930) Sant Adrià de Besós.
Barcelona (Spain)
T+34 93 381 00 93
www.monsa.com monsa@monsa.com

Editor and Project director Anna Minguet
Art director, layout and cover design
Eva Minguet (Monsa Publications)
Printed by Cachiman Grafic

Shop online:
www.monsashop.com

Follow us!
Instagram: @monsapublications

ISBN: 978-84-17557-79-9
B 12190-2024

The art of Painting

monsa

Image courtesy of Alex de Marcos

Discover the Art of Illustration
A Creative Journey through Styles and Techniques

Illustration has always been an essential part of my life, and I can't help but marvel at the benefits it brings. Immersing myself in the world of illustration has allowed me to develop limitless creativity. As a designer, it has helped me communicate and create much more striking layouts for readers.

One of the most fascinating aspects of illustration is its ability to communicate complex ideas in a visually impactful way, its diversity, and its capacity to constantly evolve. Each piece is unique, reflecting not only the technique but also the personal and artistic growth of its creator, whether through detailed and realistic illustrations or simple and abstract drawings.

In summary, illustration is an endless source of inspiration and satisfaction. It allows me to explore my creativity, increase my passion for art, and connect with other creators, reaching a deeper and more meaningful appreciation for beauty.

Eva Minguet

Descubre el Arte de la Ilustración
Un Viaje Creativo a través de Estilos y Técnicas

La ilustración siempre ha sido una parte esencial de mi vida, y no puedo evitar maravillarme de los beneficios que aporta. Sumergirme en el mundo de la ilustración me ha permitido desarrollar una creatividad sin límites. Como diseñadora, me ha ayudado a comunicar y crear montajes mucho más llamativos para los lectores.

Uno de los aspectos más fascinantes de la ilustración es su capacidad para comunicar ideas complejas de una manera visualmente impactante, su diversidad y su disposición para evolucionar constantemente. Cada obra es una pieza única que refleja no solo la técnica, sino también el crecimiento personal y artístico de su creador, ya sea a través de ilustraciones detalladas y realistas o de dibujos simples y abstractos.

En resumen, la ilustración es una fuente interminable de inspiración y satisfacción. Me permite explorar mi creatividad, aumentar mi pasión por el arte y conectar con otros creadores, alcanzando un nivel más profundo y significativo de apreciación por la belleza.

Eva Minguet

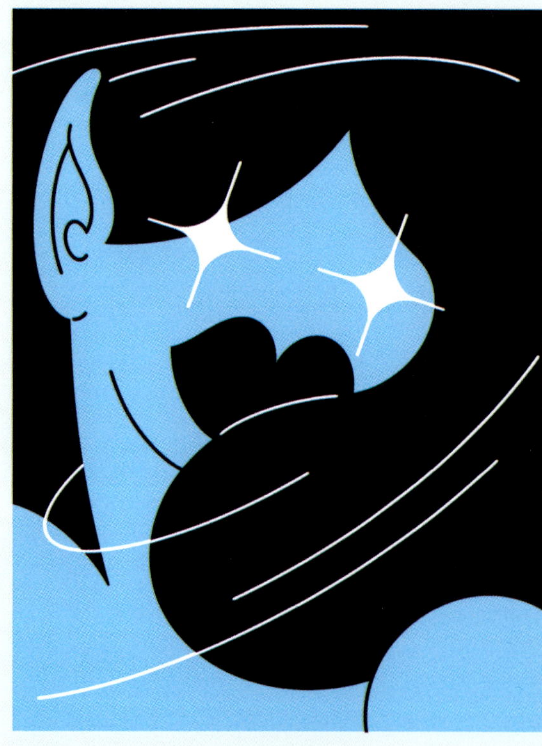

Image courtesy of Marylou Faure

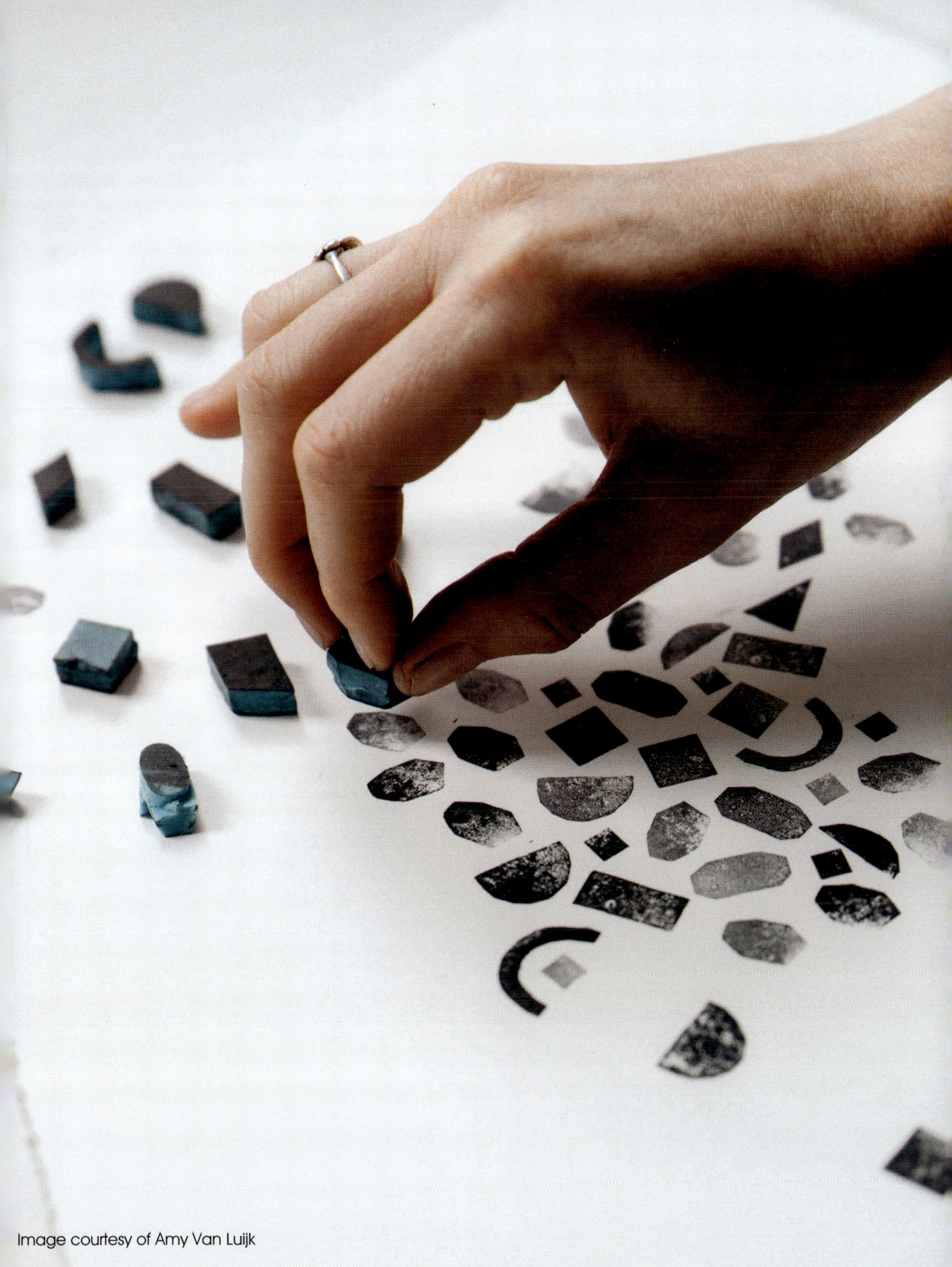

Image courtesy of Amy Van Luijk

Introducción - INTRO

La ilustración es una disciplina artística que combina creatividad y técnica, desempeñando un papel crucial en el arte y el diseño. Desde manuscritos iluminados hasta ilustraciones digitales, esta forma de expresión visual comunica ideas y emociones que a menudo las palabras no pueden capturar.

Más que un simple arte, la ilustración transforma conceptos abstractos en imágenes concretas, transmitiendo mensajes complejos de manera accesible. Su capacidad para comunicar visualmente la ha convertido en una disciplina valiosa y versátil en el mundo contemporáneo.

En el ámbito artístico, la ilustración ha influido en numerosos movimientos y estilos, desde el Renacimiento hasta el modernismo. Los ilustradores han explorado nuevas técnicas y perspectivas, desafiando las normas estéticas y enriqueciendo el panorama artístico global.

Para diseñadores y artistas de diversas disciplinas, la ilustración es una fuente inagotable de inspiración. En el diseño gráfico, da vida a campañas publicitarias y mejora la comunicación visual. En la moda, los bocetos ilustrados se transforman en prendas de vestir. En la literatura, las ilustraciones complementan y realzan las narrativas.

En el mundo digital, la ilustración ha encontrado nuevas oportunidades creativas. Las tecnologías modernas permiten explorar técnicas digitales, crear animaciones y desarrollar arte interactivo. Las ilustraciones digitales son fundamentales en medios de comunicación, entretenimiento, educación y marketing.

Este libro explora las diversas facetas de la ilustración, desde técnicas tradicionales hasta innovaciones contemporáneas. A través de ejemplos y testimonios de ilustradores, examinaremos cómo ha evolucionado y sigue influyendo en el arte y el diseño.

La ilustración es más que estética; influye en la percepción y comprensión del mundo. Es un puente entre la imaginación y la realidad, y una herramienta indispensable para artistas y diseñadores. A través del trabajo de 13 artistas, podremos explorar el fascinante universo de la ilustración y su impacto en la cultura contemporánea.

Illustration is an artistic discipline that blends creativity and technique, playing a crucial role in art and design. From illuminated manuscripts to digital illustrations, this form of visual expression communicates ideas and emotions that words often cannot capture.

More than just art, illustration transforms abstract concepts into concrete images, conveying complex messages in an accessible manner. Its ability to communicate visually has made it a valuable and versatile discipline in the contemporary world.

In the art realm, illustration has influenced numerous movements and styles, from the Renaissance to modernism. Illustrators have explored new techniques and perspectives, challenging aesthetic norms and enriching the global artistic landscape.

For designers and artists in various disciplines, illustration is an endless source of inspiration. In graphic design, it brings advertising campaigns to life and enhances visual communication. In fashion, illustrated sketches evolve into wearable garments. In literature, illustrations complement and elevate narratives.

In the digital realm, illustration has found new creative opportunities. Modern technologies enable exploration of digital techniques, creation of animations, and development of interactive art. Digital illustrations are essential in media, entertainment, education, and marketing.

This book explores various facets of illustration, from traditional techniques to contemporary innovations. Through examples and testimonies from illustrators, we'll examine how it has evolved and continues to influence art and design.

Illustration is more than aesthetics; it shapes perception and understanding of the world. It serves as a bridge between imagination and reality, an indispensable tool for artists and designers. Through the work of 13 artists, we'll be able to explore the fascinating universe of illustration and its impact on contemporary culture.

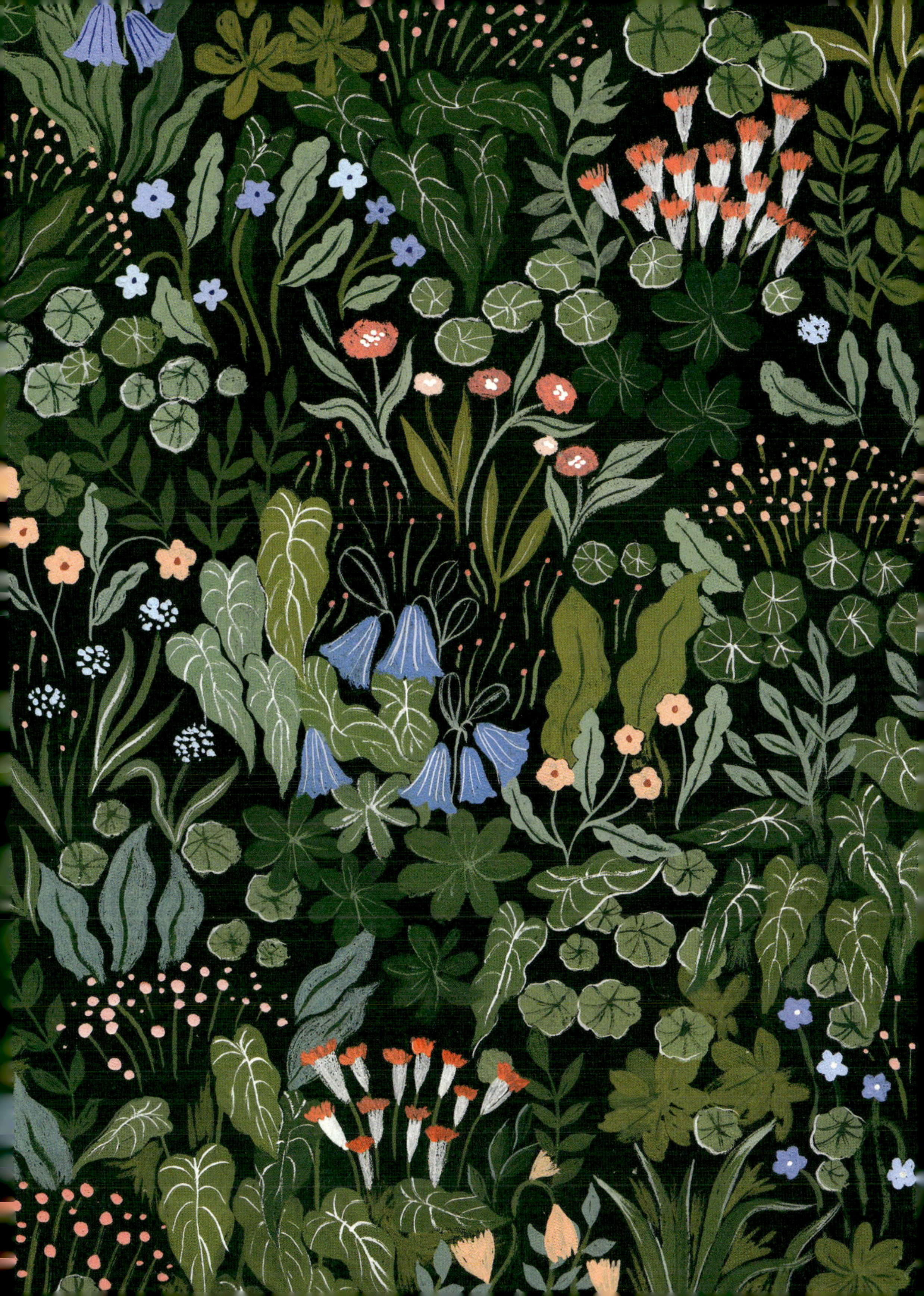

Índice - INDEX

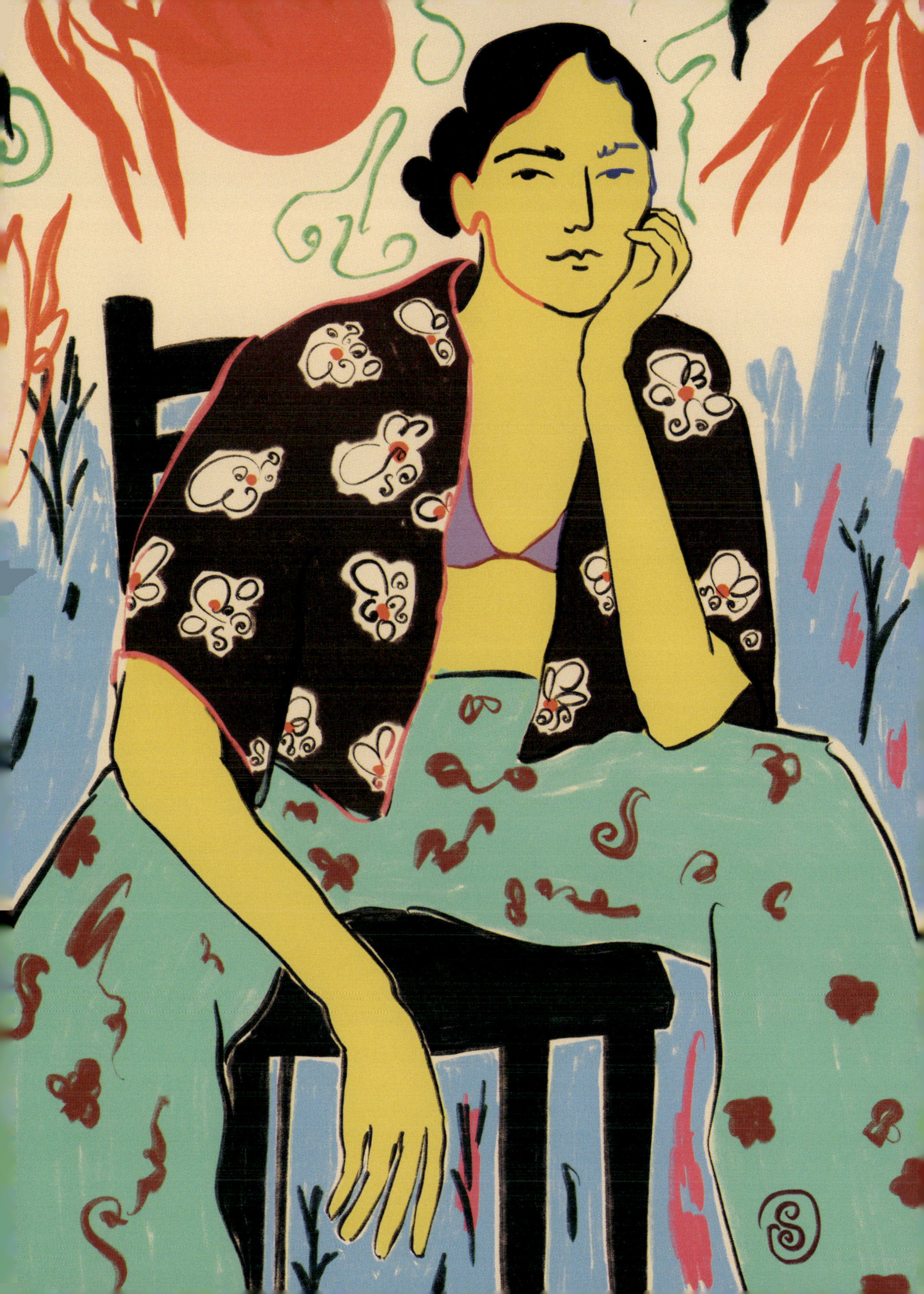

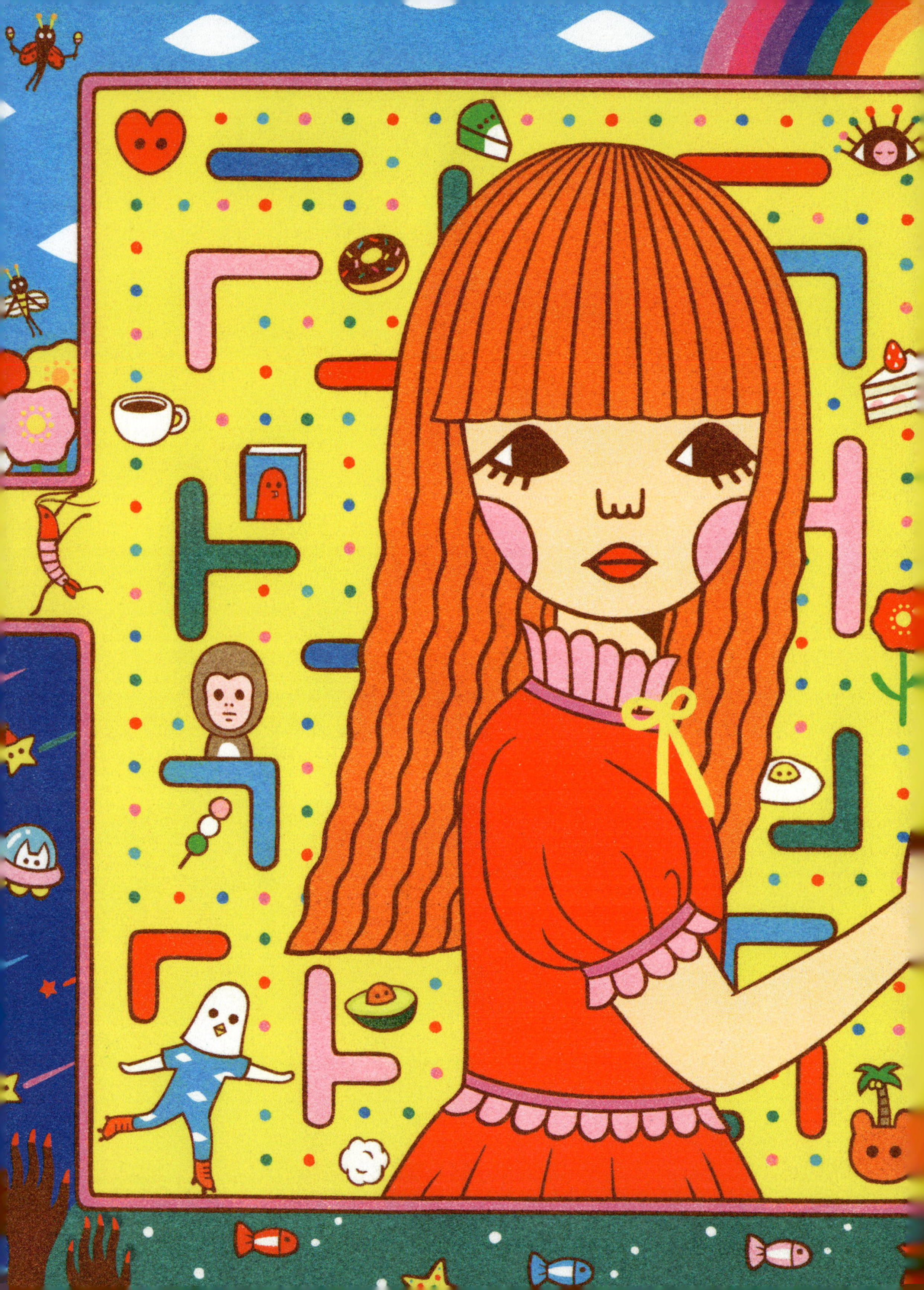

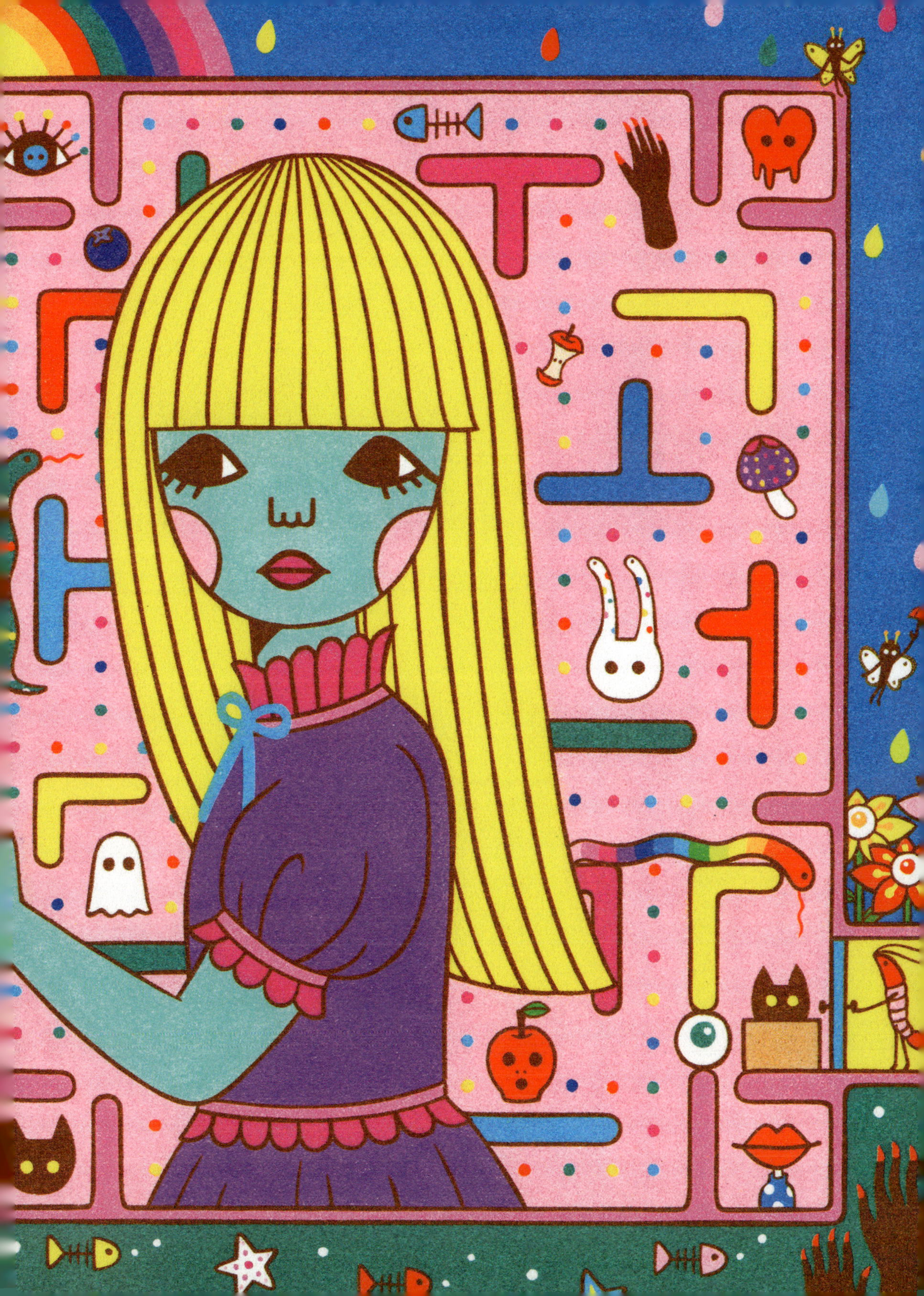

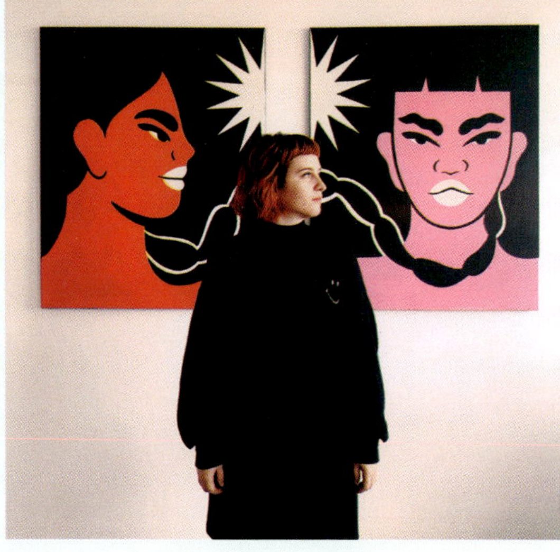

Camila Rosa

www.camilarosa.net
Instagram: @camixvx
Facebook: @camixvx

¿Cuándo y cómo empezaste a crear tus obras?

Comencé mi trayectoria como artista en 2010, uniéndome a un colectivo femenino de arte urbano. Luego, en 2016, decidí dejar mi carrera como diseñadora y dedicarme al trabajo independiente como ilustradora y artista visual. Desde entonces, he tenido la suerte de trabajar en una diversa gama de proyectos para varios clientes.

¿Cuáles son las fuentes de inspiración que estimulan tu producción artística?

Mi inspiración proviene de diversas fuentes, incluyendo la escena del punk rock, el arte urbano, los movimientos políticos y las personas a mi alrededor. Como mujer brasileña/latina, mi origen tiene una influencia significativa en mi trabajo, especialmente en cuanto a los temas que exploro y las características visuales de mis personajes. Por ejemplo, los ojos, la boca y las proporciones del cuerpo en mi arte a menudo se inspiran en las mujeres que encontré durante mi crianza. Además, la rica diversidad de América Latina y su historia de figuras revolucionarias luchando por la libertad son fuentes constantes de inspiración a lo largo de mi trayectoria artística.

When and how did you start creating your works?

I began my journey as an artist in 2010, joining a female street art collective. Then, in 2016, I decided to leave my career as a designer and pursue freelancing as an illustrator and visual artist. Since then, I've been lucky to work on a diverse range of projects for various clients.

What are the sources of inspiration that stimulate your artistic production?

My inspiration comes from various sources, including the punk rock scene, street art, political movements, and the people around me. As a Brazilian/Latina woman, my background has a significant influence on my work, especially in terms of the themes I explore and the visual characteristics of my characters. For instance, the eyes, mouth, and body proportions in my art are often inspired by the women I encountered in my upbringing. Additionally, the rich diversity of Latin America and its history of revolutionary figures fighting for freedom serve as ongoing sources of inspiration throughout my artistic journey.

Brazilian and Tired - Acrylic on canvas >>

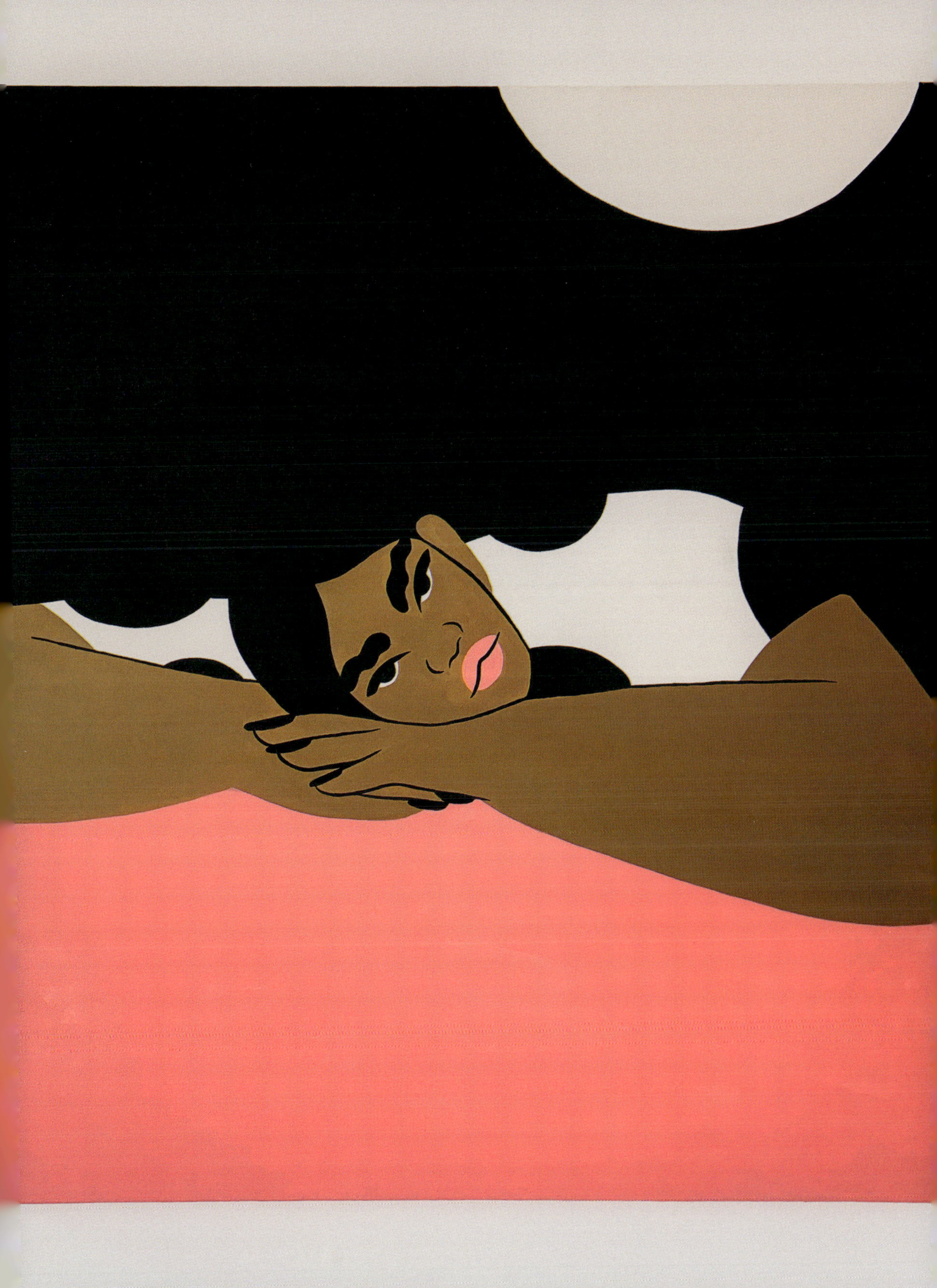

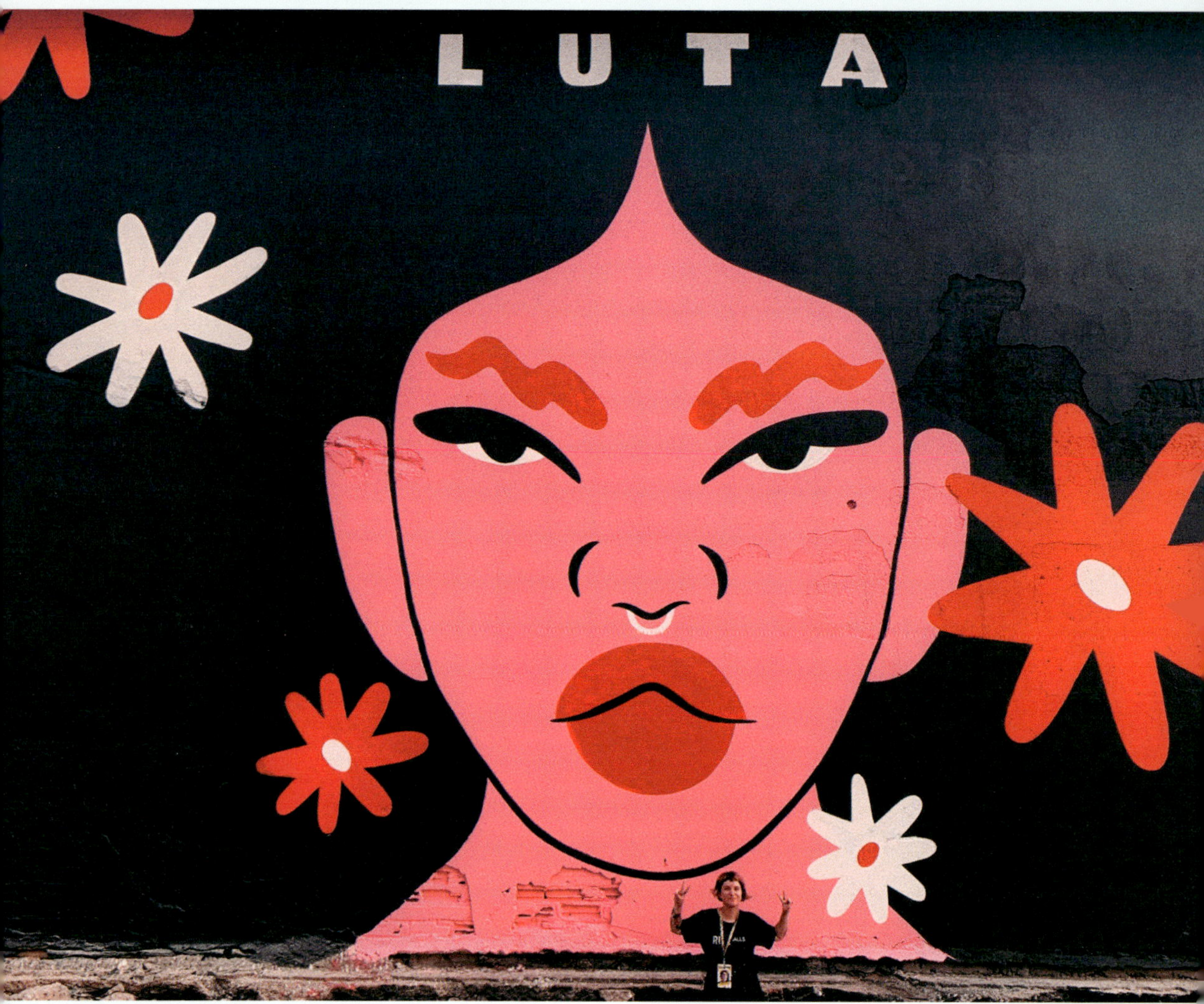

Mural for "Rua Walls" - a Street Art Festival that happens in Rio de Janeiro, Brazil

¿Cómo definirías tus obras de arte?
Mis obras están profundamente arraigadas en una perspectiva alternativa y política, celebrando la diversidad de la existencia de las mujeres. Experimento con proporciones corporales exageradas, formas diversas y una paleta de colores armoniosa para construir un universo único que refleja mis creencias y pensamientos personales. Ya sea destacando la desigualdad social o abogando por el cambio político, mi arte sirve como una plataforma para expresar descontento y crear conciencia sobre temas urgentes.

¿Quiénes son tus referentes en el mundo de la pintura?
Soy una gran admiradora de artistas como Emory Douglas, Tara McPherson, Malika Favre, Margaret Kilgallen y muchos otros que son contemporáneos míos.

How would you define your artworks?
My artworks are deeply rooted in an alternative and political perspective, celebrating the diversity of women's existence. I experiment with exaggerated body proportions, diverse shapes, and a harmonious color palette to construct a unique universe that reflects my personal beliefs and thoughts. Whether shedding light on social inequality or advocating for political change, my art serves as a platform to express discontent and raise awareness about pressing issues.

Who are your references in the world of painting?
I'm a big fan of artists like Emory Douglas, Tara McPherson, Malika Favre, Margaret Kilgallen, and many others who are contemporaries of mine.

ACAB - Acrylic on canvas >>

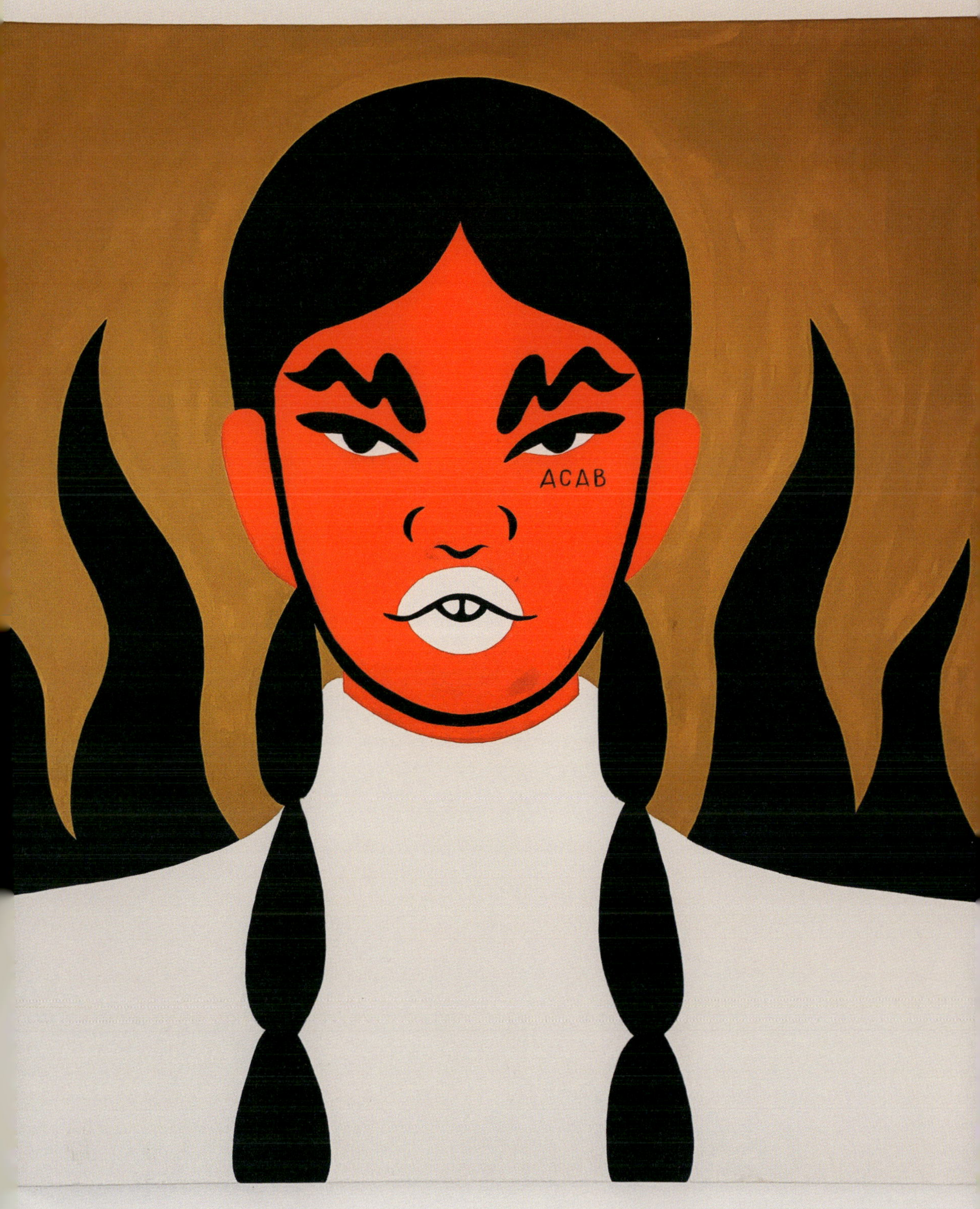

ACAB

¿Qué haces para promocionar tus obras de arte?
Utilizo muchas plataformas de redes sociales como Instagram, Twitter, Facebook y mi sitio web para mostrar mi arte. Además, me gusta llevar mi trabajo a las calles a través de la técnica de wheatpaste, murales y pegatinas, ya que me permite conectar con personas que aún no conocen mi arte. Además de eso, me gusta establecer conexiones con galerías de arte de todo el mundo.

What do you do to promote your artworks?
I use a lot of social media platforms such as Instagram, Twitter, Facebook, and my website to showcase my art. Additionally, I enjoy taking my work to the streets through wheatpaste, murals, and stickers, as it allows me to connect with people who may not yet be familiar with my art. Besides that, I like to connect with art galleries around the world.

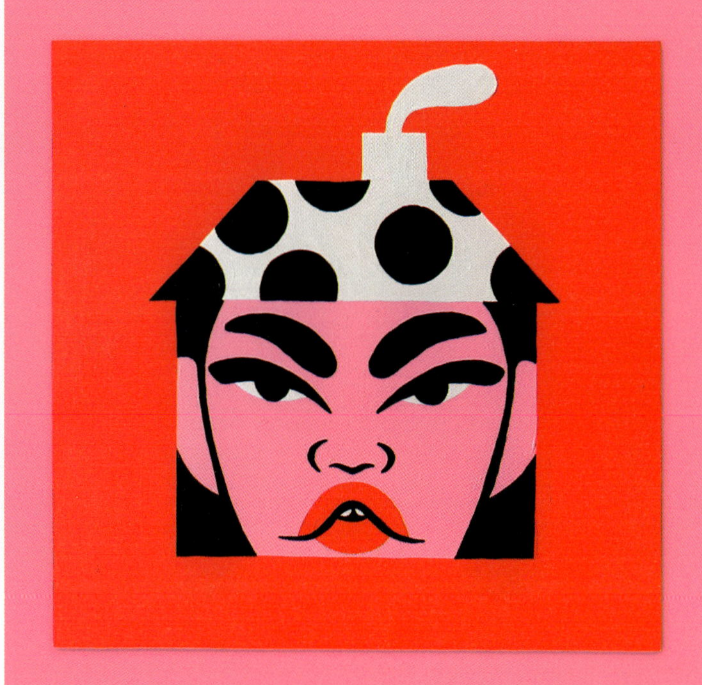

Home - Acrylic on wood

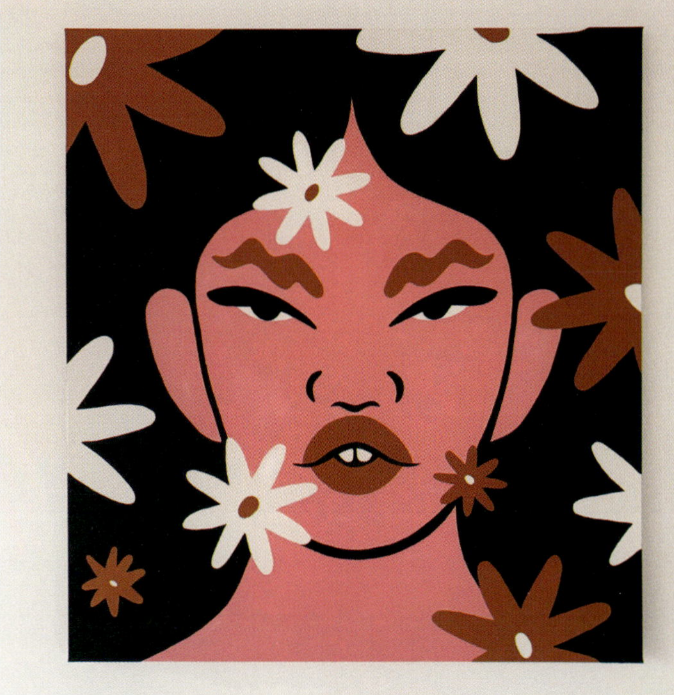

Bloom - Acrylic on canvas

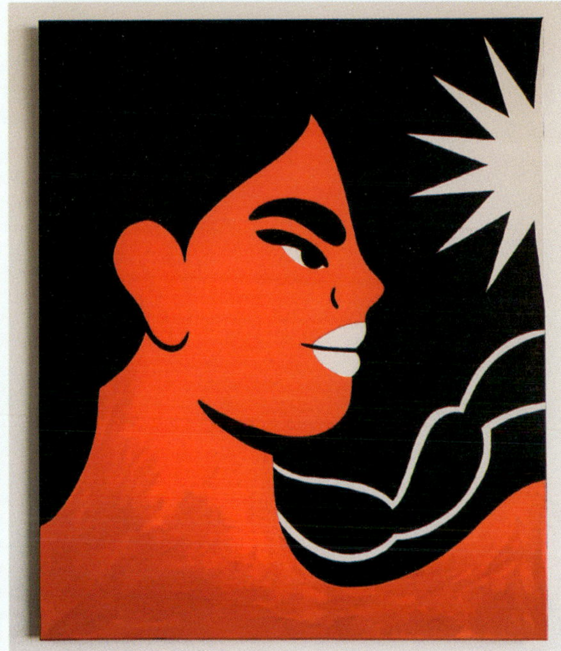

The Twins I - Acrylic on canvas

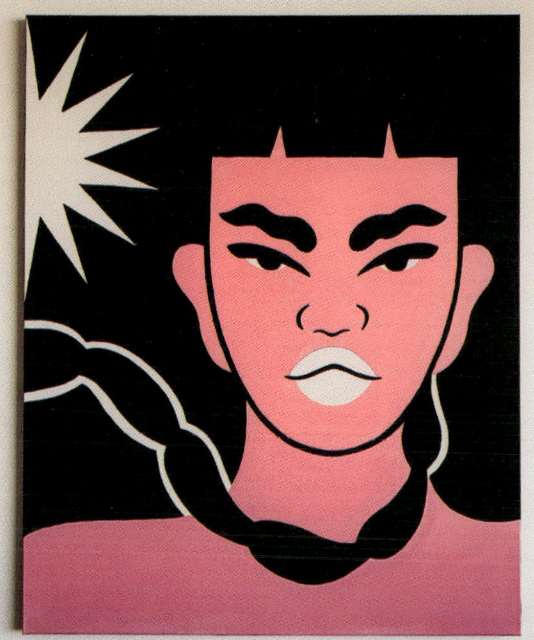

The Twins II - Acrylic on canvas

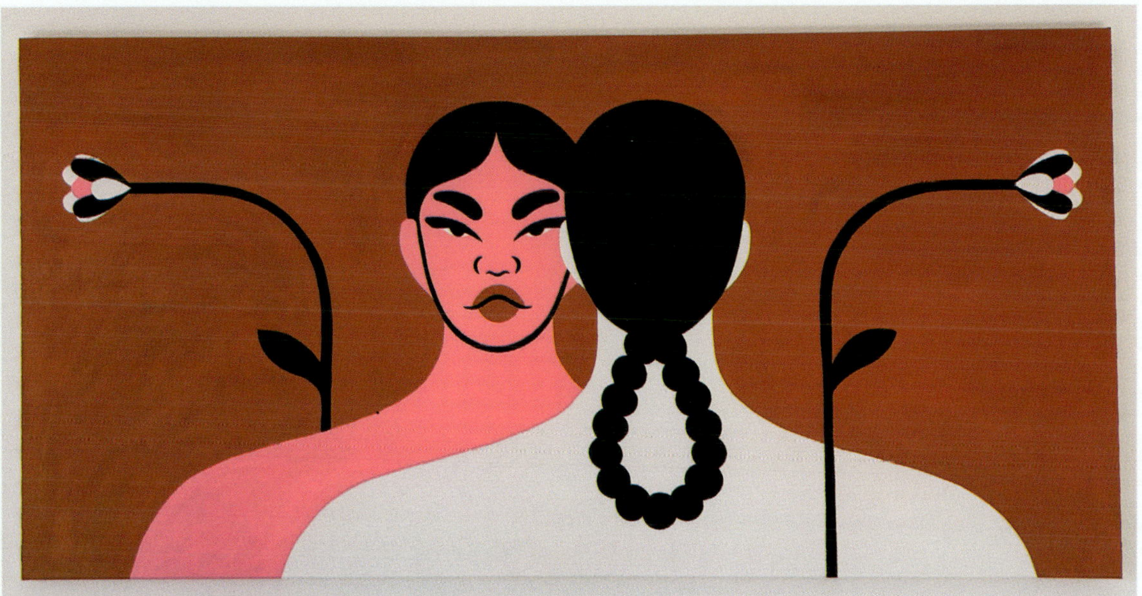

Harmony in Bloom - Acrylic on canvas

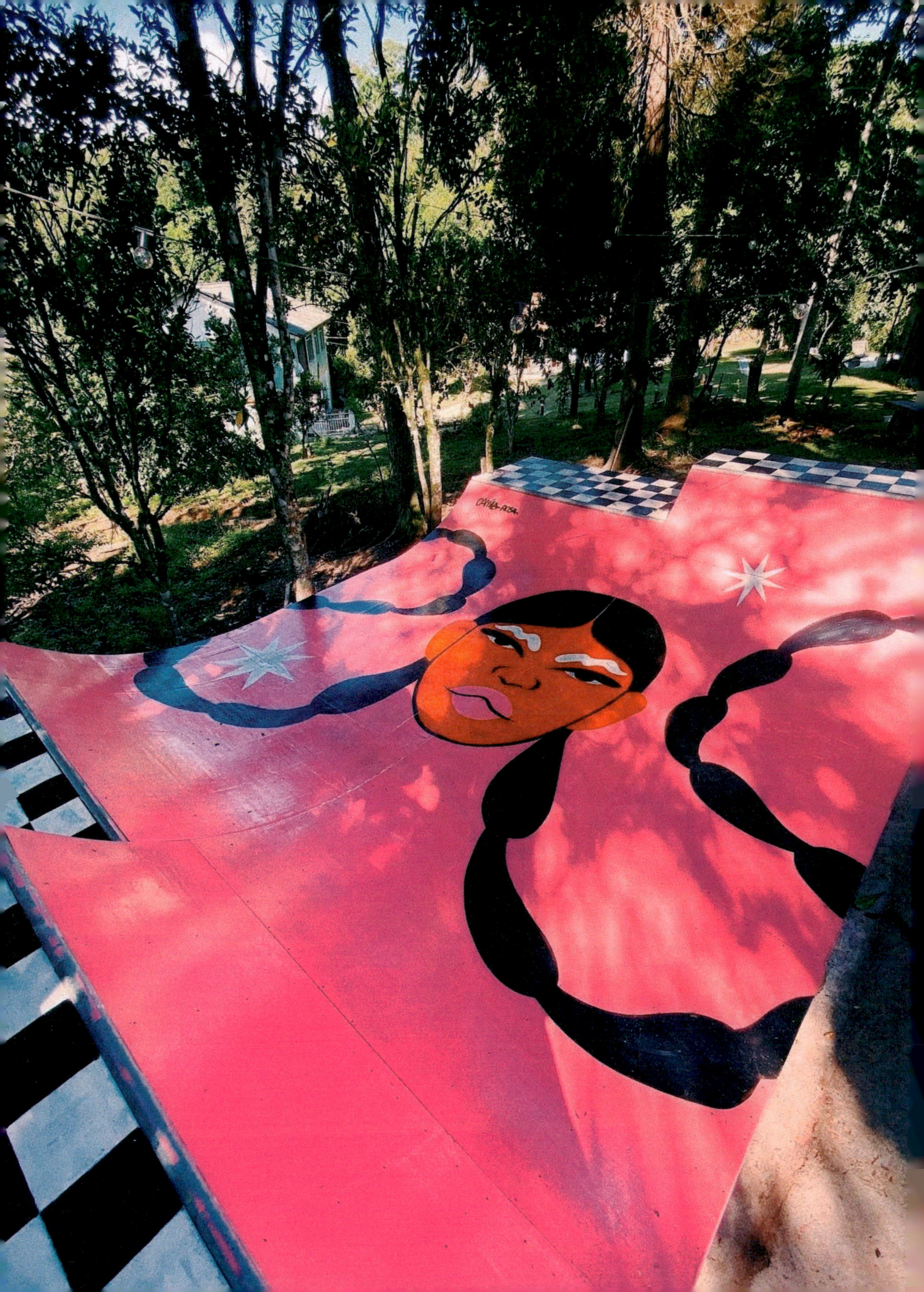

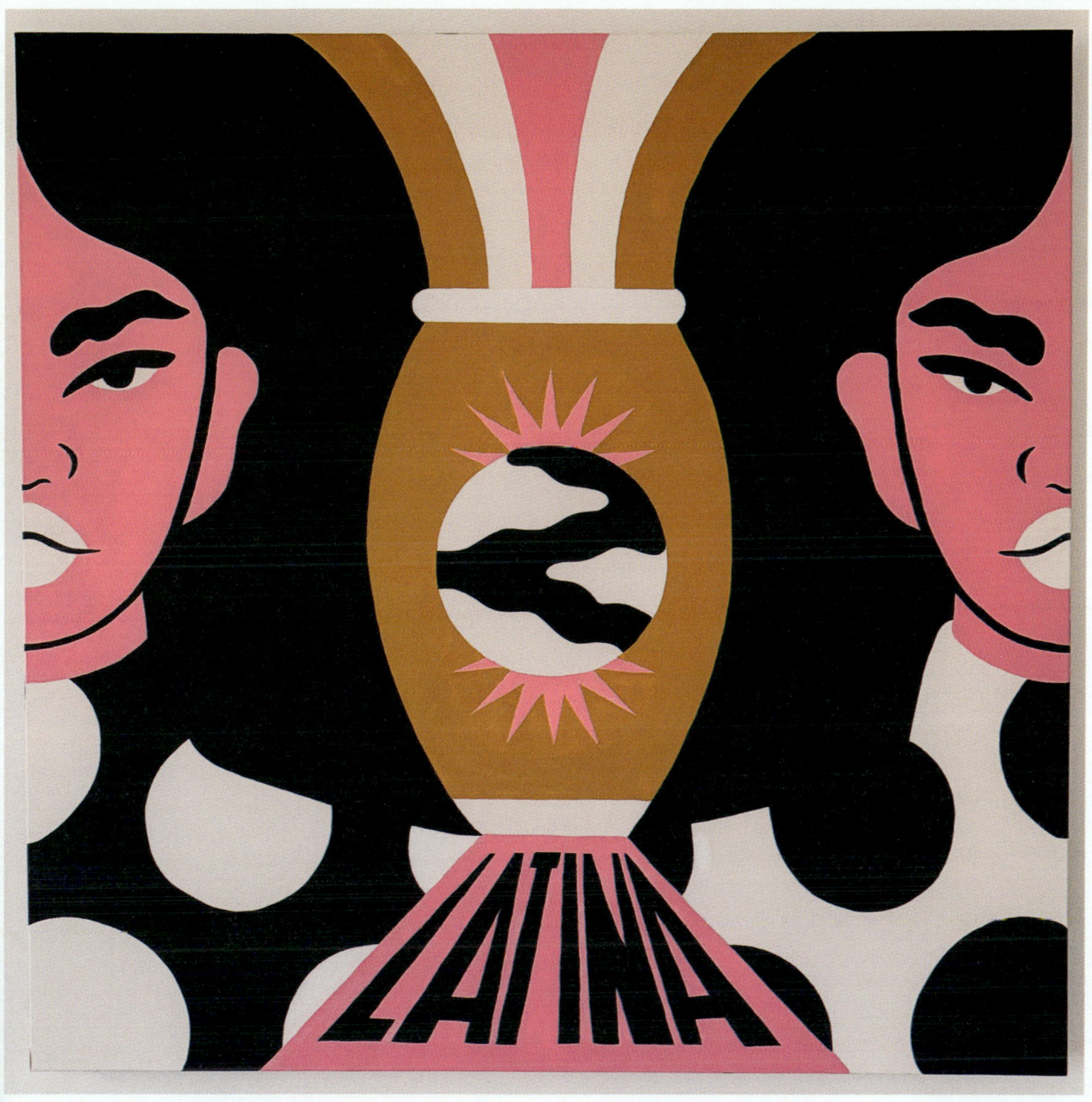

América Latina - Acrylic on canvas

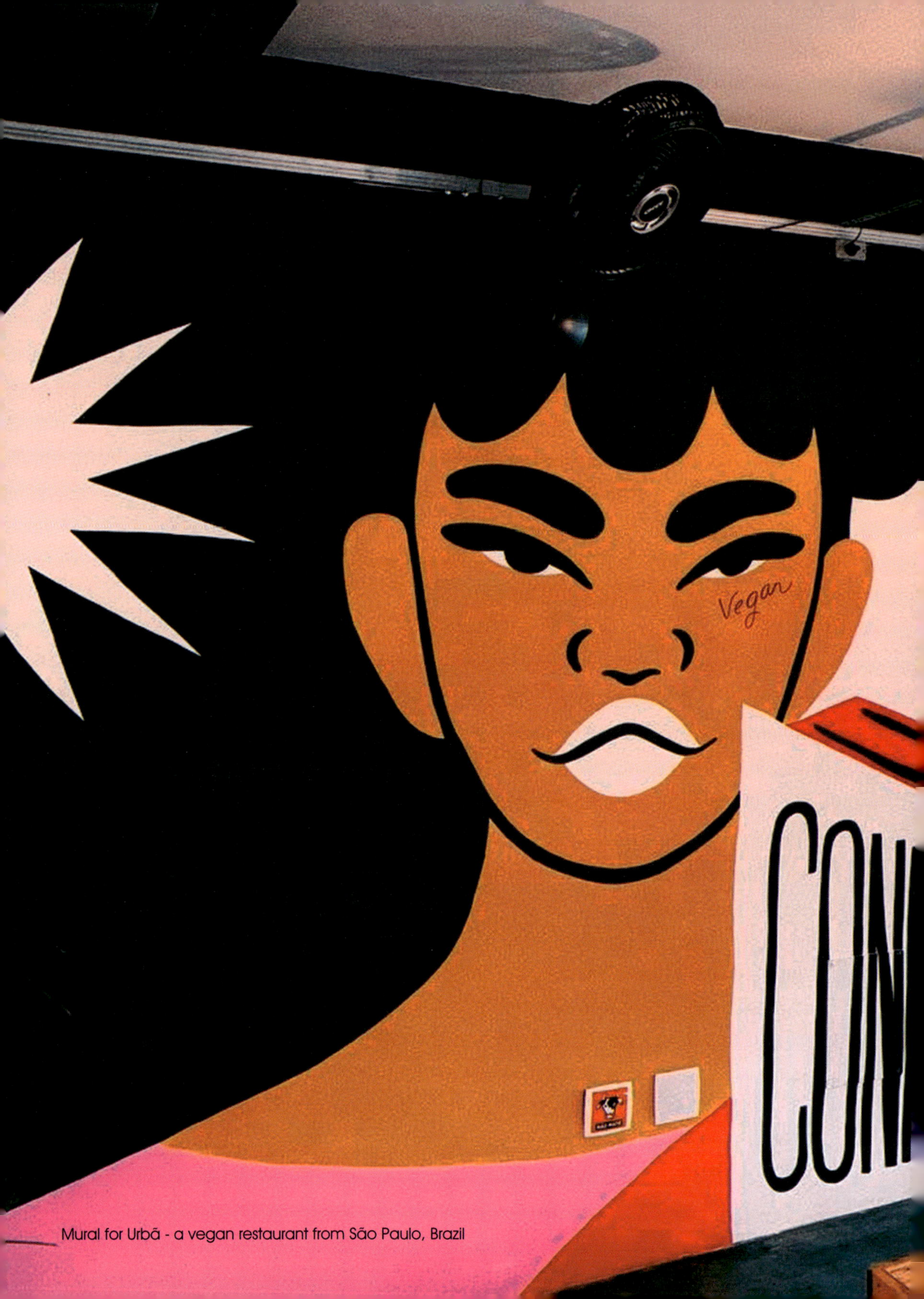

Mural for Urbã - a vegan restaurant from São Paulo, Brazil

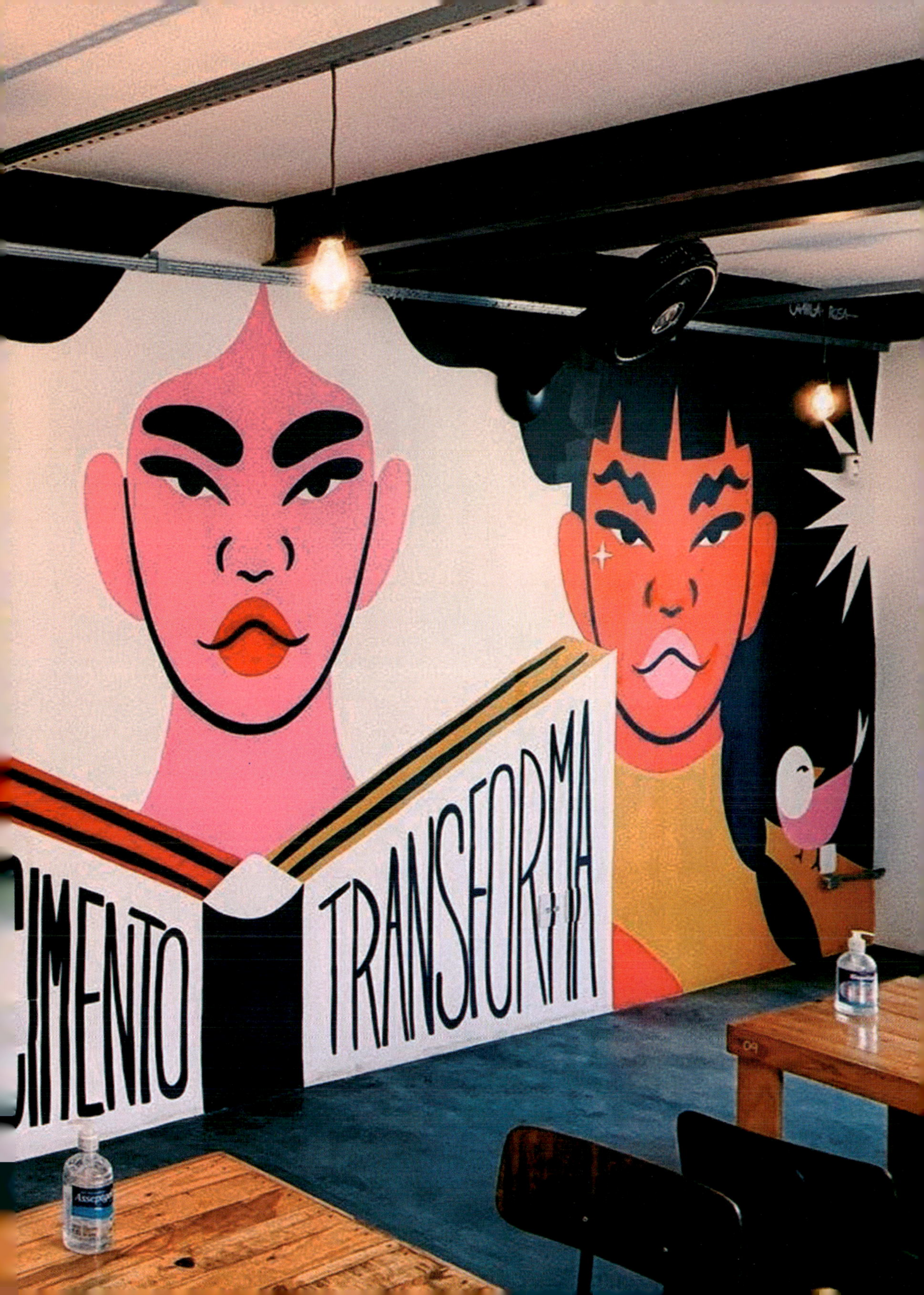

CIMENTO
TRANSFORMA

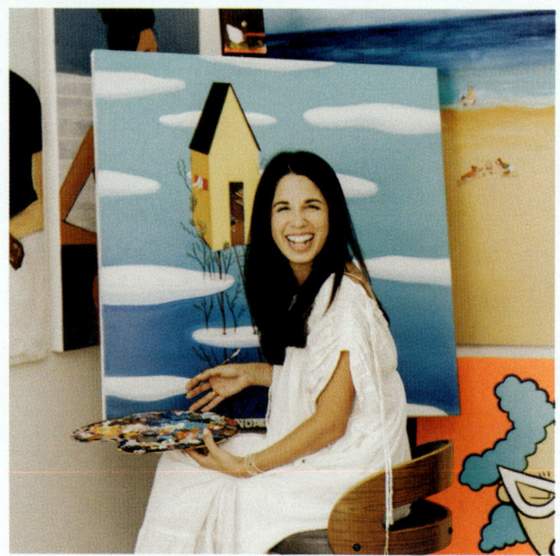

Amanda Oleander

www.amandaoleander.com
Instagram: @amandaoleander

¿Cuándo y cómo empezaste a crear tus obras?
El arte ha sido parte de mi vida desde que tengo memoria. Comencé a pintar y dibujar desde que pude sostener un lápiz y un pincel en mis manos, y han sido constantes desde entonces. En 2023, emprendí una nueva serie de paisajes surrealistas, cada uno con una figura humana a la escala de una hormiga. Este viaje creativo fue inspirado por un regreso a la pintura después de completar una larga serie de más de 700 ilustraciones.

¿Cuáles son las fuentes de inspiración que estimulan tu producción artística?
La vida misma es mi mayor inspiración. Me siento atraída por la interacción entre el momento presente y los ecos del pasado y el futuro. Cada experiencia que vivo se entrelaza con mi arte, sirviendo como un medio para navegar y comprender el mundo que me rodea. Crear estas pinturas es una manera de procesar las complejidades de la existencia y la resiliencia necesaria para navegar por el terreno impredecible de la vida. Mientras las creo, a menudo me siento como un conducto, canalizando las ideas que surgen de mi trayectoria de vida en formas de arte tangibles.

¿Cómo definirías tus obras de arte más recientes?
Pinturas de paisajes surrealistas. En cada pintura, una pequeña figura navega a través de un mundo que es ominosamente vasto. Esta figura solitaria parece estar reflexionando sobre su próximo paso en medio de un paisaje lleno de obstáculos y desafíos. Hay un sentido palpable de aislamiento mientras este viajero solitario recorre su camino en solitario.

When and how did you start creating your works?
Art has been a part of my life for as long as I can remember. I started painting and drawing since I could hold a pencil and brush in my hand and they've been constants ever since. In 2023, I embarked on a new series of surrealist landscapes, each featuring a human figure scaled to the size of an ant. This creative journey was inspired by a return to painting after completing a lengthy series of over 700 illustrations.

What are the sources of inspiration that stimulate your artistic production?
Life itself serves as my greatest inspiration. I find myself drawn to the interplay between the present moment and the echoes of the past and future. Each experience I undergo becomes intertwined with my art, serving as a means of navigating and comprehending the world around me. Creating these paintings is a way for me to process the complexities of existence and the resilience required to navigate life's unpredictable terrain. While creating them, I often feel like a vessel, channeling the ideas that emerge from my life's journey into tangible art forms.

How would you define your most recent artworks?
Surrealist landscape paintings. In each painting, a small figure navigates through a world that is ominously vast. This solitary figure appears pondering their next move amidst a landscape fraught with obstacles and challenges. There's a palpable sense of isolation as this lone traveler traverses their journey alone.

Sunrise Tree House - Acrylic on Canvas >>

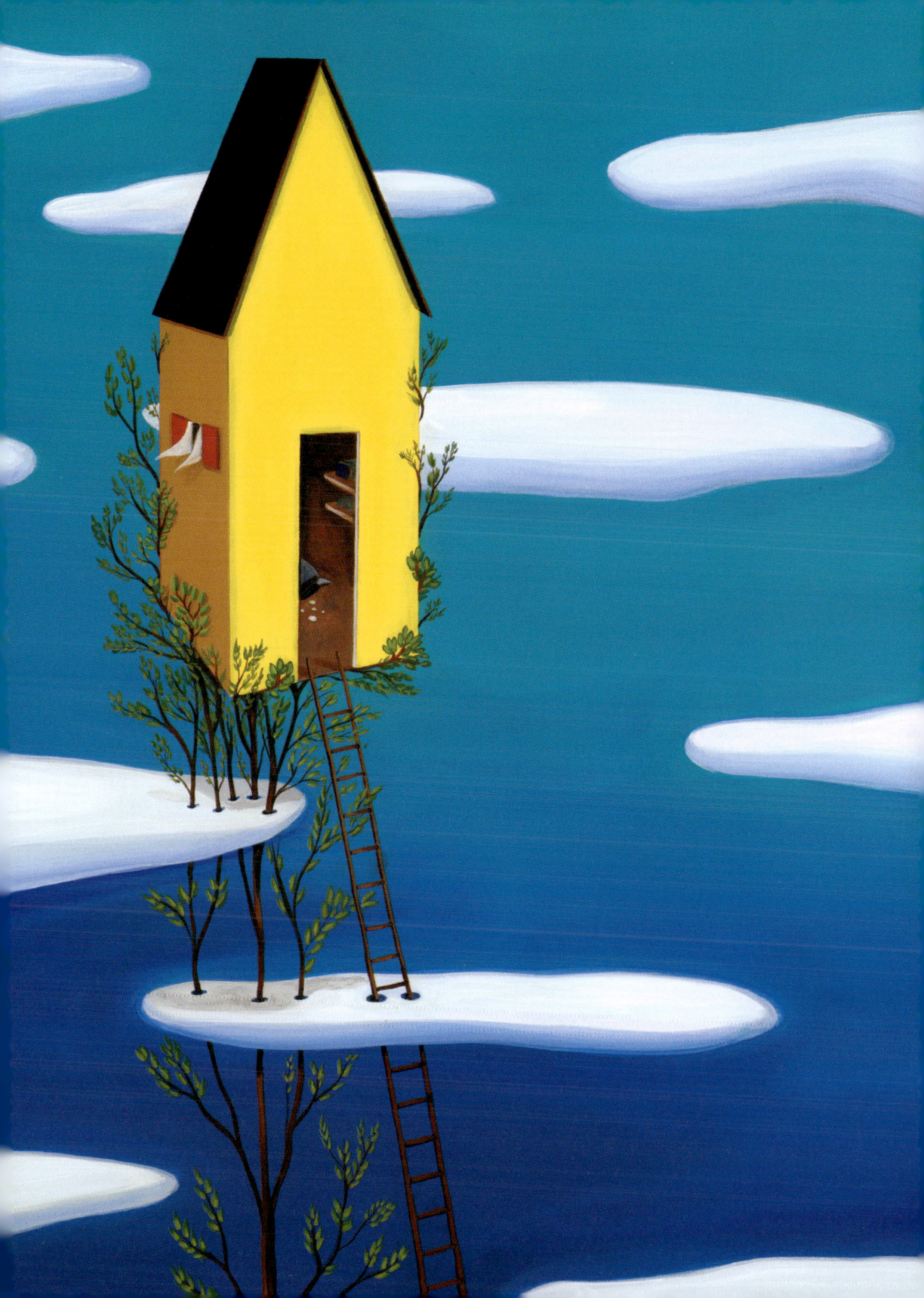

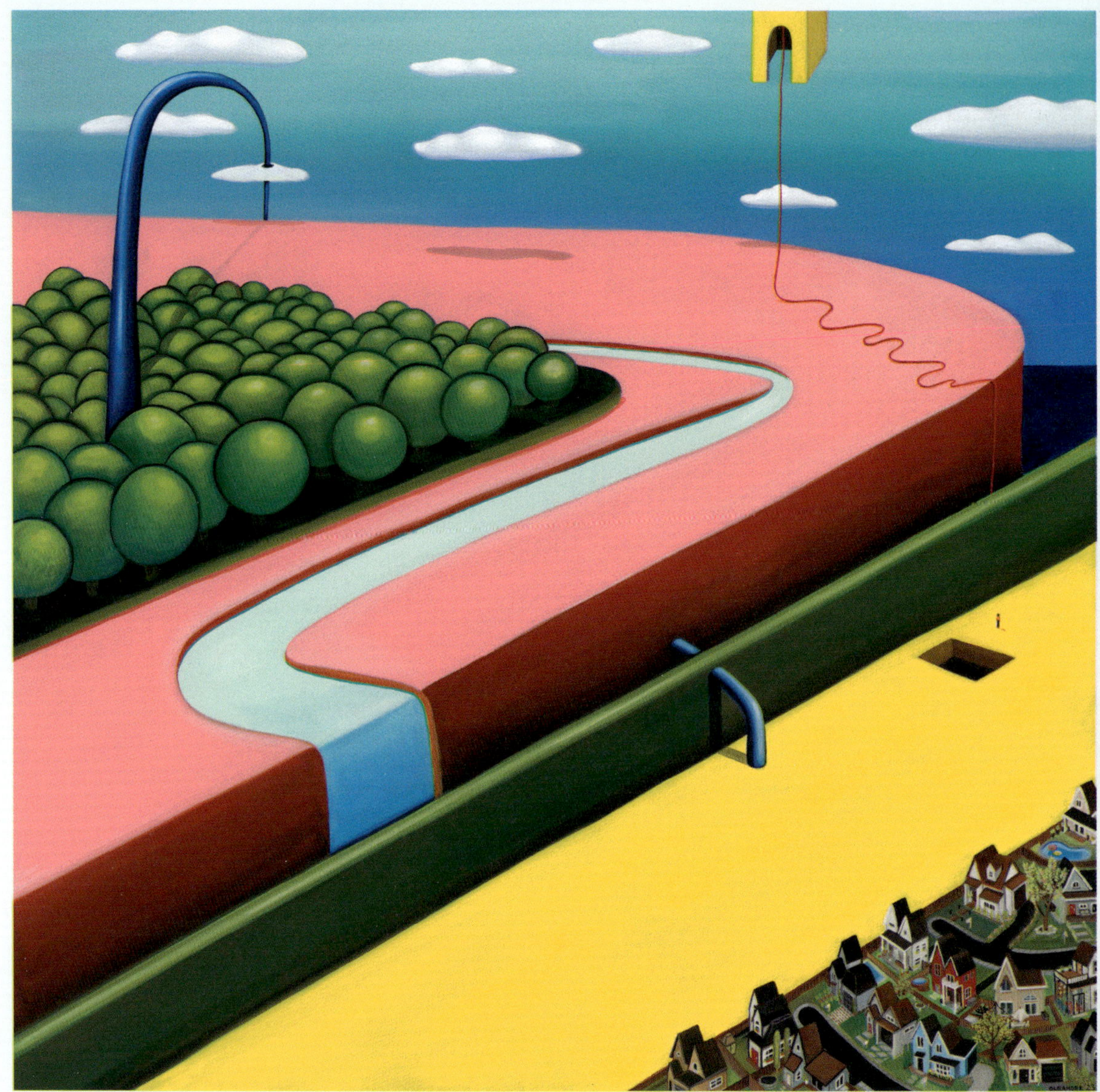

The Suburbs - Acrylic on Canvas

Internal Compass - Acrylic on Canvas >>

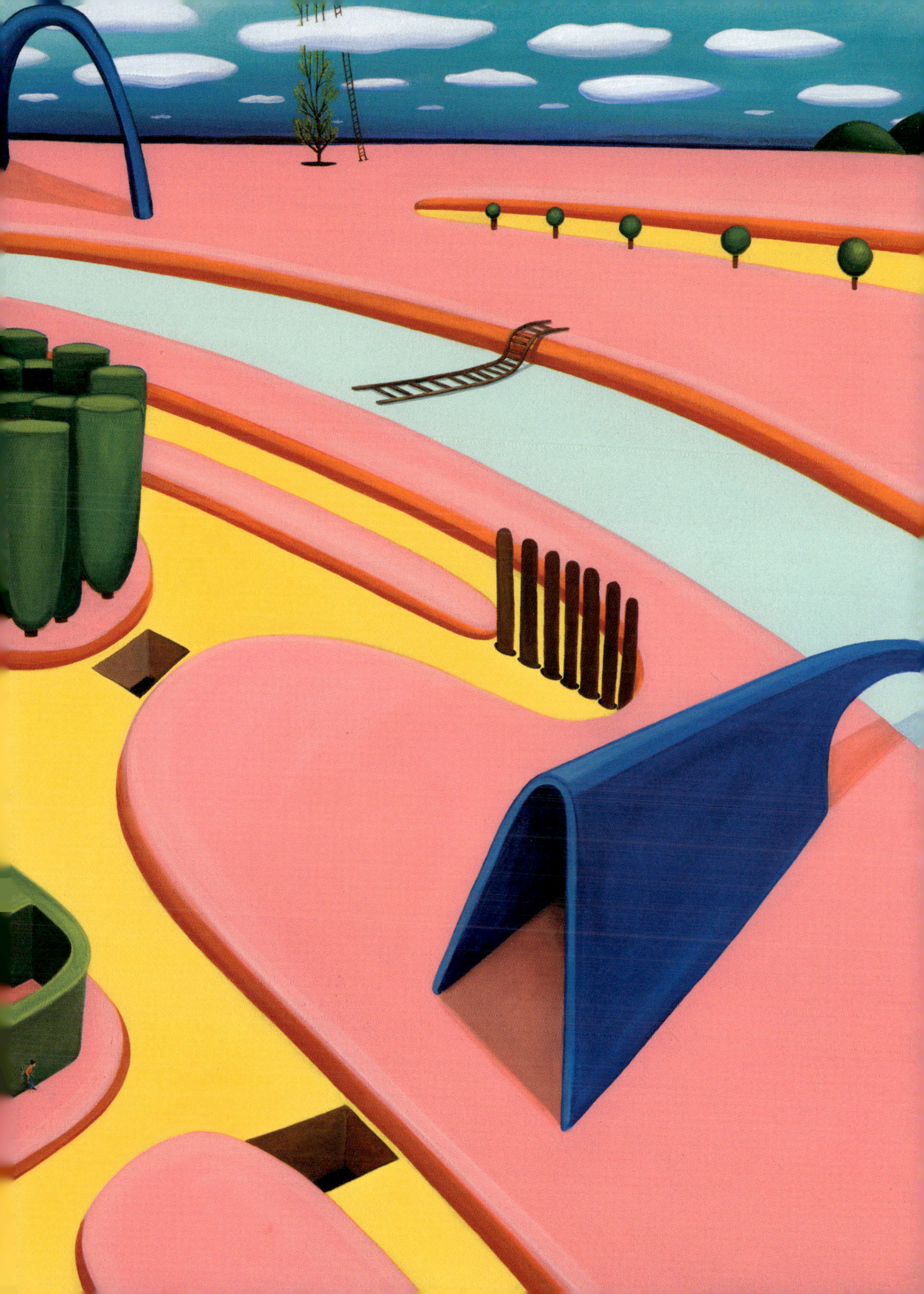

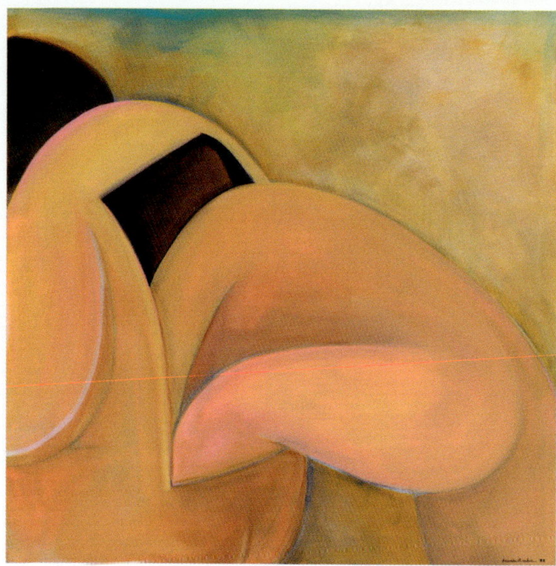

Break Back In - Acrylic on Canvas

¿Quiénes son tus referentes en el mundo de la pintura?
Soy una gran admiradora de Alice Neel, Richard Diebenkorn y Jean Jullien. Esos son los tres principales que me vienen a la mente.

¿Qué haces para promocionar tus obras de arte?
Produzco obras de arte y las comparto regularmente en línea, principalmente a través de mi sitio web y plataformas como Instagram. Como gesto de agradecimiento a quienes han apoyado mi trayectoria artística a lo largo de los años, realizo un sorteo de arte semanal los lunes en mi cuenta de Instagram. Esta iniciativa no solo me permite retribuir a mis seguidores, sino que también fomenta un sentido de comunidad en torno a mi trabajo. A través de la generosidad de los participantes y su disposición para compartir y promover mi arte, hemos cultivado un rincón solidario en internet que ha desempeñado un papel importante en el avance de mi carrera.

Who are your references in the world of painting?
I'm a big fan of Alice Neel, Richard Diebenkorn, and Jean Jullien. Those are the top three that come to mind.

What do you do to promote your artworks?
I produce artwork and regularly share it online, primarily through my website and platforms like Instagram. As a gesture of gratitude to those who have supported my artistic journey over the years, I host a weekly art giveaway on Mondays on my Instagram account. This initiative not only allows me to give back to my supporters but also fosters a sense of community around my work. Through the generosity of participants and their willingness to share and promote my art, we've cultivated a supportive corner of the internet that has played a significant role in advancing my career.

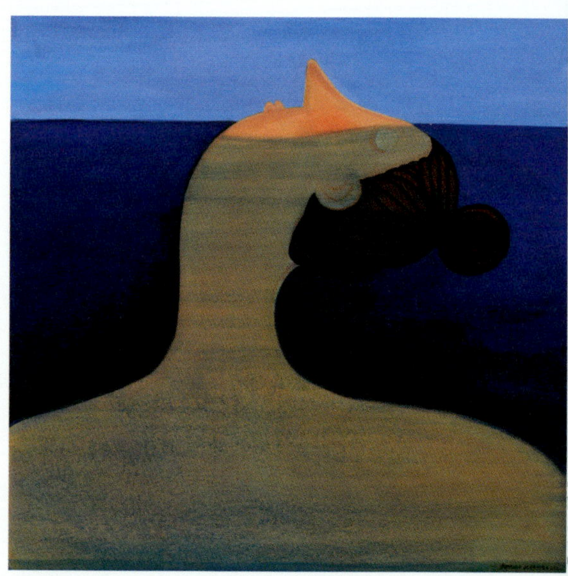

Above The Water - Acrylic on Canvas

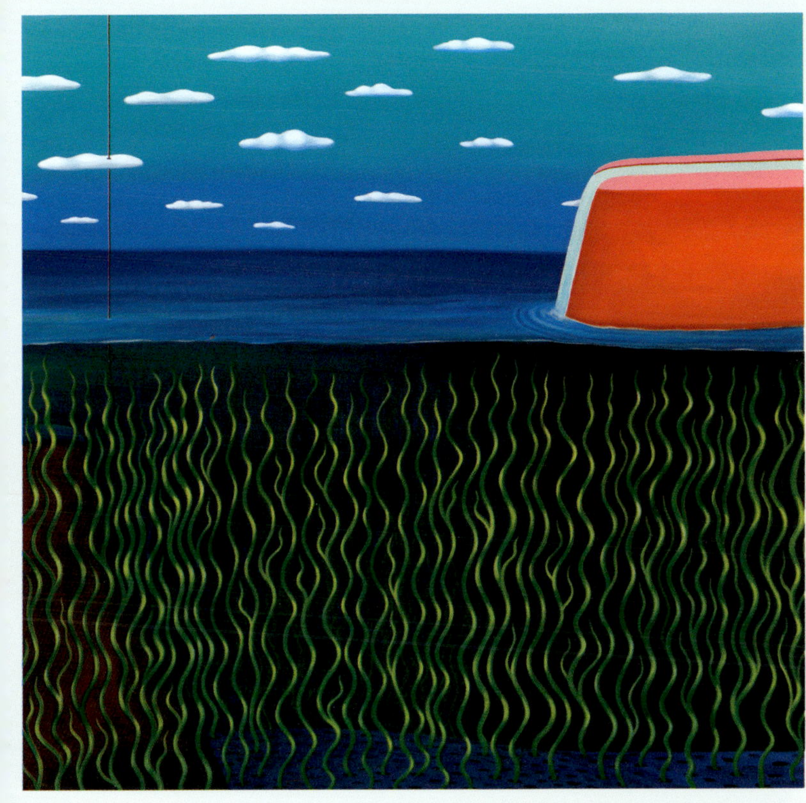

The Swim - Acrylic on Canvas

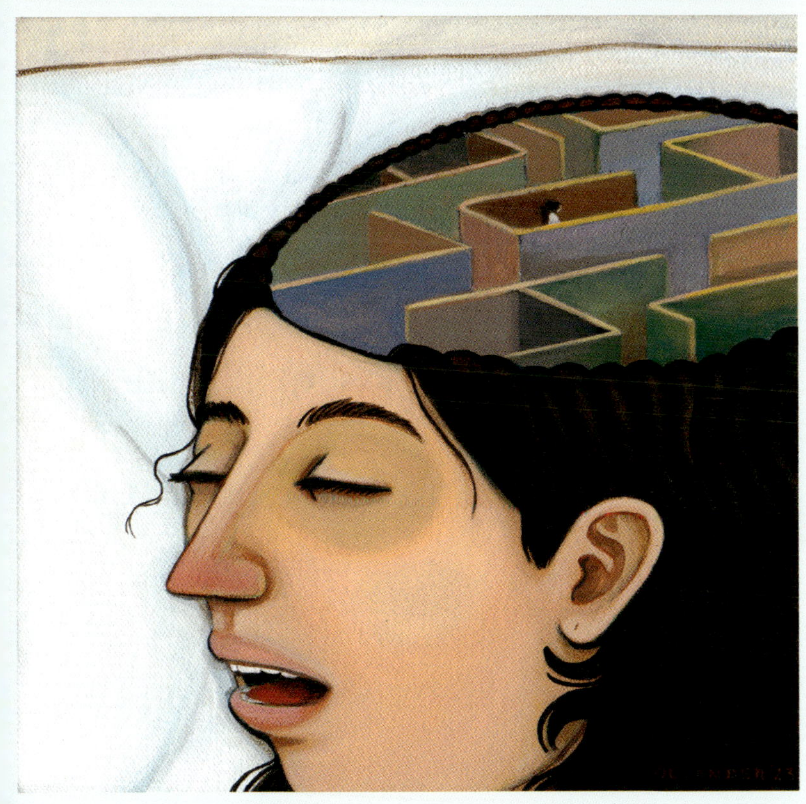

Another Mind Maze - Acrylic
on Canvas

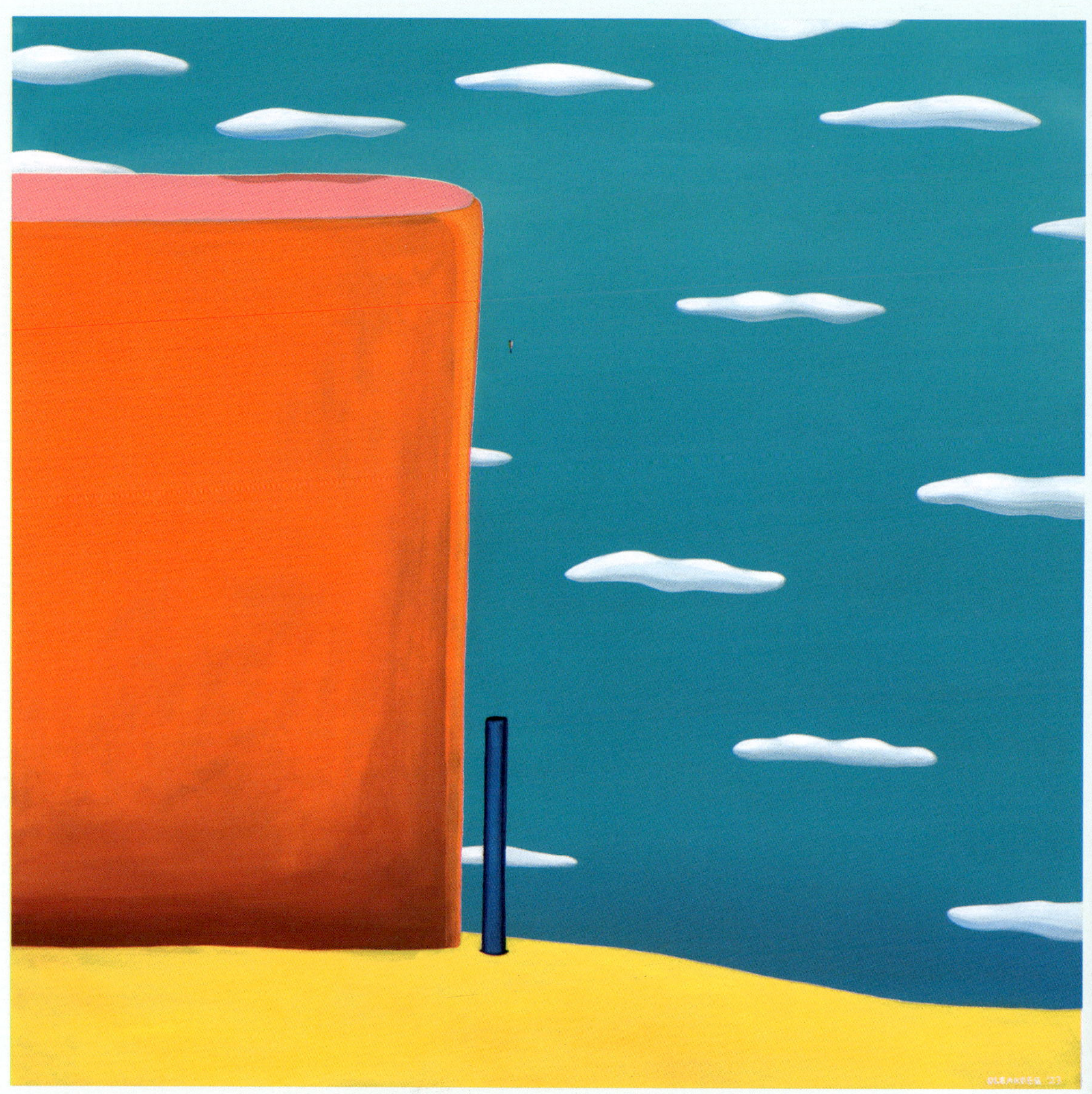

Free Fall - Acrylic on Canvas

Into Nature - Acrylic on Canvas >>

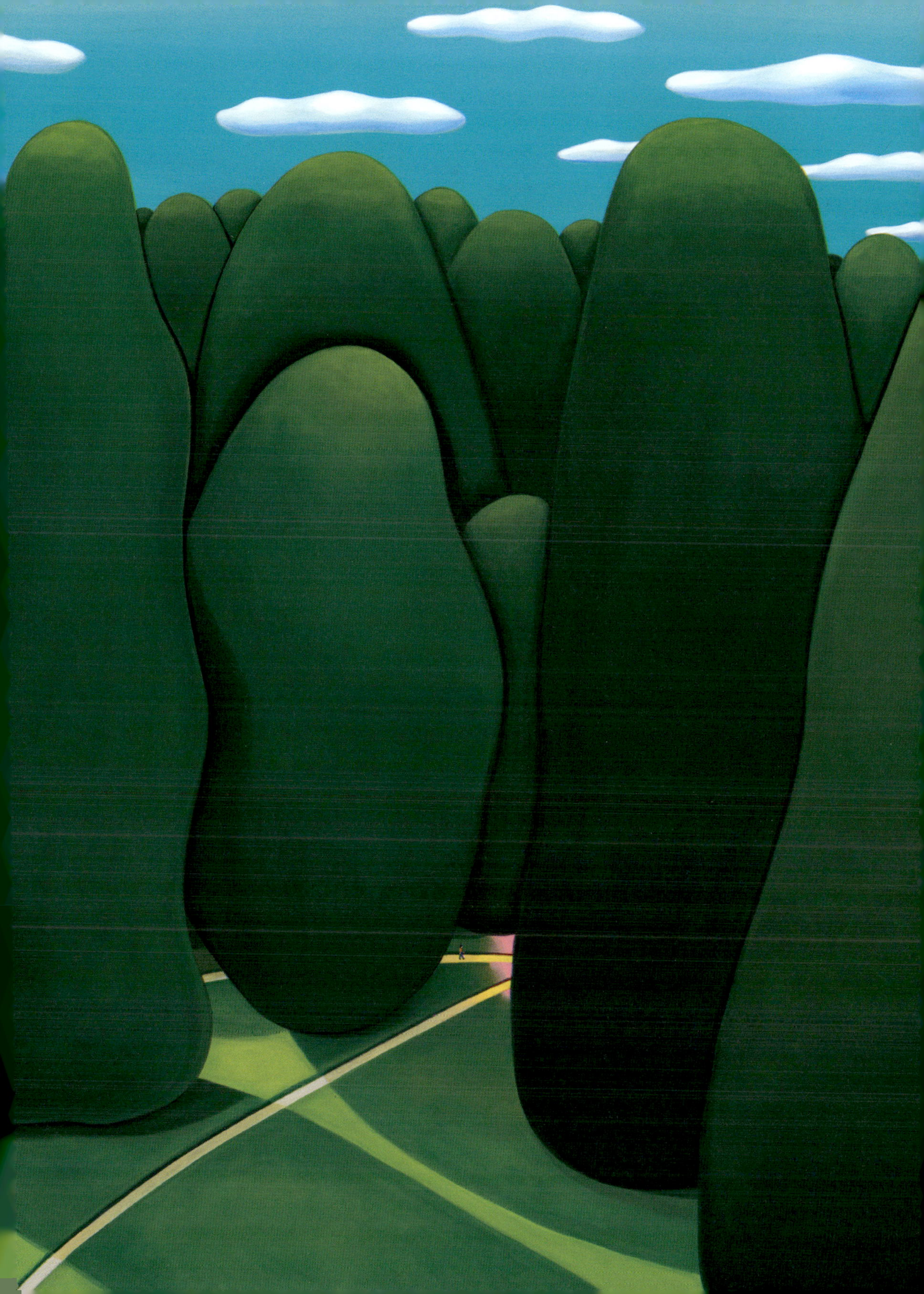

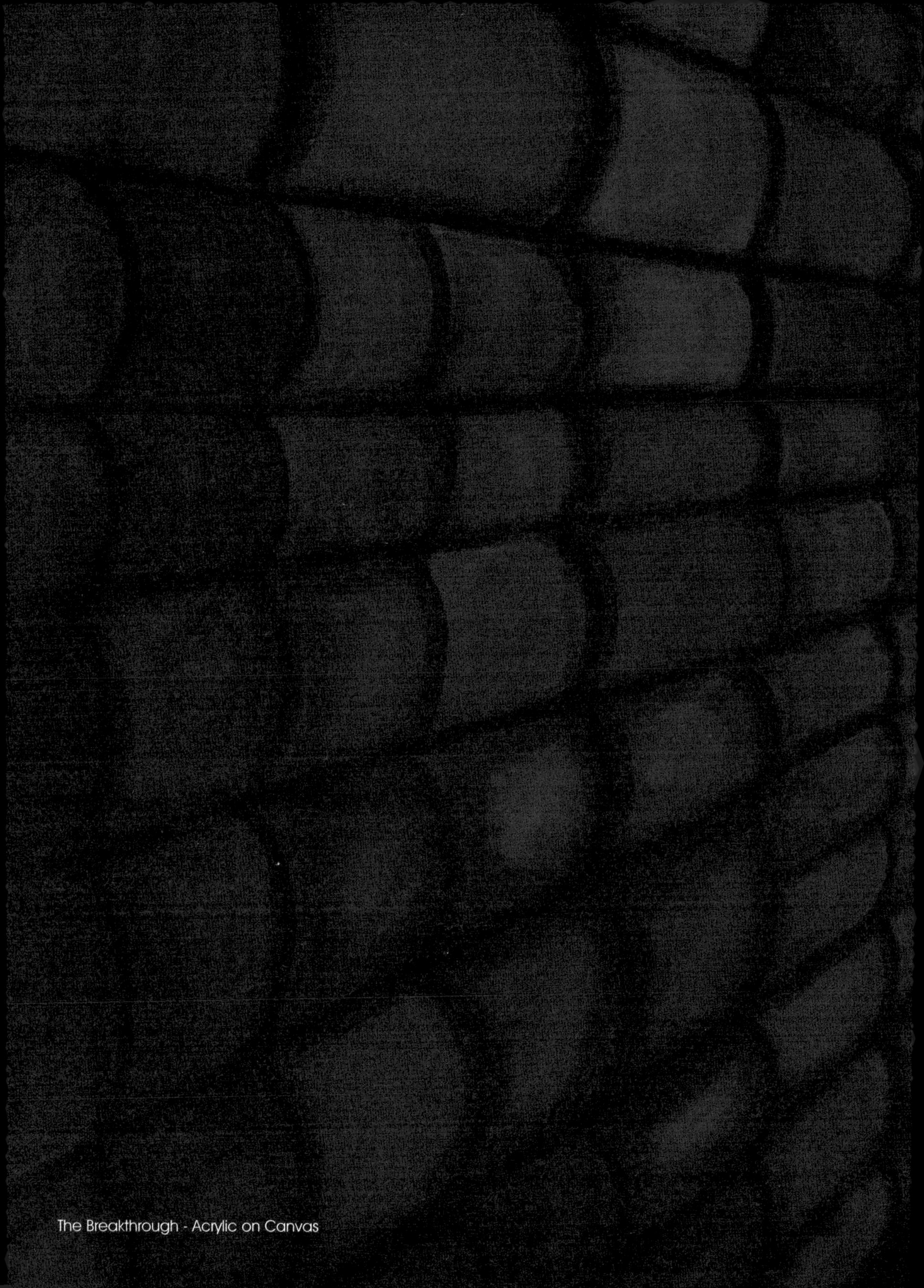

The Breakthrough - Acrylic on Canvas

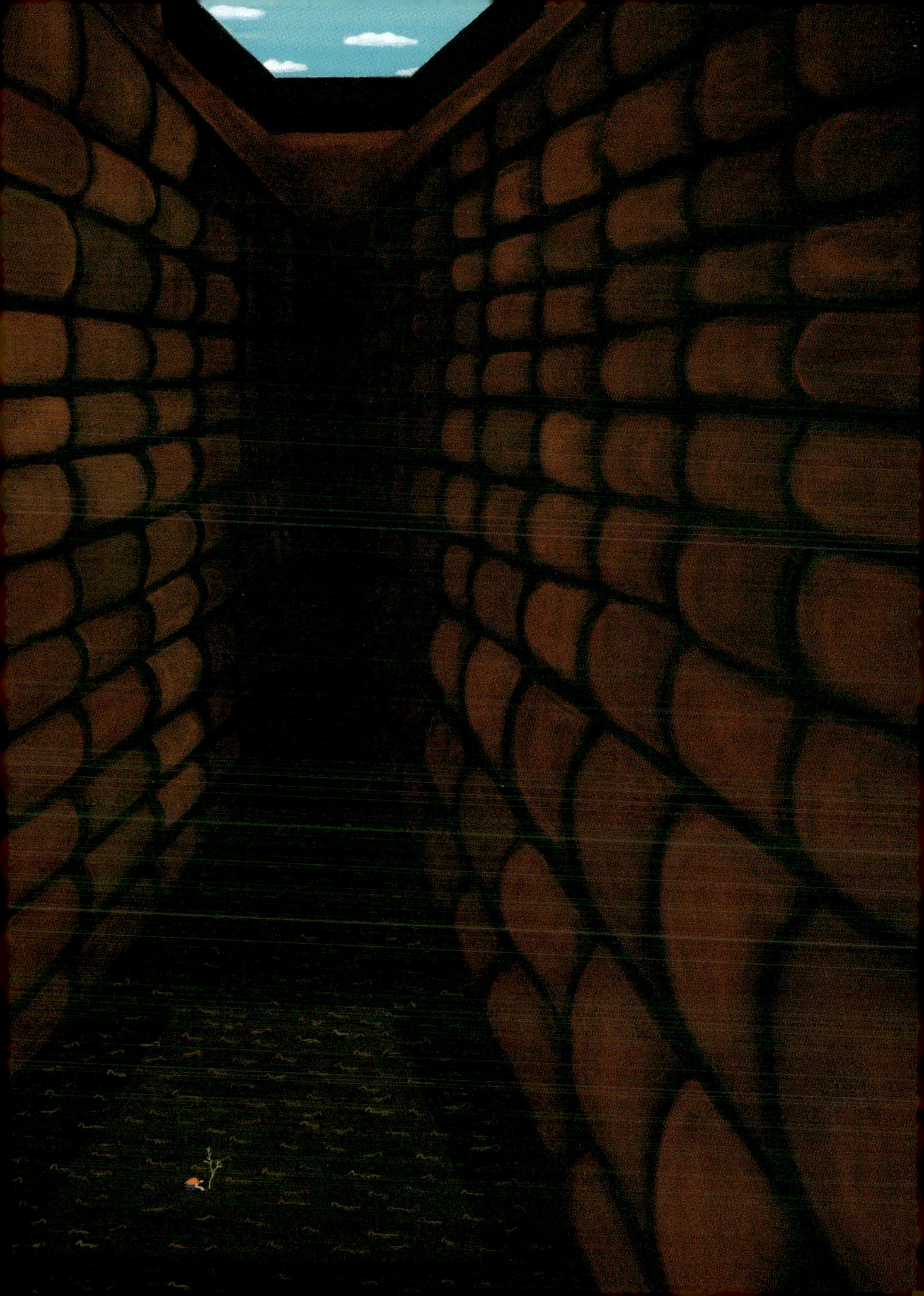

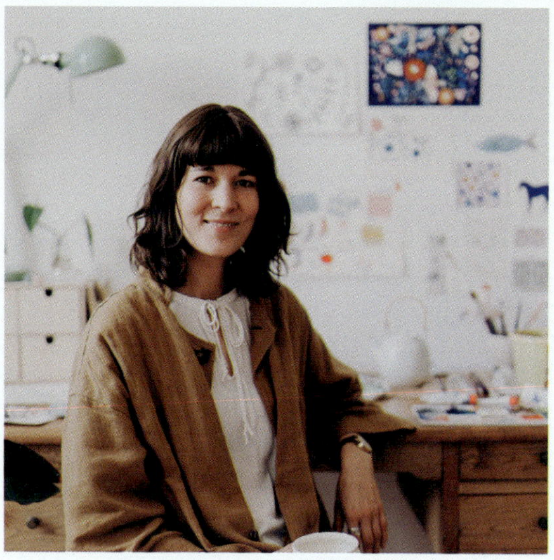

Flora Waycott

www.florawaycott.com
Instagram: @florawaycott

¿Cuándo y cómo empezaste a crear tus obras?

Me convertí en artista a tiempo completo hace unos 10 años después de haber trabajado como diseñadora textil en Londres y como profesora de textiles en una universidad en Nueva Zelanda. Siempre dibujaba y pintaba cuando era niña, pero mi pasión por los patrones, la estructura y las telas me llevó a estudiar diseño textil tanto en Inglaterra como en Japón. Me enfoqué en el tejido, lo cual me enseñó una gran paciencia, comprensión del color y atención al detalle. Cuando empecé a dibujar y pintar de nuevo, sentí una transición fluida y pude canalizar todas estas cualidades en mis obras de arte. Trabajando como artista, respondo a los encargos de clientes comerciales, además de pintar obras originales y mantener una práctica constante de cuaderno de bocetos.

¿Cuáles son las fuentes de inspiración que estimulan tu producción artística?

La inspiración suele derivarse de formas que he visto en la naturaleza, las cuales dibujo o fotografío y luego pinto cuando estoy de vuelta en mi estudio. También tengo muchos libros botánicos que dan ideas sobre la disposición y el movimiento, y libros de pinturas antiguas con colores o texturas que encuentro interesantes. Documento mucho de lo que veo a través de la fotografía, creando una biblioteca de imágenes a las que puedo volver. La inspiración puede venir de cualquier lugar: una flor que crece en una grieta en la pared, una textura en un árbol o algo que se ve en un mercadillo.

When and how did you start creating your works?

I became a full time artist about 10 years ago after working as a textile designer in London and a textiles tutor at a university in New Zealand. I was always drawing and painting as a child, but my passion for pattern, structure and fabric led me to study textile design in both England and Japan. My focus was on weaving and this taught me great patience, understanding of colour and attention to detail. When I started to draw and paint again, it felt like a seamless transition and I was able to channel all of these qualities in to my artworks. Working as an artist, I answer commercial client briefs as well as painting original artworks and keeping up a sketchbook practice.

What are the sources of inspiration that stimulate your artistic production?

Inspiration is usually derived from shapes I have seen in nature which I sketch or photograph and paint when back in my studio. I also have many botanical books which give ideas for placement and movement, and books of old paintings with colours or textures I find interesting. I document a lot of what I see through photography, creating a library of images to come back to. Inspiration can come from anywhere - a flower growing from a crack in the wall, a texture on a tree or something spotted at a flea market.

A Quiet Moment - Gouache on Handmade Paper >>

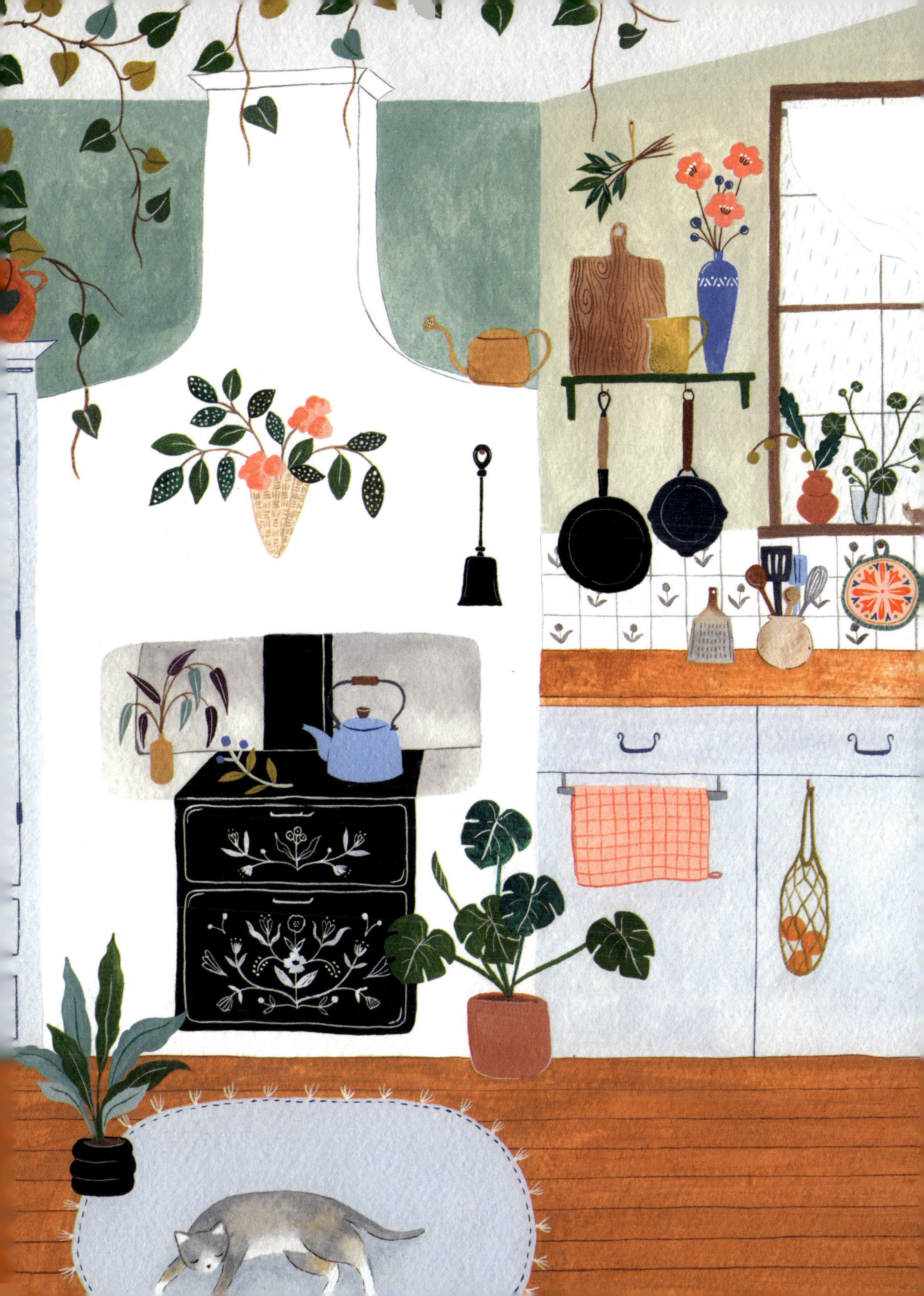

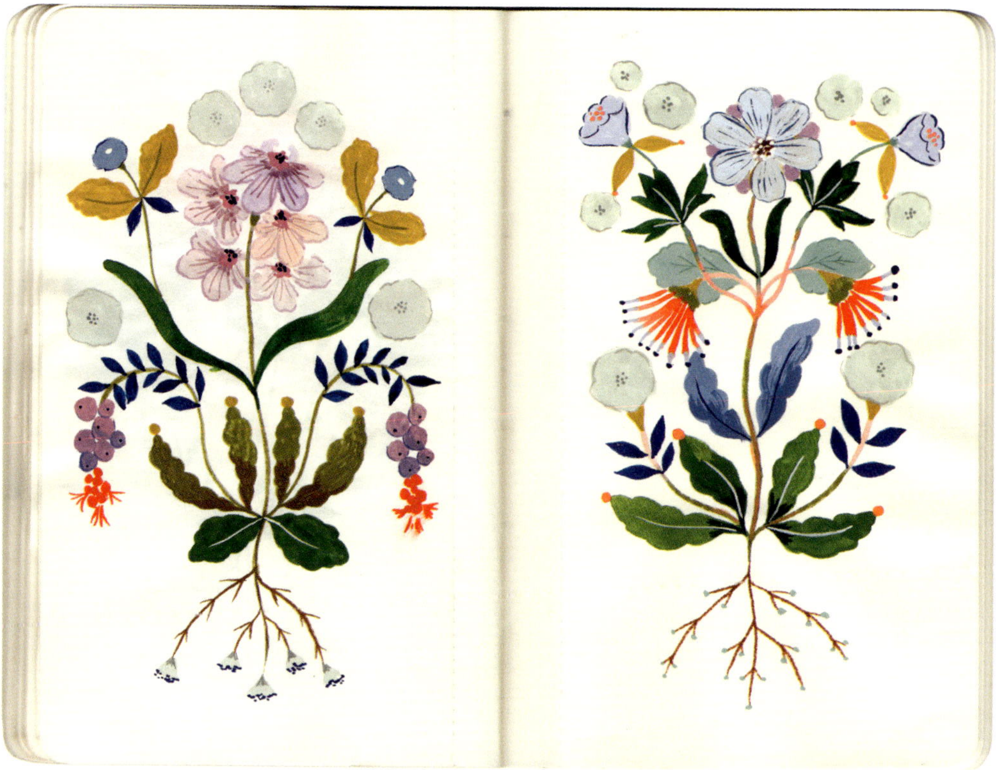

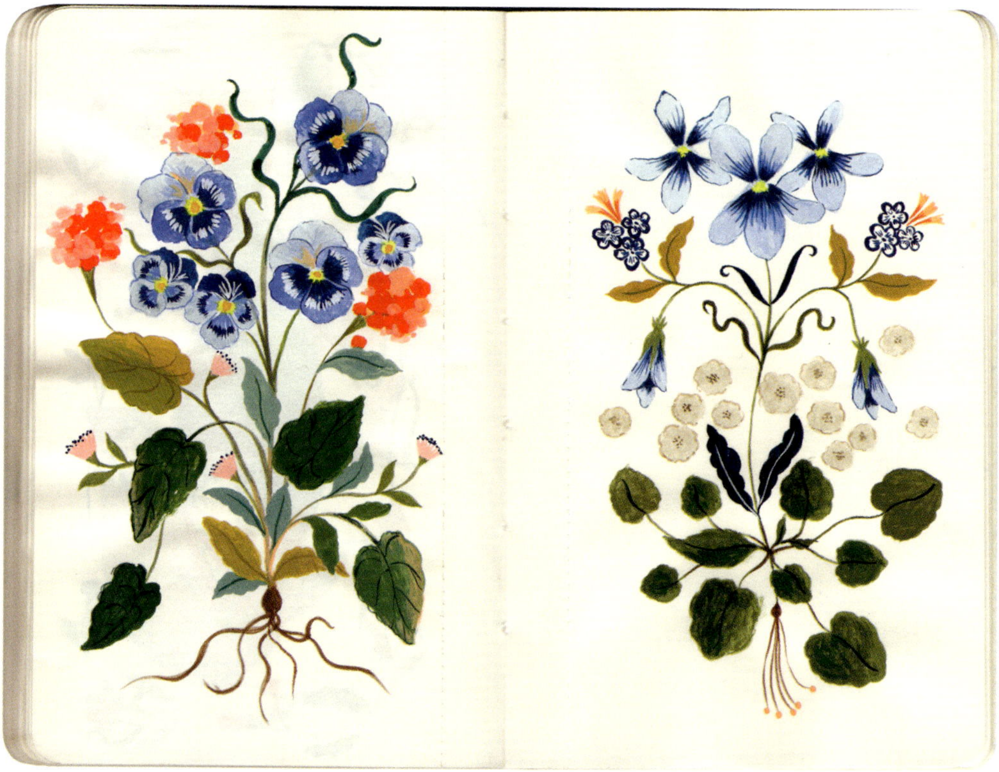

Sketchbook Florals - Gouache

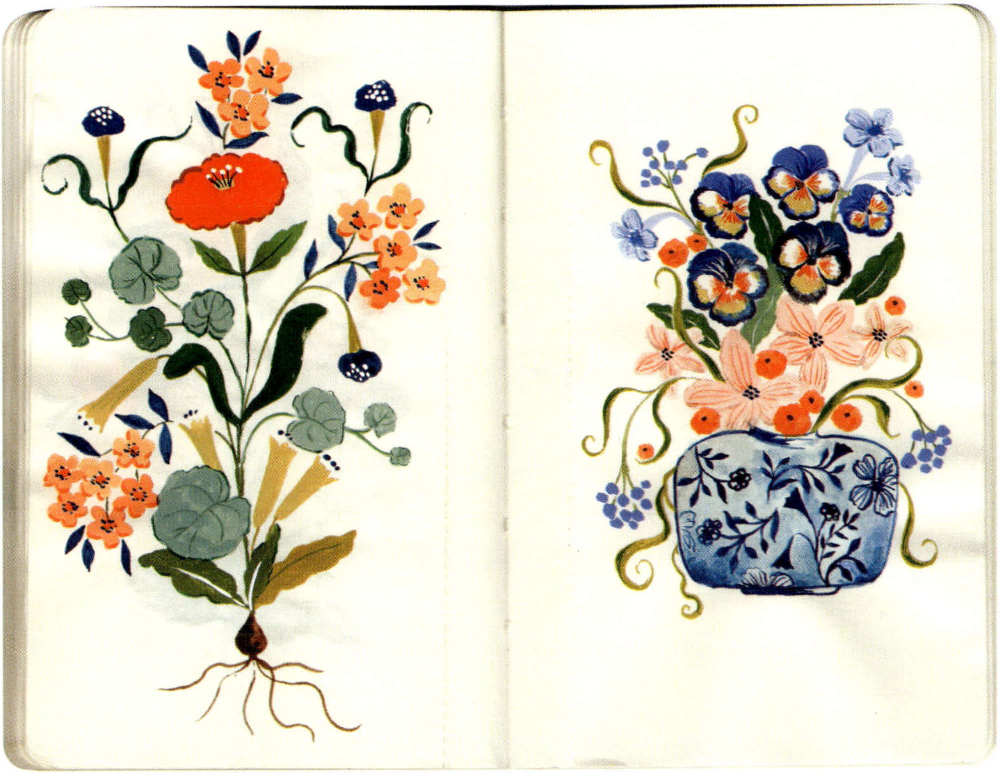

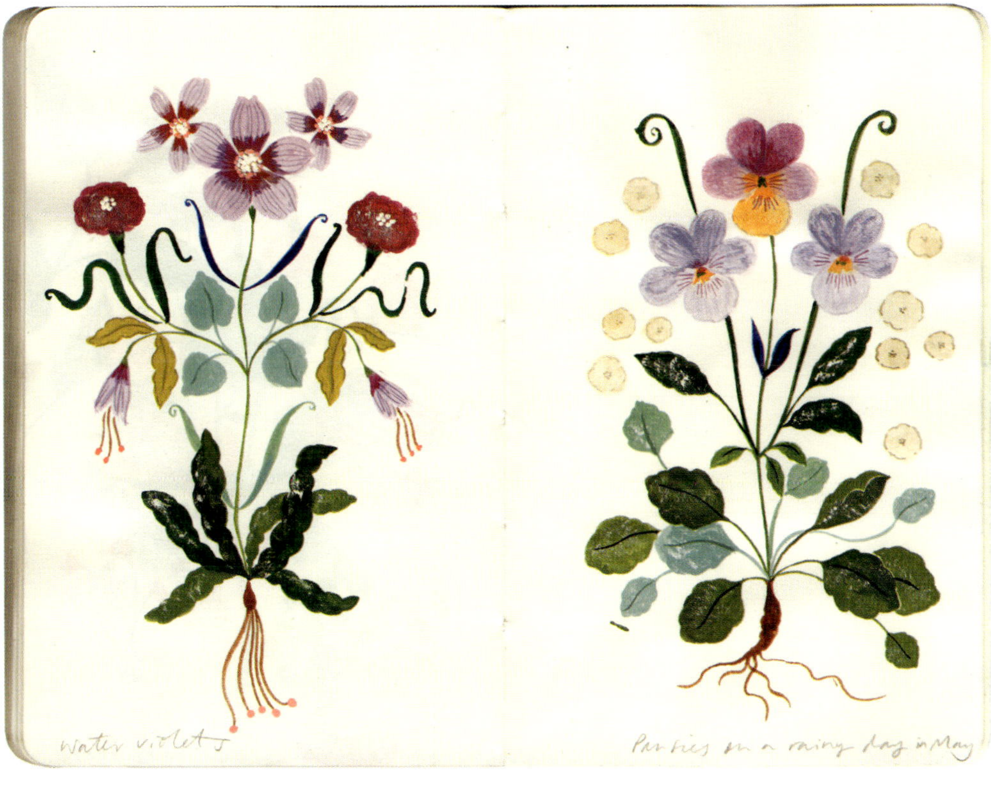

Water violets

Pansies on a rainy day in May

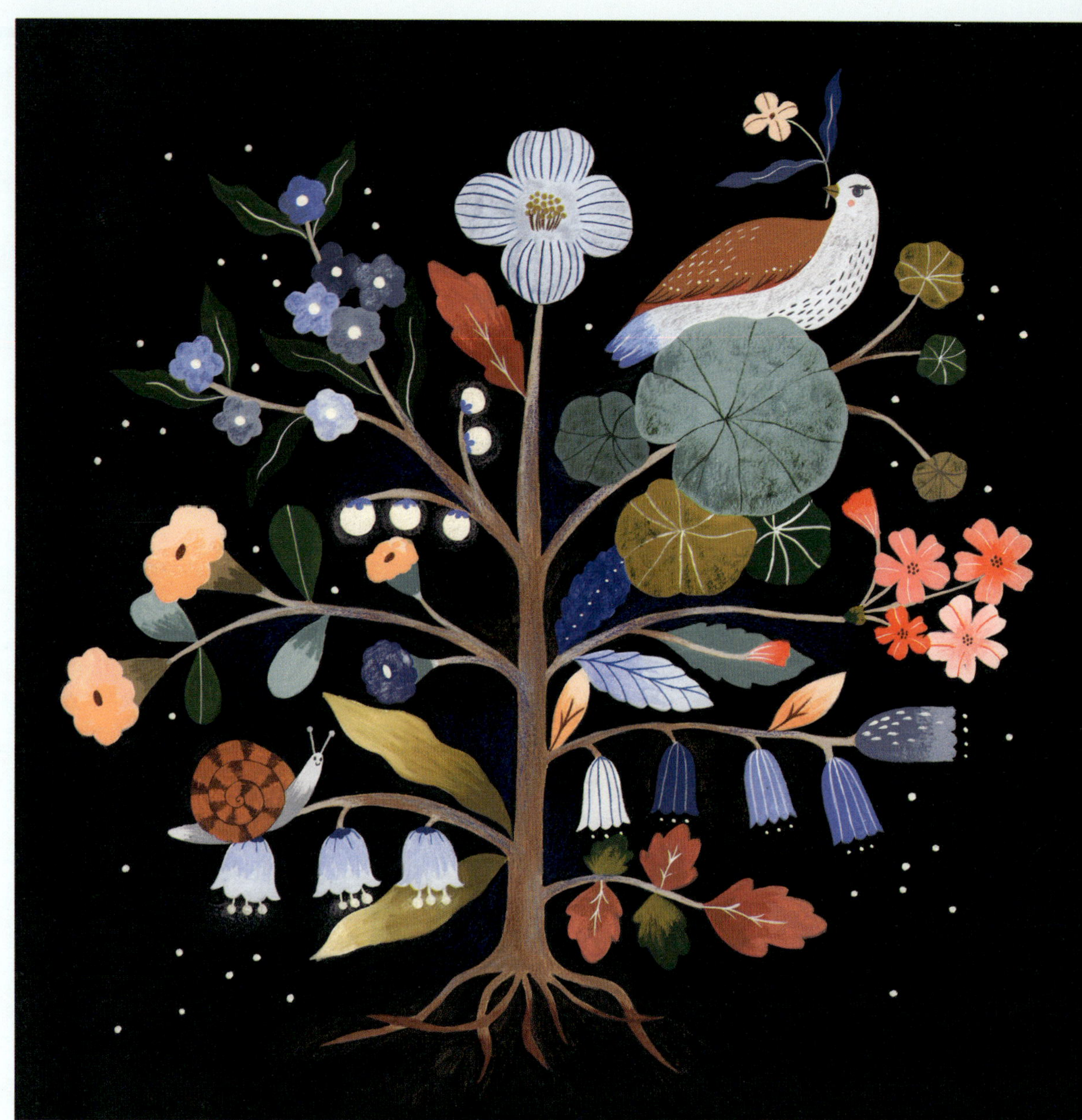

Enchanted Tree - Acrylic Gouache and Gouache on Paper

Green Garden - Acrylic Gouache and Gouache on Paper >>

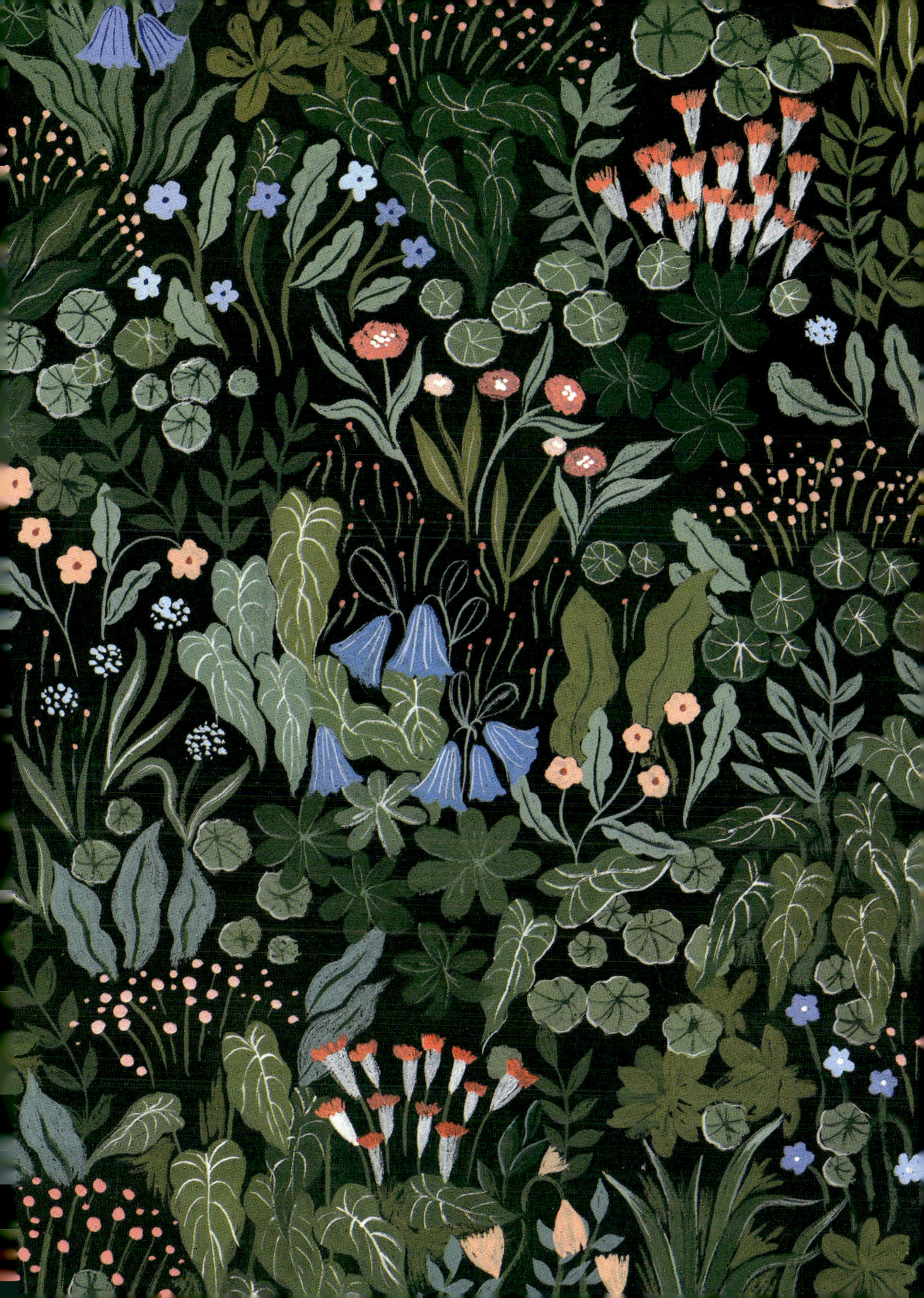

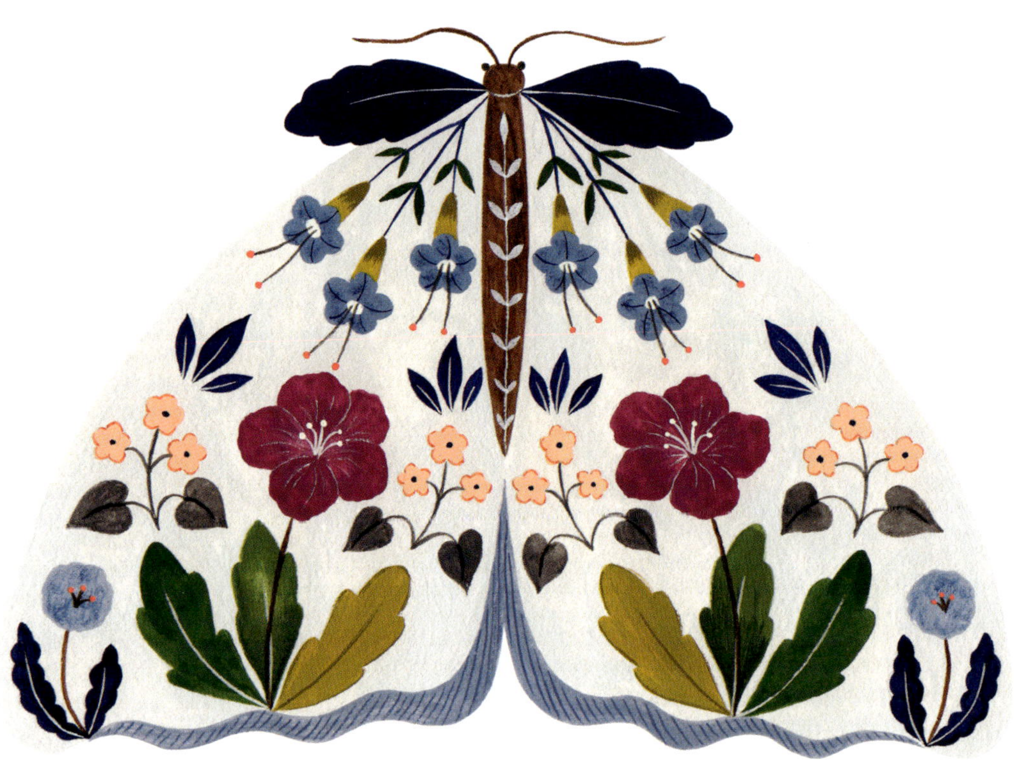

Grey Moth - Gouache on Paper

¿Cómo definirías tus obras de arte?
Mis obras de arte abarcan escenas oníricas con un sentido de maravilla, pintadas delicadamente en paletas de colores armoniosas. Espero crear obras que conecten emocionalmente con el espectador, deteniéndose para disfrutar de las formas y texturas en su interior.

¿Quiénes son tus referentes en el mundo de la pintura?
Disfruto de los antiguos dibujos botánicos de W. Keble Martin y de las pinturas de Marc Chagall, Vanessa Bell y Takehisa Yumeji.

¿Qué haces para promocionar tus obras de arte?
Principalmente promociono en Instagram y a través de mi boletín informativo, compartiendo obras en progreso, páginas de bocetos, trabajos para clientes y pinturas recientes.

How would you define your artworks?
My artworks encompass dream-like scenes with a sense of wonder, delicately painted in harmonious colour palettes. I hope to create works which connect with the viewer emotionally, pausing to enjoy the shapes and textures within.

Who are your references in the world of painting?
I enjoy the old botanical drawings by W. Keble Martin and paintings by Marc Chagall, Vanessa Bell and Takehisa Yumeji.

What do you do to promote your artworks?
I mainly promote on Instagram and through my newsletter, sharing works in progress, sketchbook pages, client work and recent paintings.

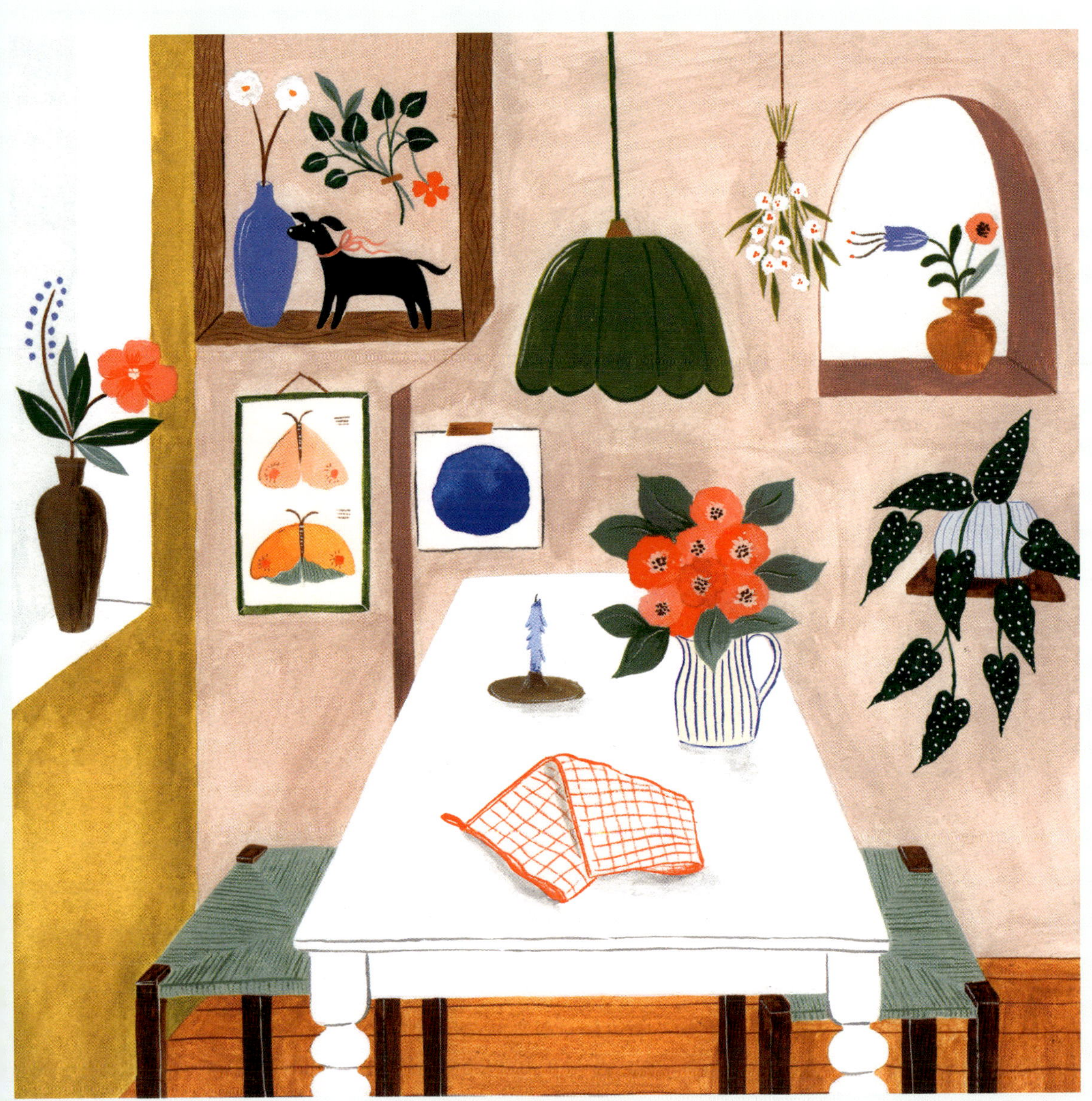

Cosy Nook - Gouache on Paper

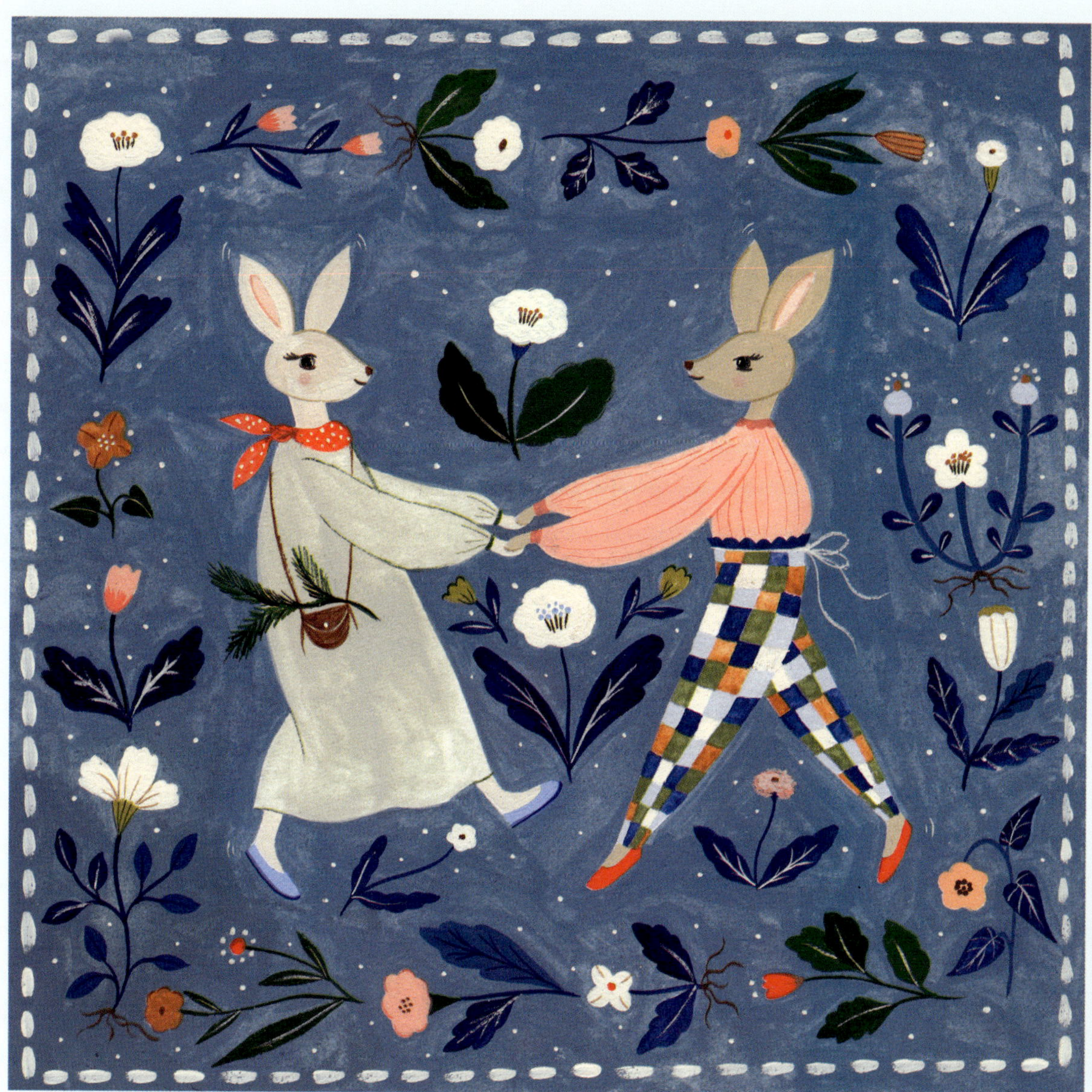

Dancing Rabbits - Acrylic Gouache and Gouache on Paper

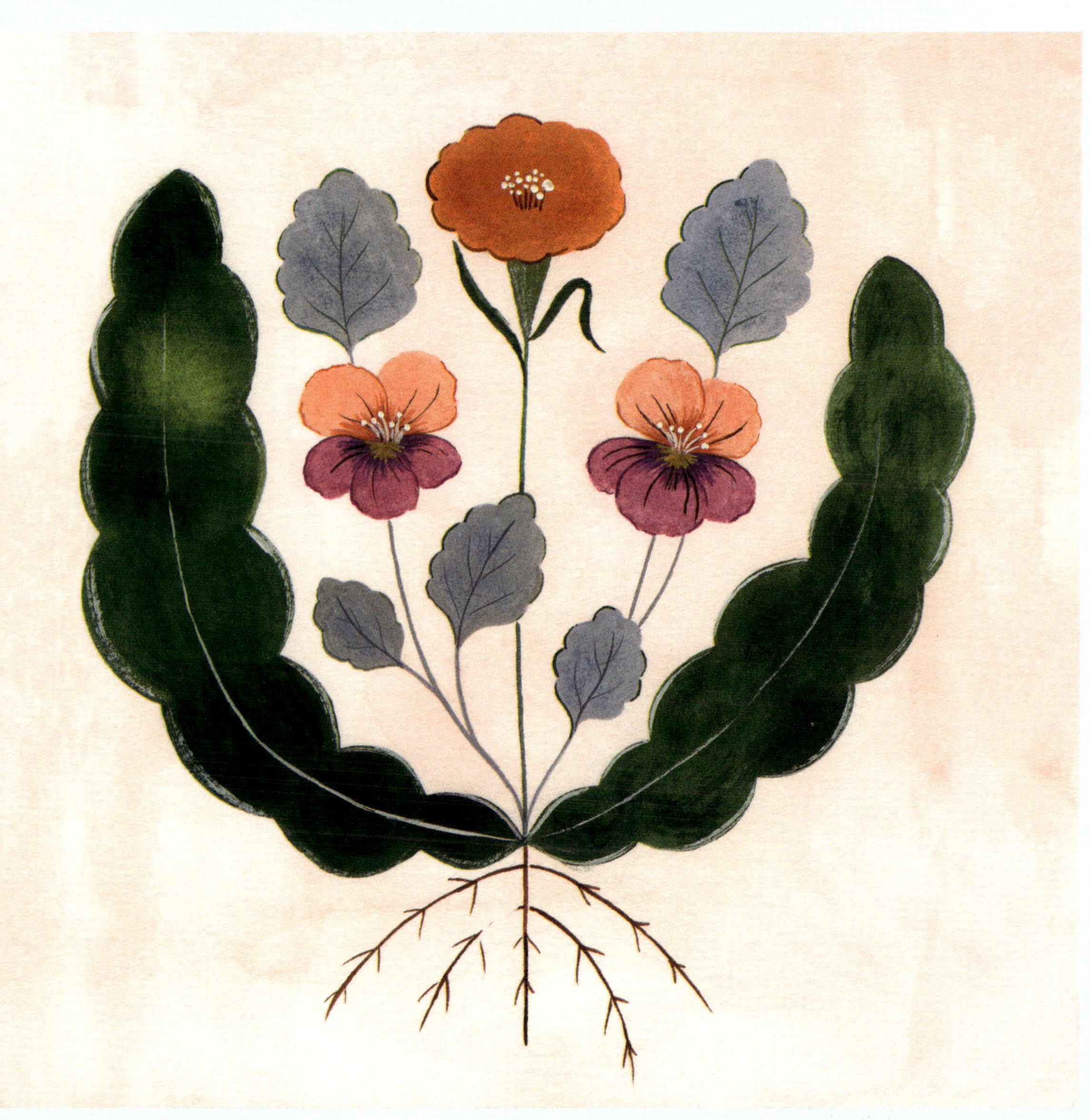

Red Flower - Gouache on Paper

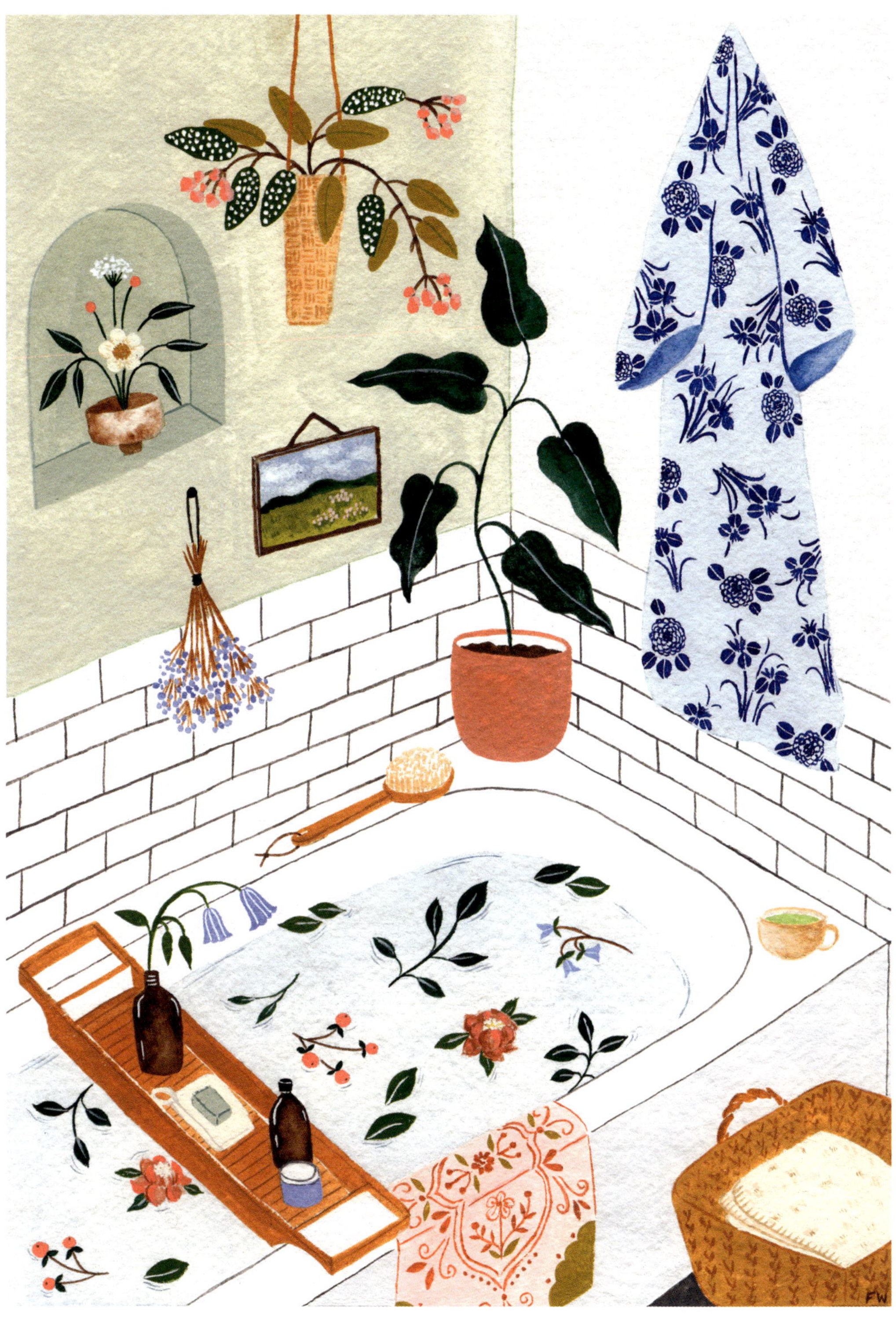

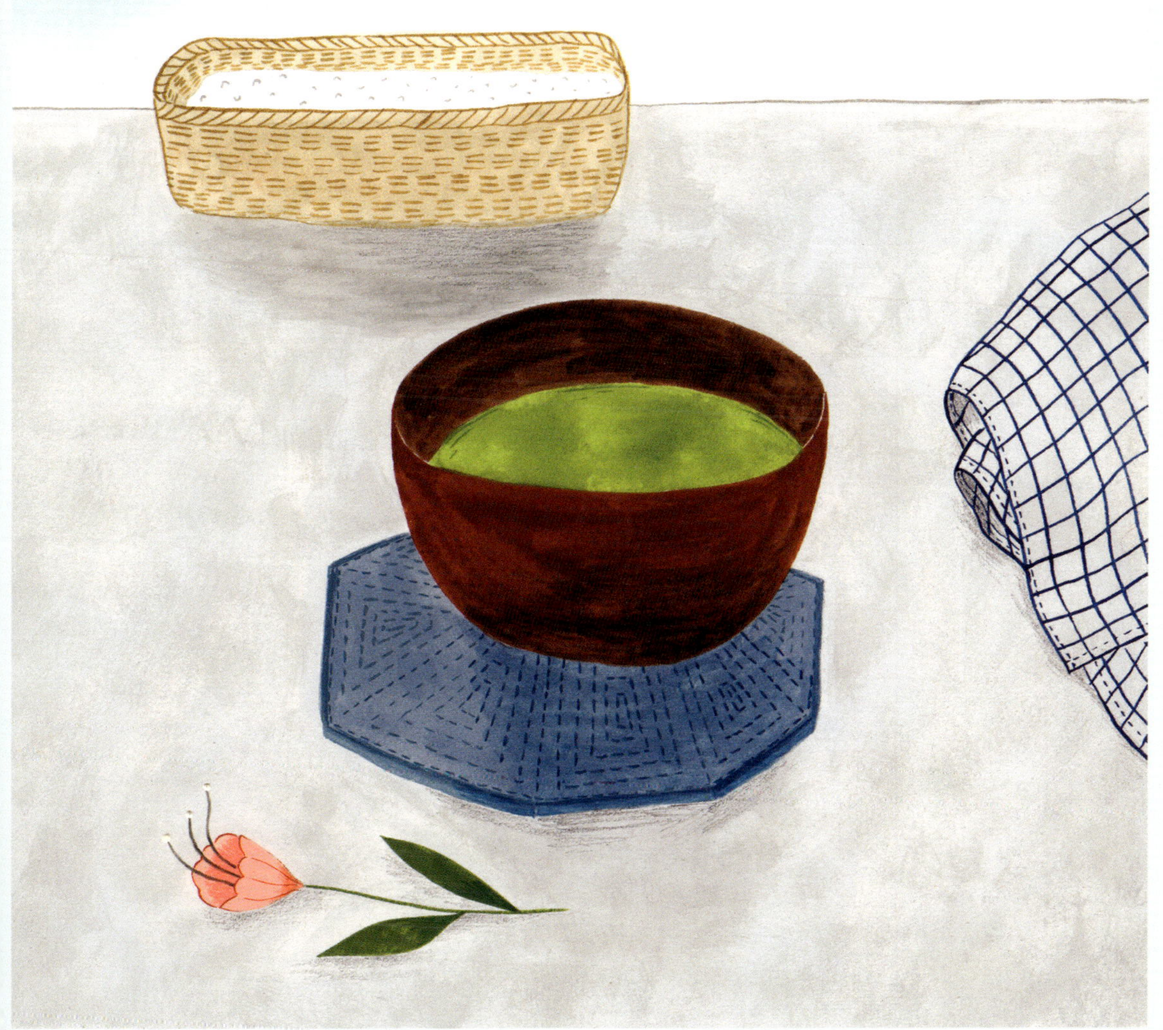

Matcha - Gouache on Paper

<< Unwind - Gouache on Handmade Paper

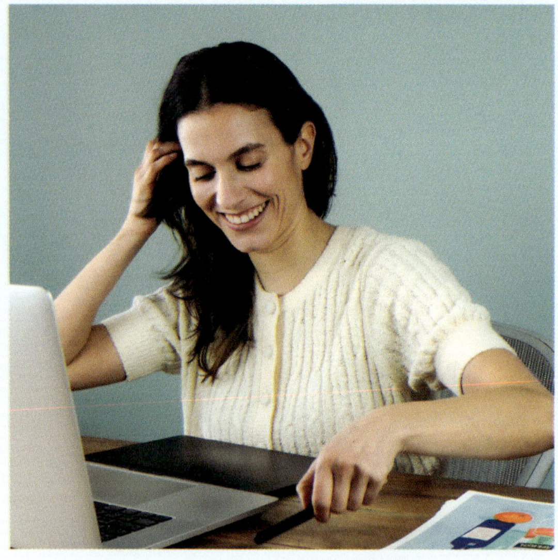

Giselle Dekel

www.giselledekel.com
Instagram: @giselle_dekel

¿Cuándo y cómo empezaste a crear tus obras?
Bueno, técnicamente empecé cuando tenía 5 años, mi mamá me inscribió en una clase de arte y manualidades a los 6 años y supe de inmediato que esto sería algo que haría para siempre. Las ilustraciones que creo hoy comenzaron en 2019, estaba experimentando con nuevas técnicas y materiales y realmente disfruté de esta combinación de acuarelas y photoshop. Antes de eso, trabajaba con acrílicos, acuarelas y lápices de colores, también algo de collage. El arte digital me parecía extraño, pero poco a poco me fui acostumbrando y hoy en día lo aprecio mucho.

¿Cuáles son las fuentes de inspiración que estimulan tu producción artística?
Mi mayor inspiración es la vida cotidiana, sus dificultades, la rutina diaria y todos los aspectos divertidos y extraños de todo ello.
Dado que la mayor parte de mi arte es un reflejo de mi propia vida, muchas de mis ilustraciones están relacionadas con las mujeres y la maternidad.

¿Cómo definirías tus obras de arte?
Honestas, divertidas, minimalistas y peculiares.

When and how did you start creating your works?
Well, technically I started when I was 5, my mom put me in an arts and crafts class at age 6 and I immediately knew this was going to be something I do forever.
The illustrations I create today began in 2019, I was experimenting with new techniques and materials and very much enjoyed this combo of watercolor paintings and photoshop.
Before that I was working with acrylics, watercolor and colored pencil, some collage too. Digital art felt weird to me, but I slowly warmed up to it and very much appreciate it today.

What are the sources of inspiration that stimulate your artistic production?
My biggest inspiration is everyday life, its hardships, the daily routine and all the funny and weird aspects of it all.
Since most of my art is a reflection of my own life, many of my illustrations are related to women and motherhood.

How would you define your artworks?
Honest, funny, minimal and quirky.

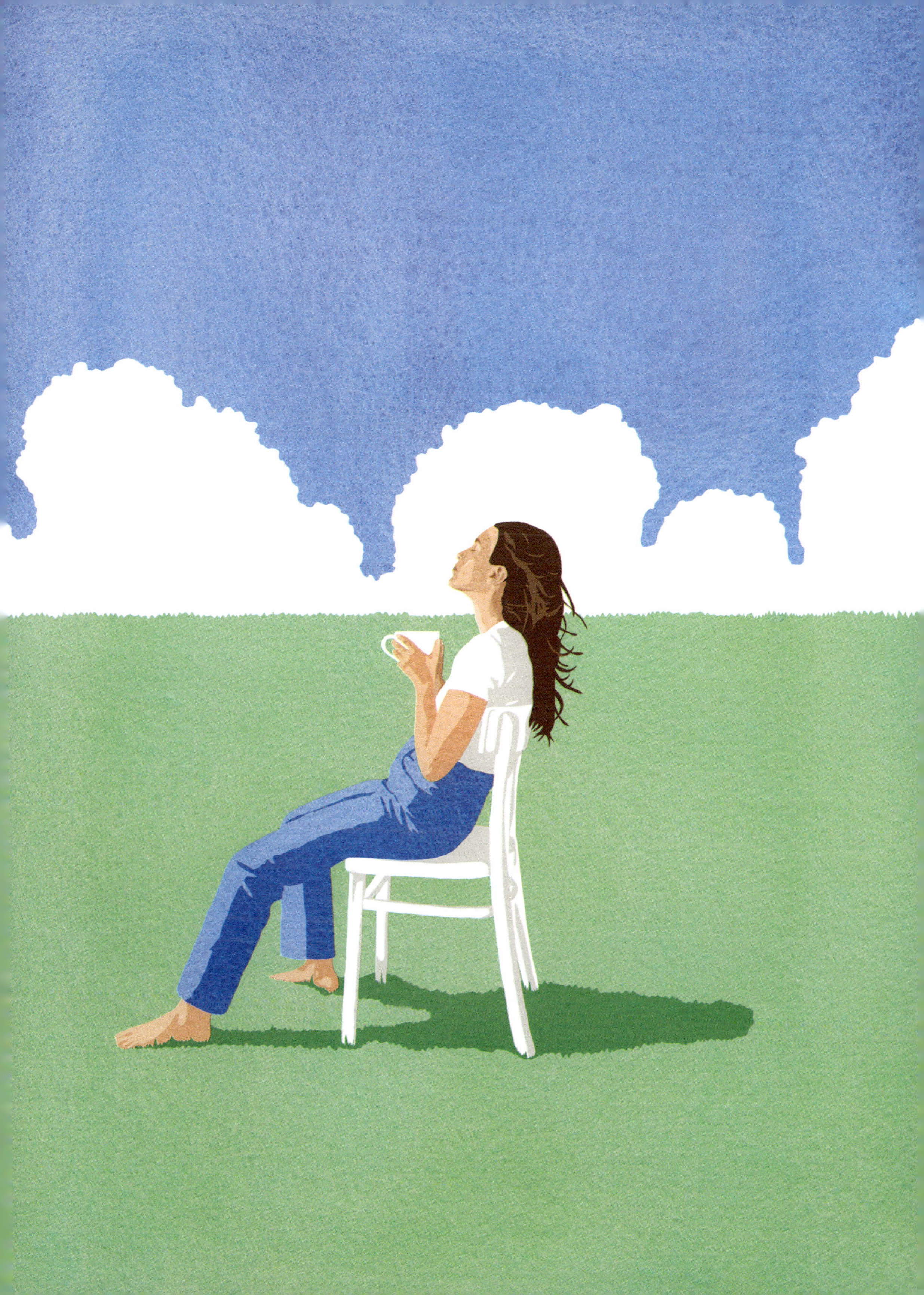

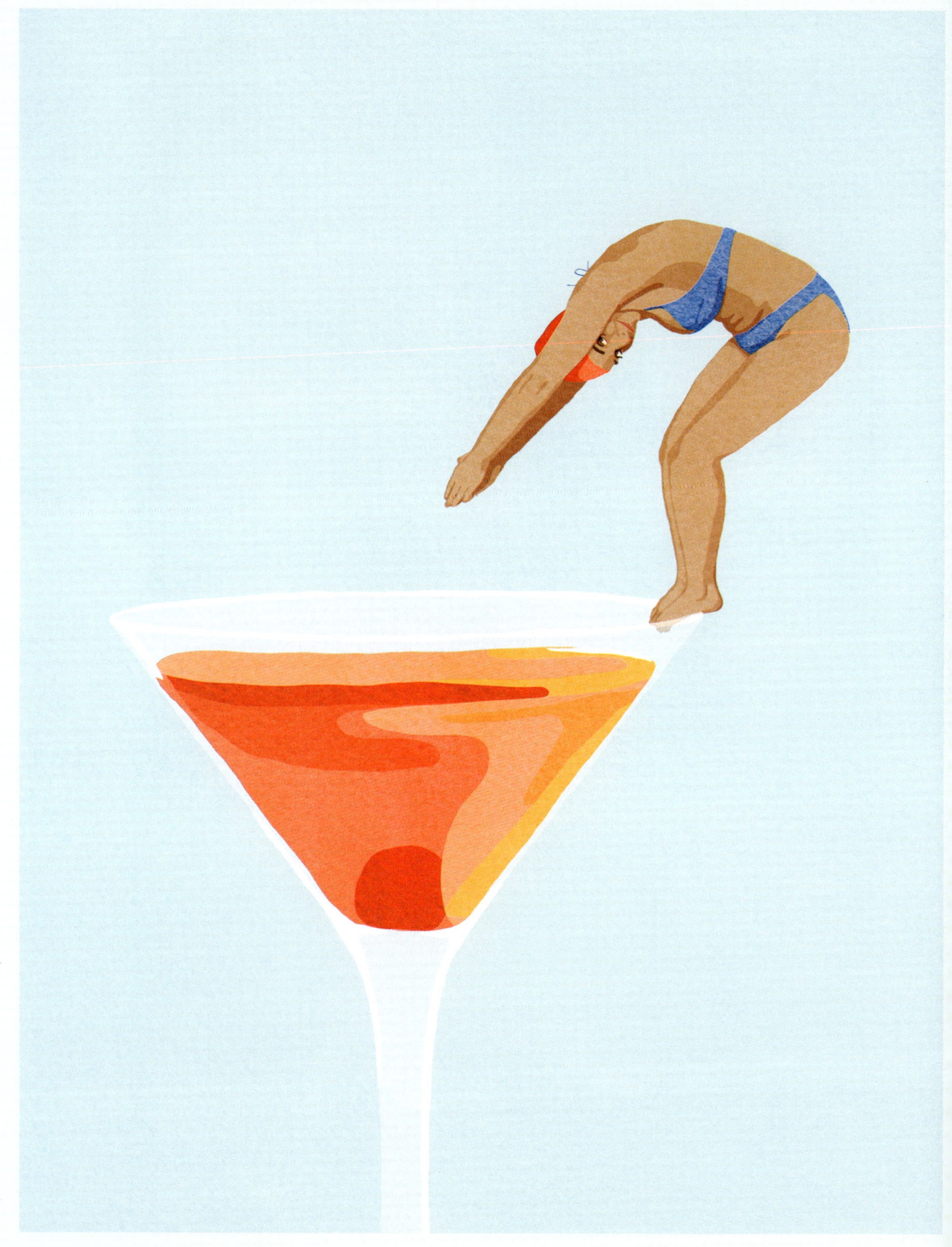

Cocktail Dip - Watercolor and Photoshop

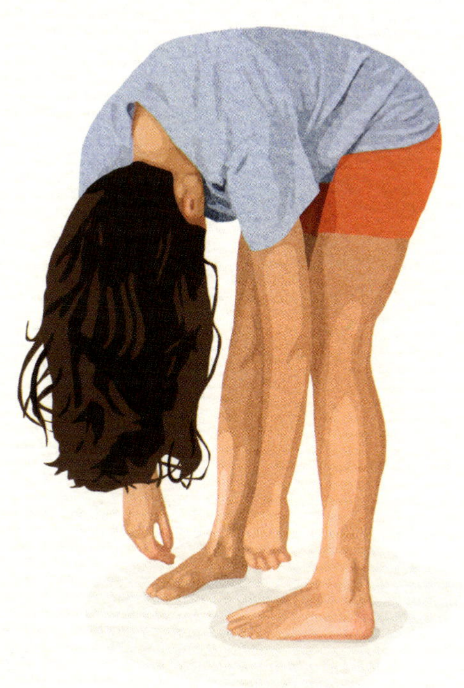

Ugh - Watercolor and Photoshop

Who are your references in the world of painting?
There are so many great illustrators I look up to, but I'm mostly an admirer of the classics. Anything from the Renaissance and the Expressionist movement I could stare at for a long time, especially works by Caravaggio and Egon Schiele.

What do you do to promote your artworks?
I don't do a lot to promote my art. Like most artists today I simply share my art on social media and pray it gets seen by whomever needs it :)

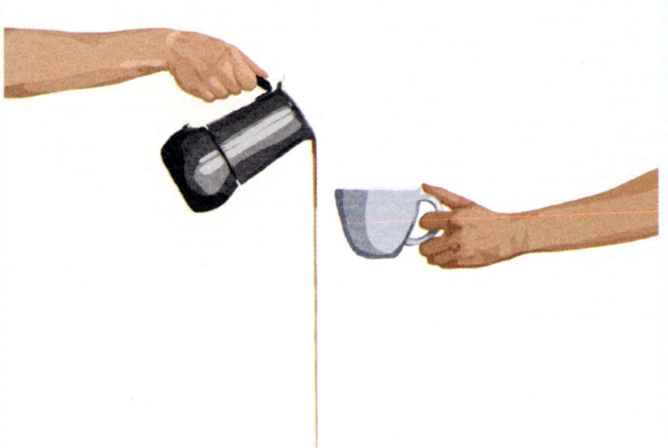

Spilled Coffee - Watercolor and Photoshop

¿Quiénes son tus referentes en el mundo de la pintura?
Hay tantos ilustradores geniales a los que admiro, pero principalmente soy admiradora de los clásicos. Podría contemplar durante mucho tiempo cualquier obra del Renacimiento y del movimiento expresionista, especialmente las obras de Caravaggio y Egon Schiele.

¿Qué haces para promocionar tus obras de arte?
No hago mucho para promocionar mi arte. Como la mayoría de los artistas hoy en día, simplemente comparto mi arte en las redes sociales y rezo para que sea visto por quien lo necesite :)

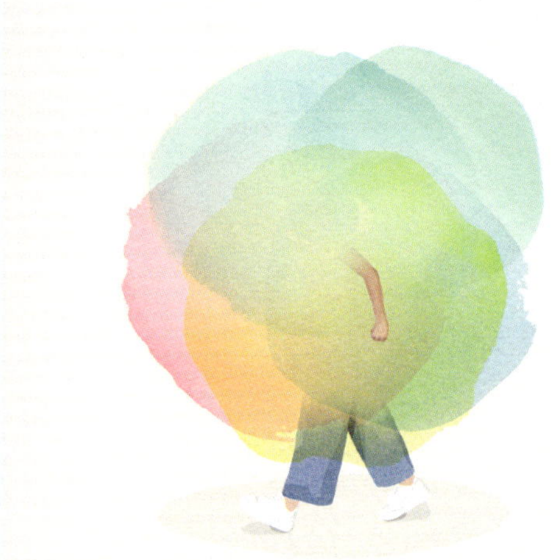

Cloud of Joy - Watercolor and Photoshop

Laundry Day - Watercolor and Photoshop > >

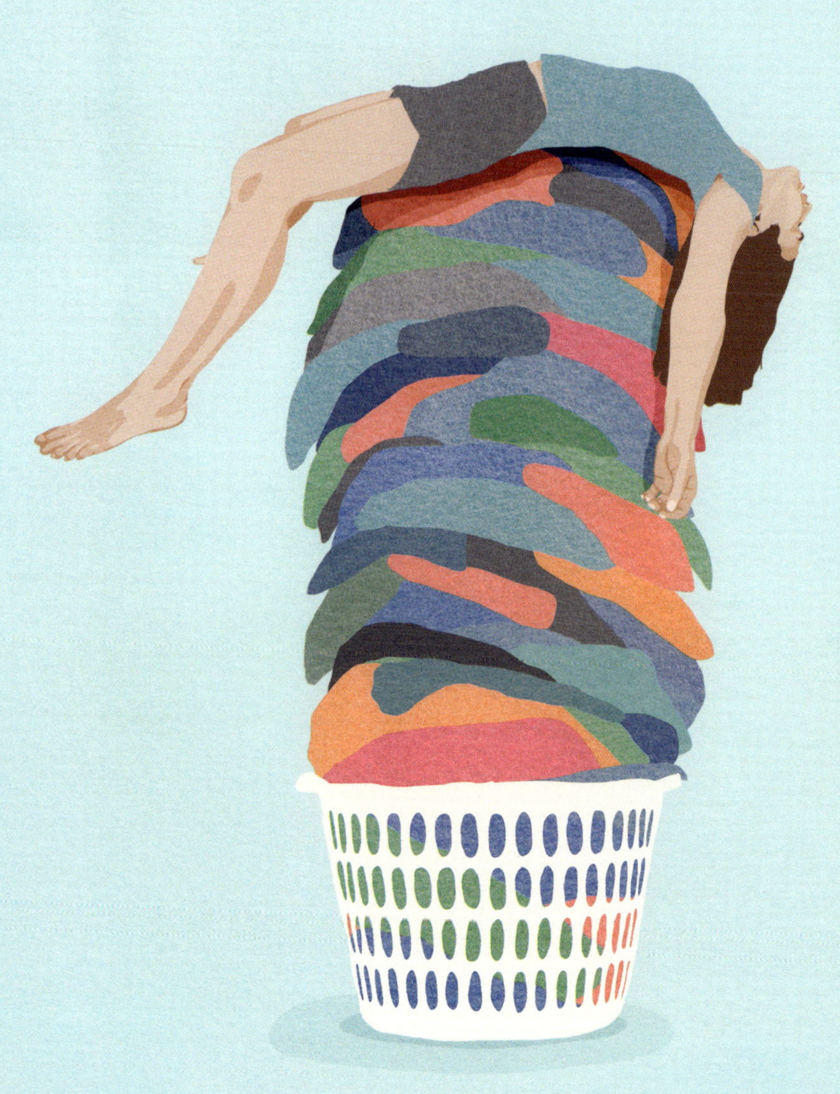

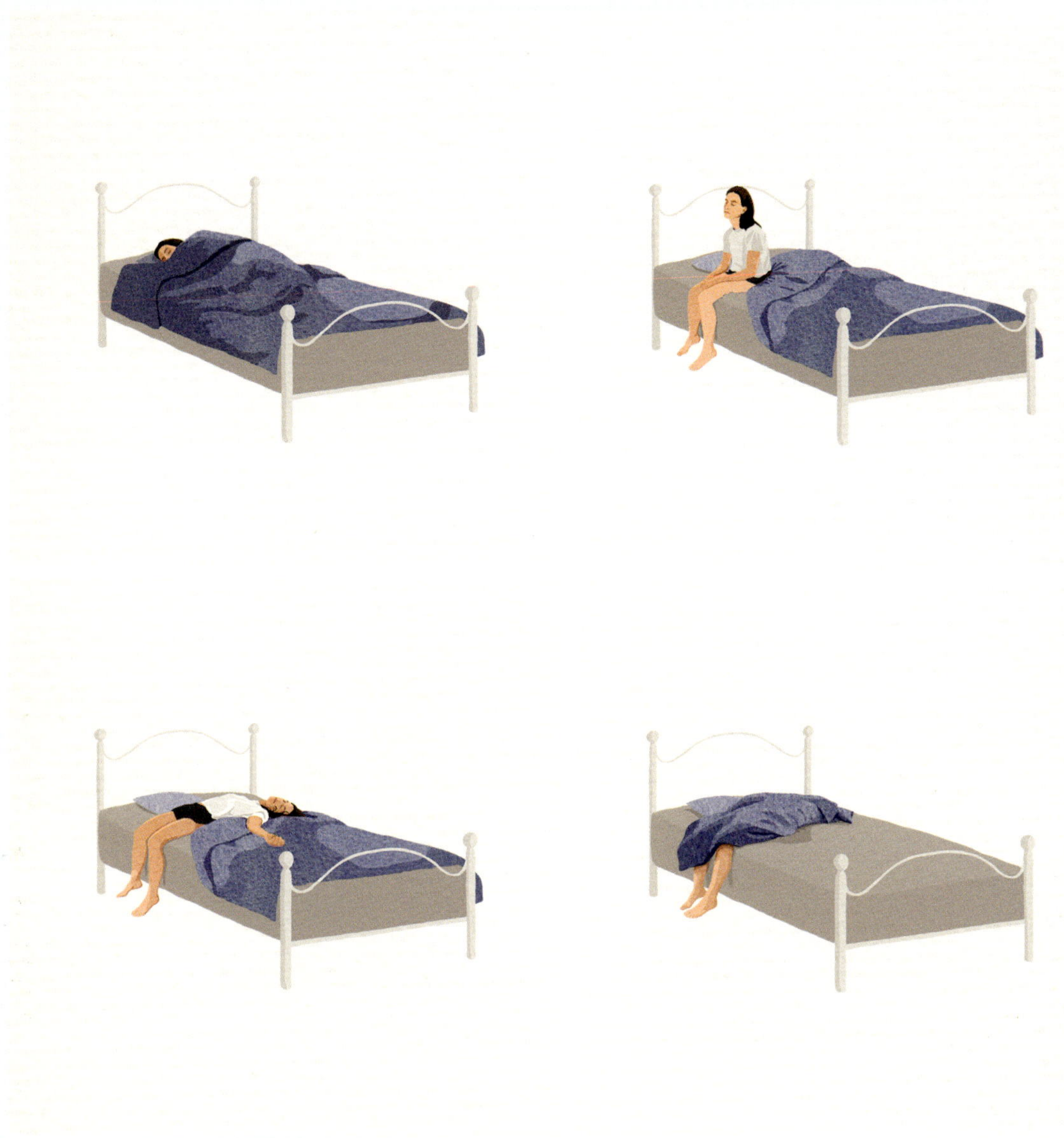

Bedtime Story - Watercolor and Photoshop

MOM HUG EVOLUTION

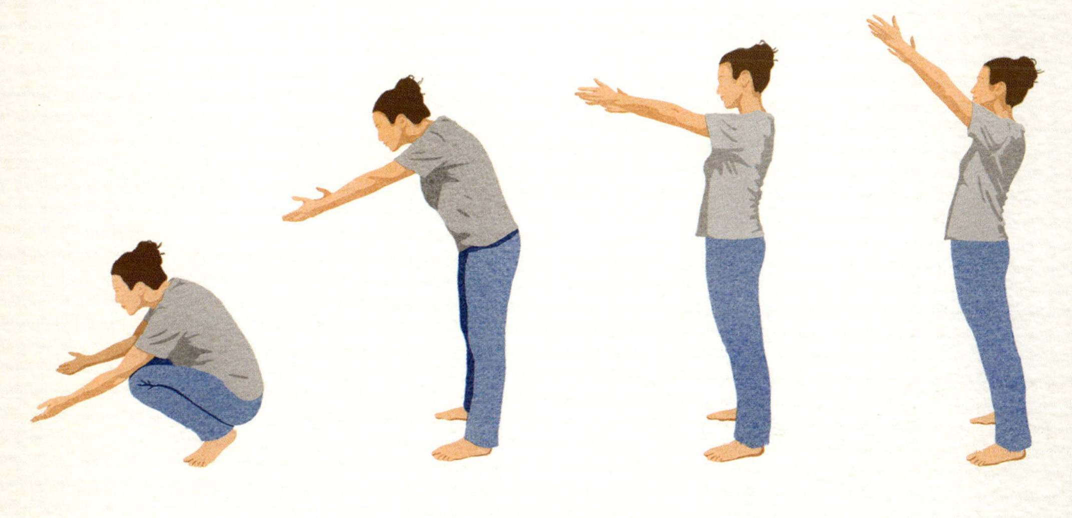

Mom Hug Evolution - Watercolor and Photoshop

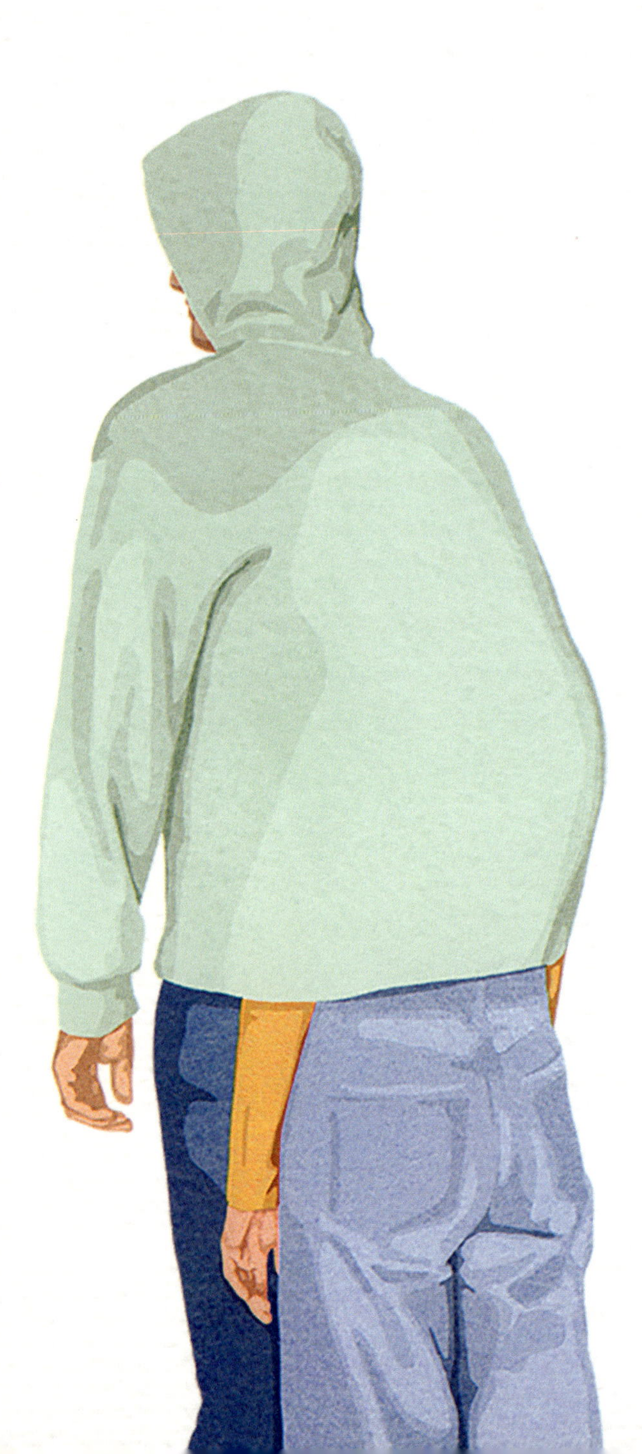

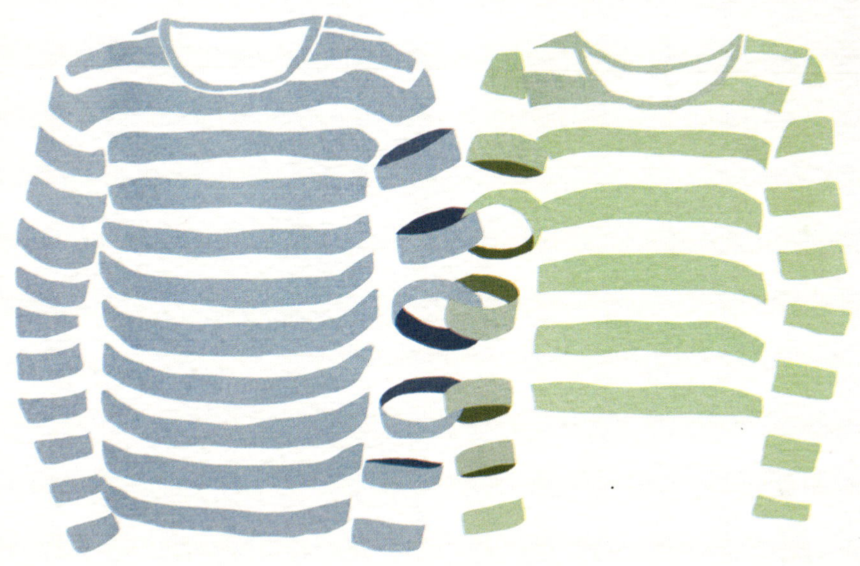

Striped Lovers - Watercolor and Photoshop

<< My Favorite Place - Watercolor and Photoshop

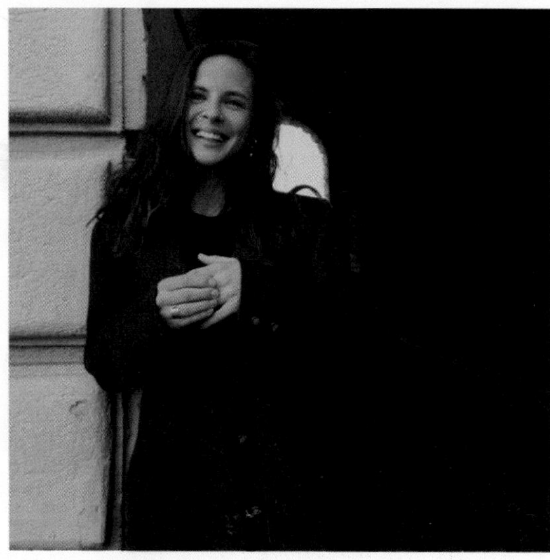

Sandra Poliakov

www.sandrapoliakov.com
Instagram: @sandrapoliakov

¿Cuándo y cómo empezaste a crear tus obras?
El arte siempre ha sido mi manera de escapar a mi propio pequeño mundo. He trabajado como artista y diseñadora gráfica durante unos 10 años, pero solo descubrí mi estilo y comencé a trabajar en mi arte personal cuando estaba embarazada hace 4 años. Fue un momento en el que me permití sumergirme en mis sentimientos y reflexionar sobre lo que quiero ofrecer al mundo como artista.

¿Cuáles son las fuentes de inspiración que estimulan tu producción artística?
Mantenerme consciente, observar la vida. Intento trabajar solo con una sensación de calma; encuentro que la energía que pongo en una obra puede ser percibida por las personas que la ven.

¿Cómo definirías tus obras de arte?
Femeninas, coloridas, pacíficas.

¿Quiénes son tus referentes en el mundo de la pintura?
Me encanta ver el arte de otras personas, observar los mundos que crean. Es difícil nombrar solo a unos pocos, pero recientemente me han encantado Michael McGrath, Exantres (Alena Rakova), Lea Woo y Rosie Harbottle. Hay muchos más artistas inspiradores.

¿Qué haces para promocionar tus obras de arte?
Tengo un blog en Instagram donde comparto mi arte y fragmentos de mi vida que encuentro inspiradores.

When and how did you start creating your works?
Art has always been my way to escape into my own little world. I've worked as an artist and graphic designer for about 10 years but I only discovered my style and begun working on my personal art when I was pregnant 4 years ago. It was a time when I allowed myself to dive into my feelings and reflect on what I want to give to the world as an artist.

What are the sources of inspiration that stimulate your artistic production?
Staying mindful, noticing life. I try to only work with a sense of ease, I find that the energy I put into a work can be felt by people who see it.

How would you define your artworks?
Feminine, colorful, peaceful.

Who are your references in the world of painting?
I love looking at other people's art, seeing the worlds they create. It's hard to name just a few, but recently I loved Michael McGrath, Exantres (Alena Rakova), Lea Woo and Rosie Harbottle. There are so many more inspiring artists.

What do you do to promote your artworks?
I have an Instagram blog where I share my art and bits if my life that I find inspiring.

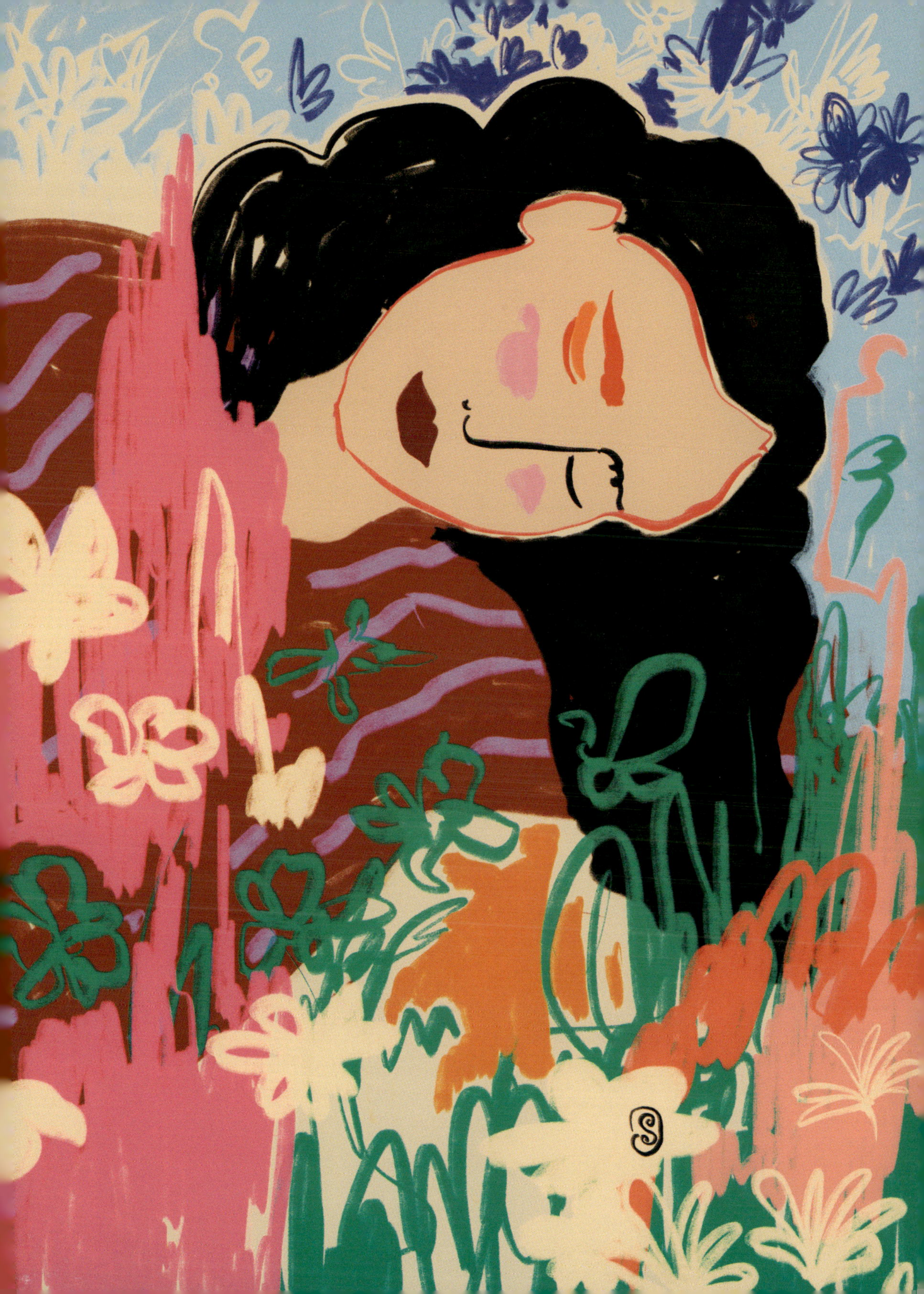

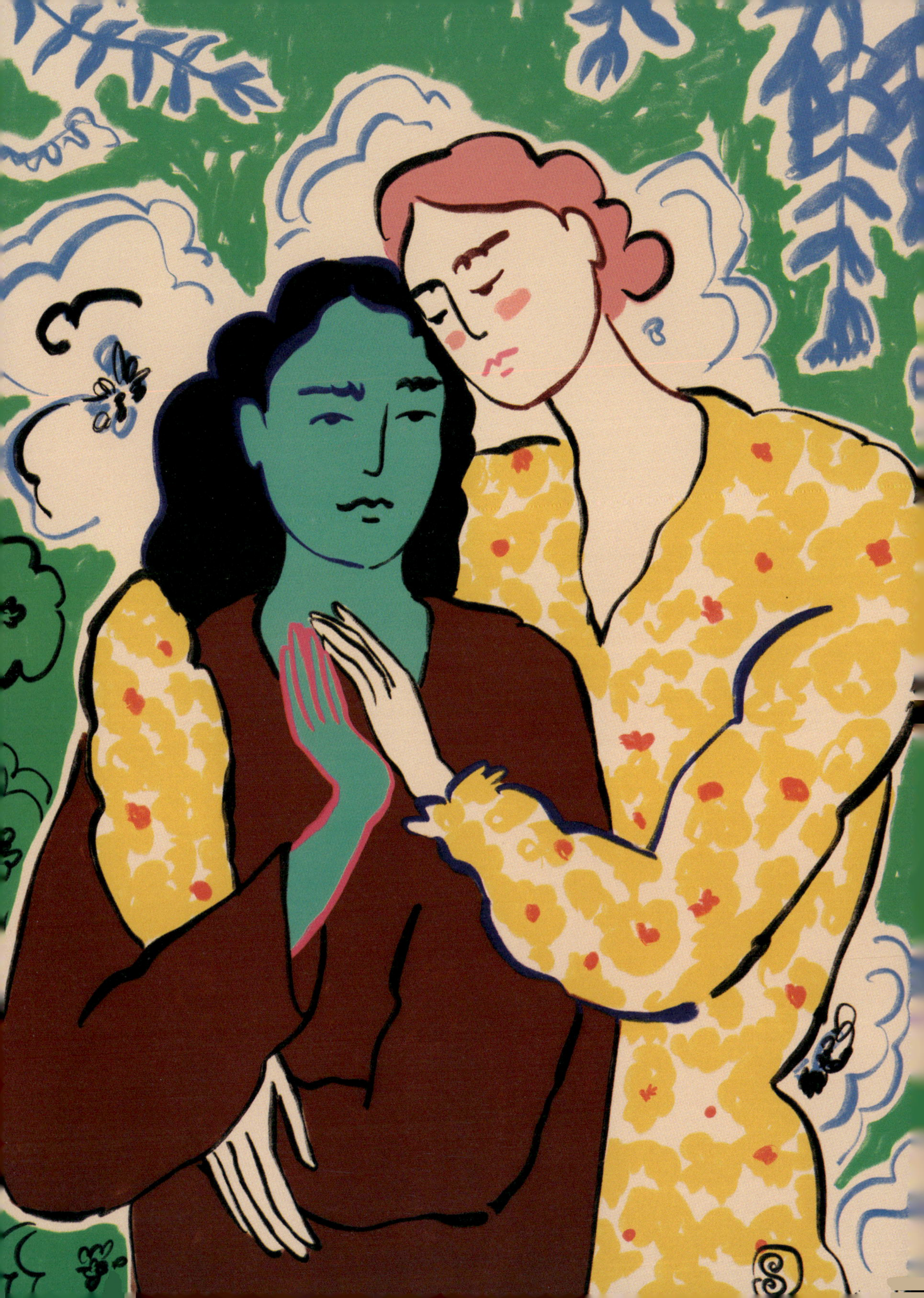

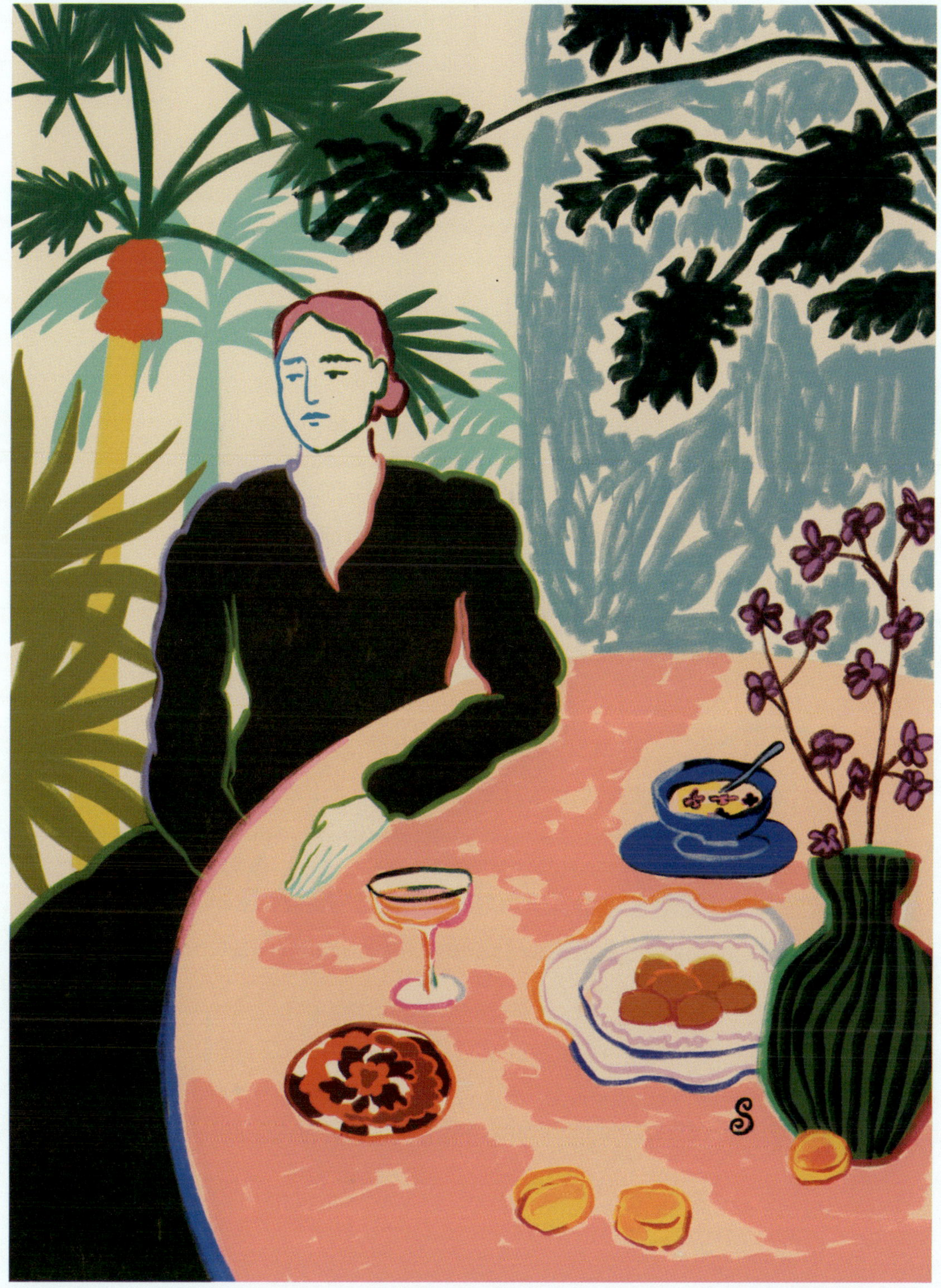

Tropiacal Brunch - Procreate

<< Holding Hands - Procreate

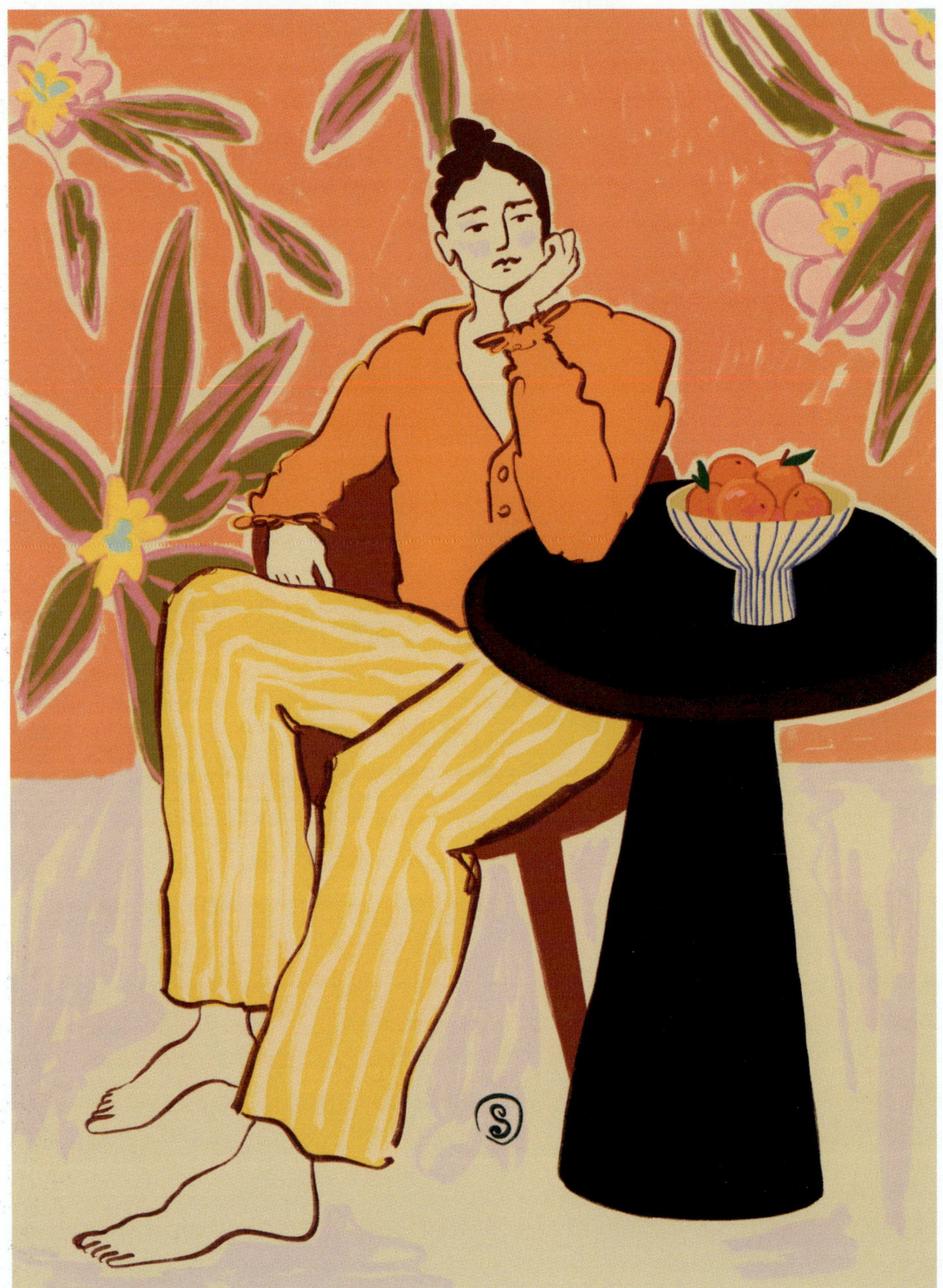

Woman with Oranges - Procreate

Sun and Waves - Procreate >>

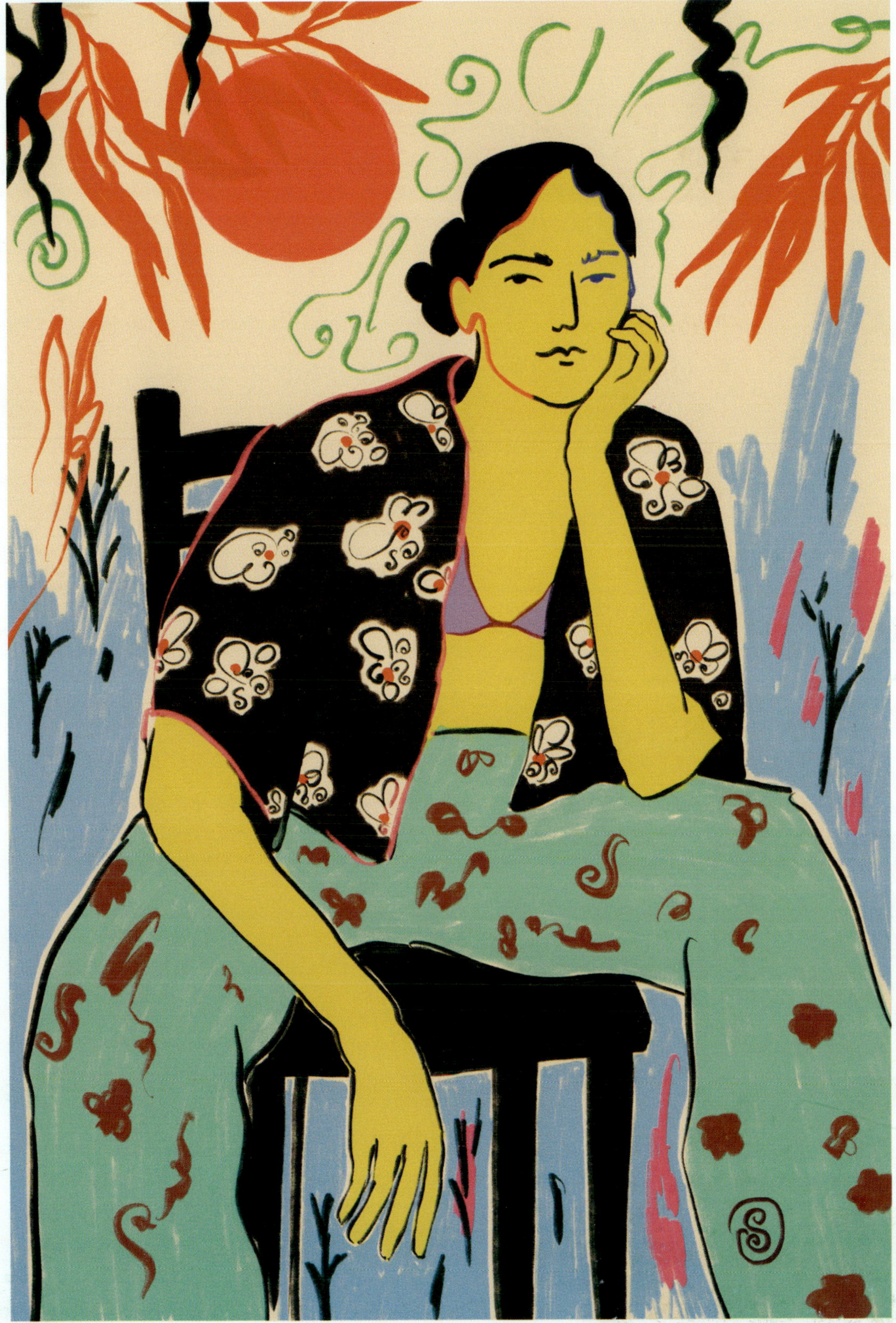

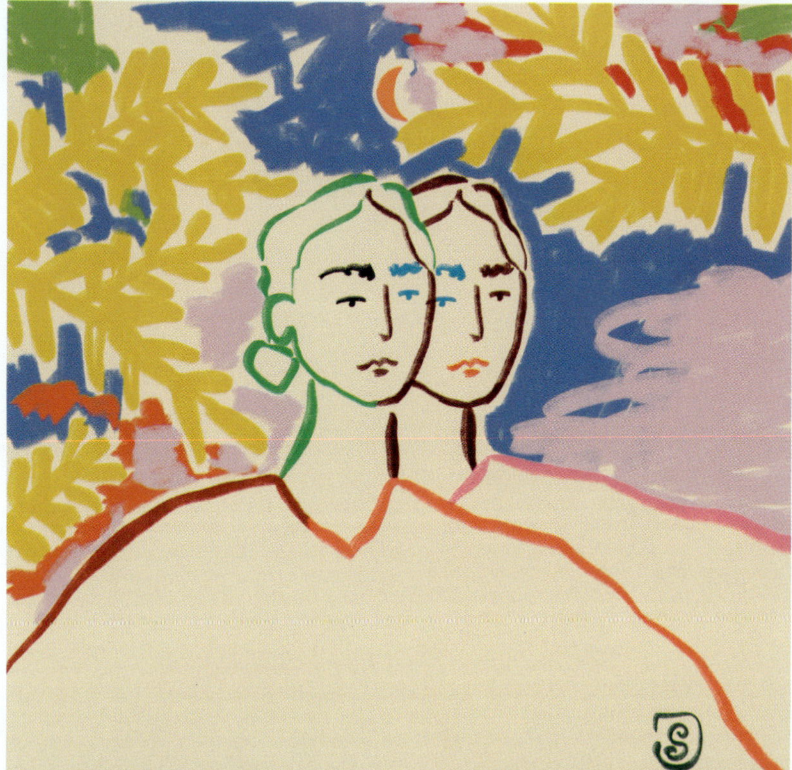

Gemini - Procreate

Happy Tiger - Procreate

Motherhood - Procreate >>

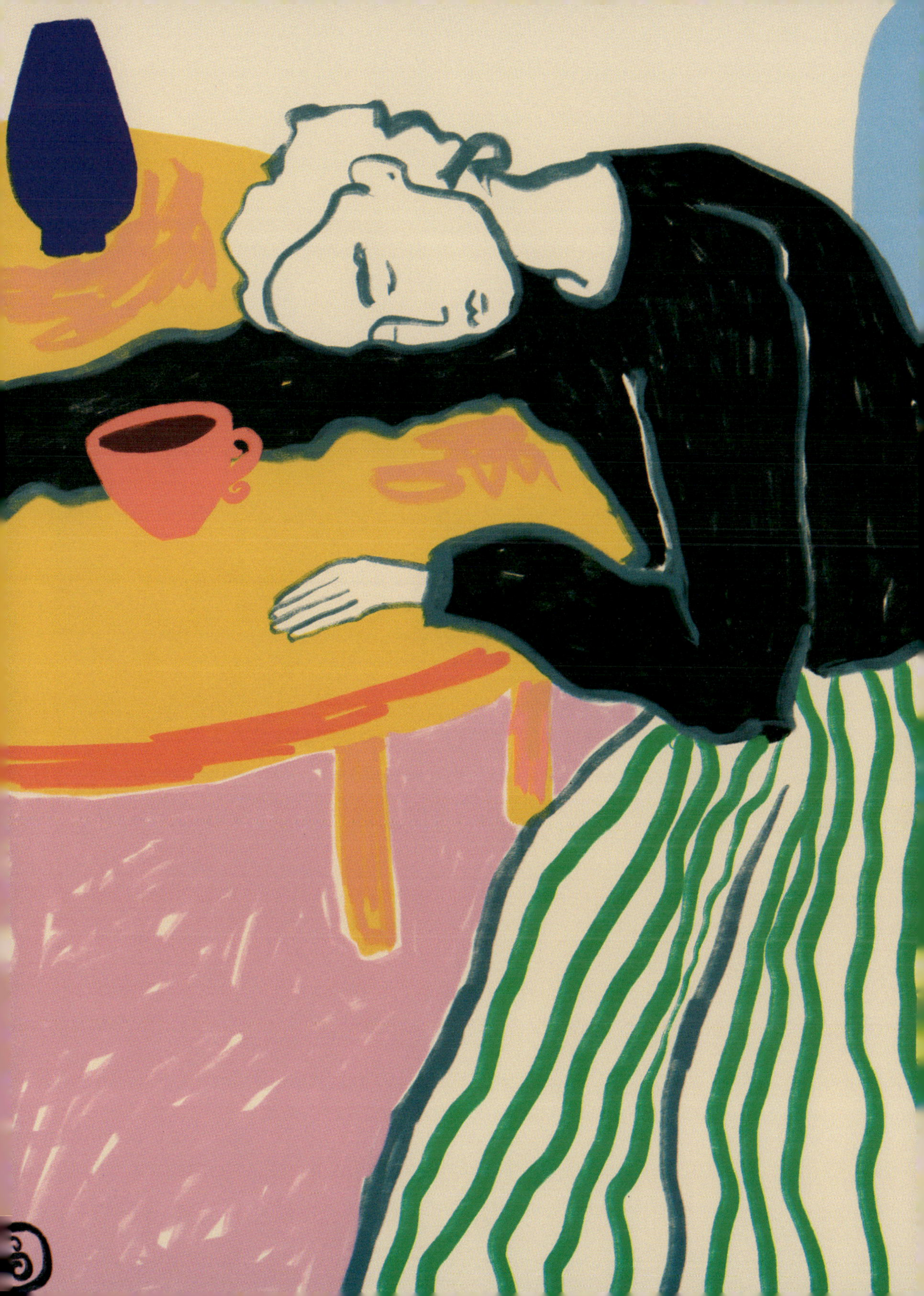

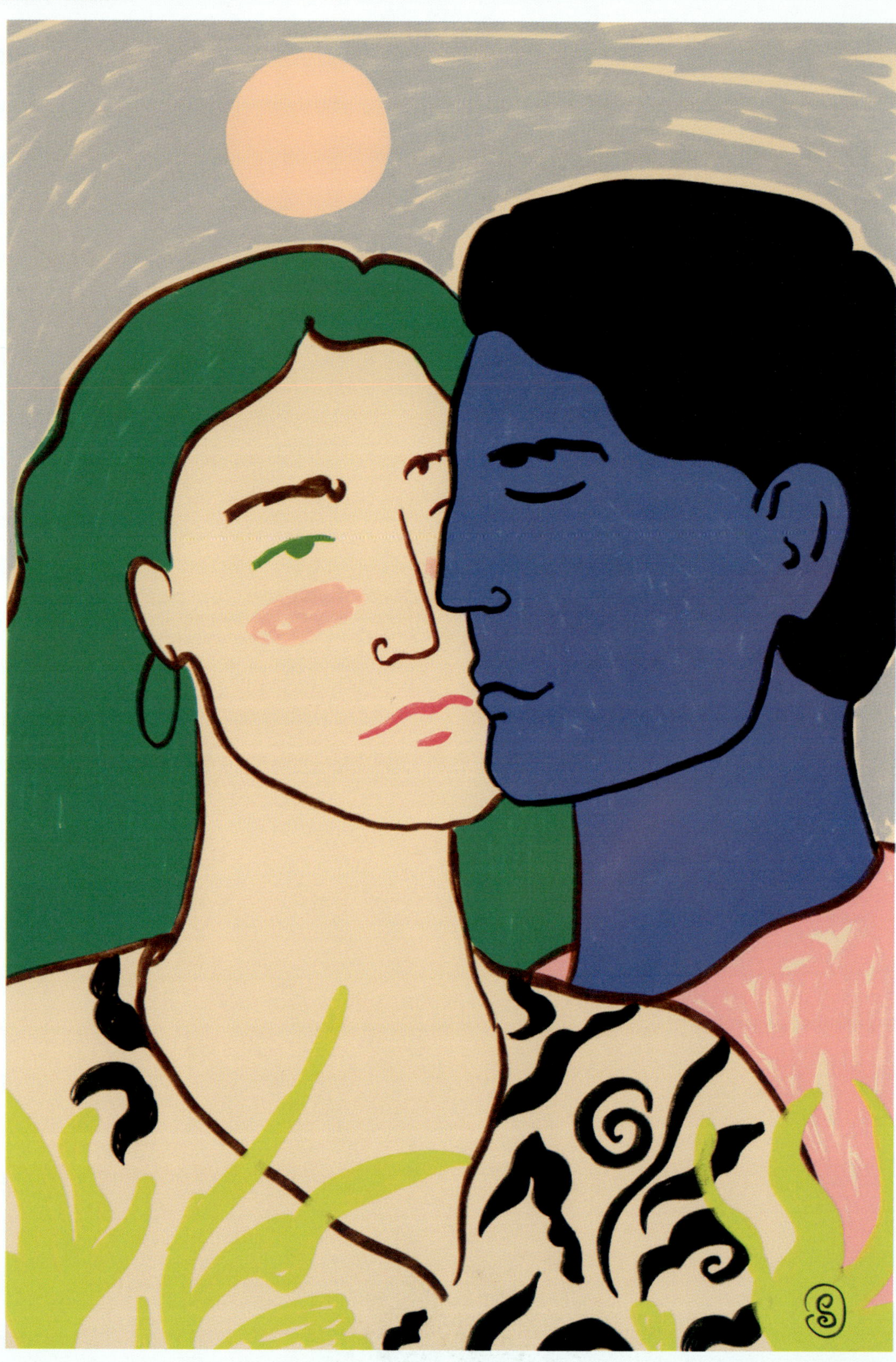

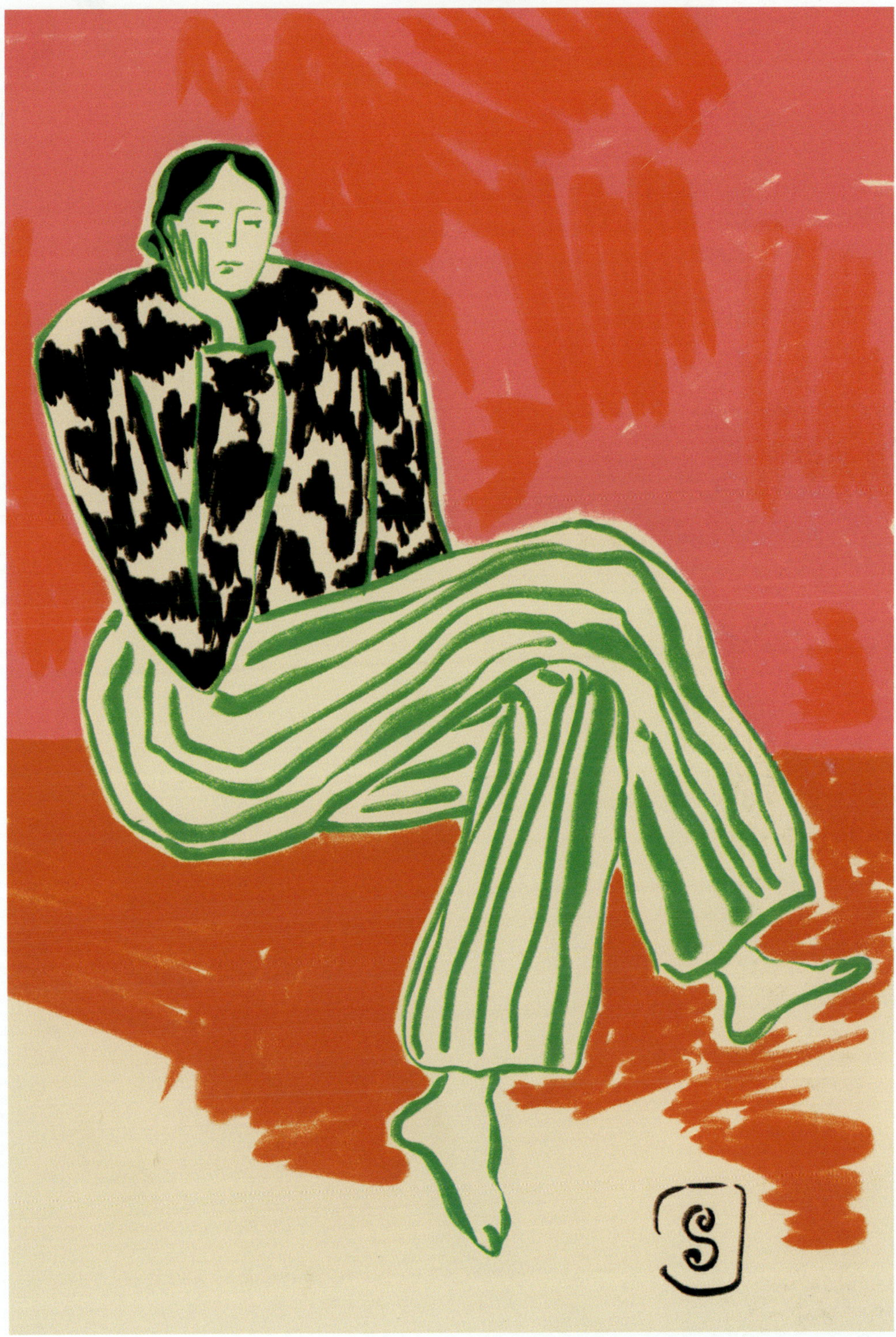

Calm Woman Portrait - Procreate

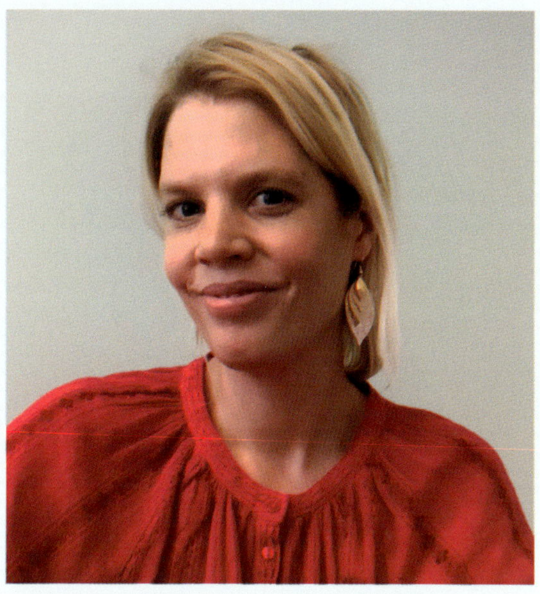

Karen Weening

www.karenweening.nl
Instagram: @karenillustraties

¿Cuándo y cómo empezaste a crear tus obras?

Después de mis estudios en arquitectura y 6 años de trabajo como diseñadora urbana, llegó el momento de descubrir qué me hace realmente feliz. Me di cuenta de que era contar una historia a través del dibujo. ¿Por qué no darle una oportunidad a esto para crecer? Y así lo hice. Después de un año, me atreví con cautela a decirle a la gente que soy ilustradora. Aún siento una fuerte conexión con el diseño urbano, pero la ilustración me da más libertad para crear. Aunque las cosas no fueron un éxito inmediato, nunca me he arrepentido del cambio que hice hace 12 años.

¿Cuáles son las fuentes de inspiración que estimulan tu producción artística?

Trabajar como diseñadora urbana en el pasado me enseñó mucho sobre la escala humana y el comportamiento de las personas en espacios públicos. Aún me encanta observar los alrededores, los comportamientos humanos y la vida cotidiana. Esto es lo que inspira mis ilustraciones.

¿Cómo definirías tus obras de arte?

Hago ilustraciones coloridas y alegres a partir de mi amor por el color, los interiores y las personas. Espero sacar una sonrisa a la gente cuando vean mis ilustraciones. En el futuro, también espero alcanzar un objetivo mayor y lograr que las personas reflexionen un poco sobre su entorno y la responsabilidad que todos tenemos de hacerlo un lugar mejor.

When and how did you start creating your works?

After my study in architecture and 6 years of working as an urban designer, it was time for me to discover what makes me really happy. I realised it was telling a story through drawing. Why not give this a chance to grow? And so I did. After 1 year I carefully dared to tell people I am an illustrator. I still feel a strong connection with urban design, but illustrating give me more freedom to create. Although things weren't immediately a success, I never regret the switch 12 years ago.

What are the sources of inspiration that stimulate your artistic production?

Working as an urban designer in the past, told me a lot about the human scale and people behaviours in public. I still love to observe surroundings, human behaviours and daily life.
It's the inspiration of my illustrations.

How would you define your artworks?

I make colourful feelgood illustrations from a love for color, interior and people. I hope to give people a smile when looking at my illustration. In the future I also hope to reach a bigger goal and make people really think for a bit about their environment and the responsibility we all have to make it a great place.

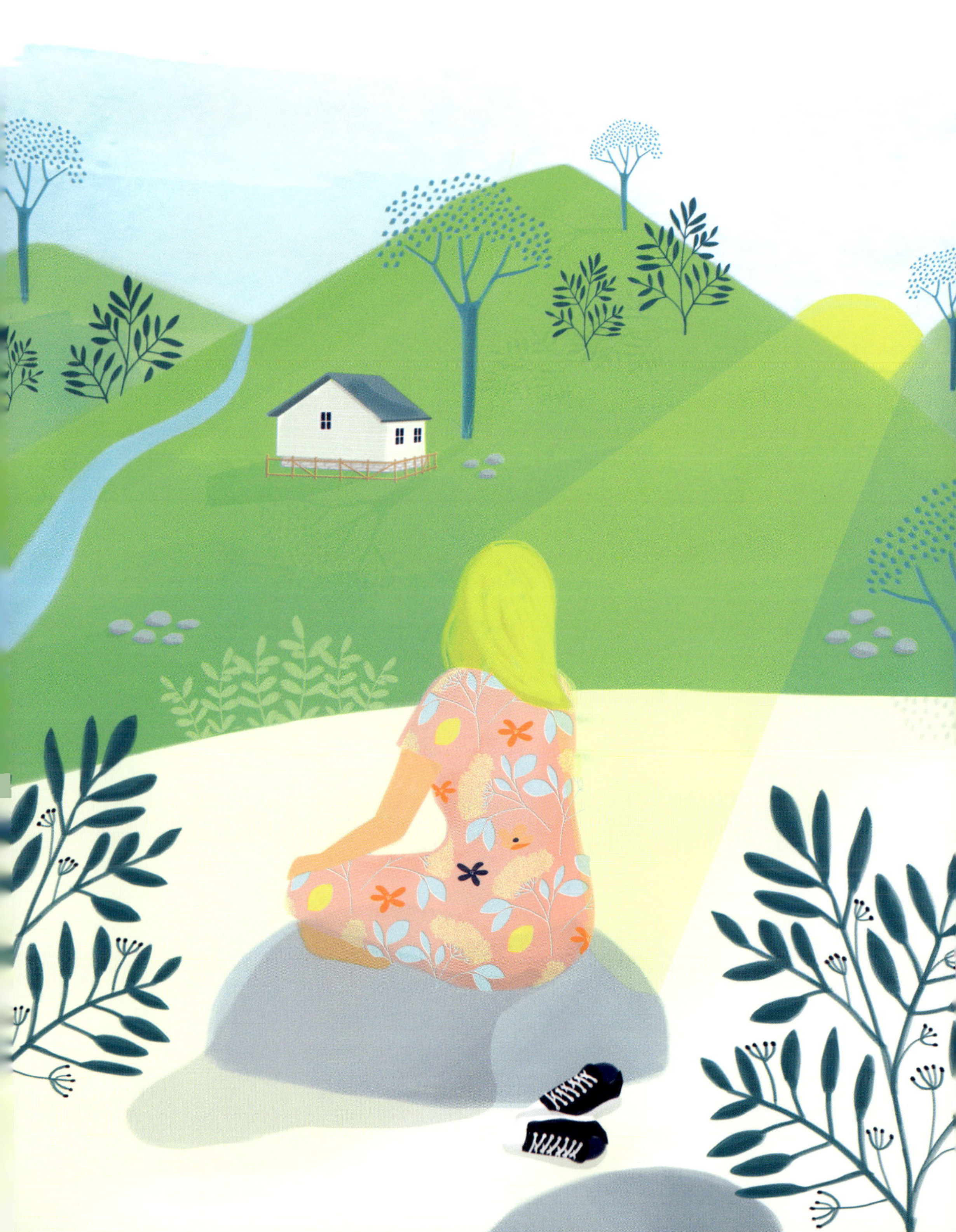

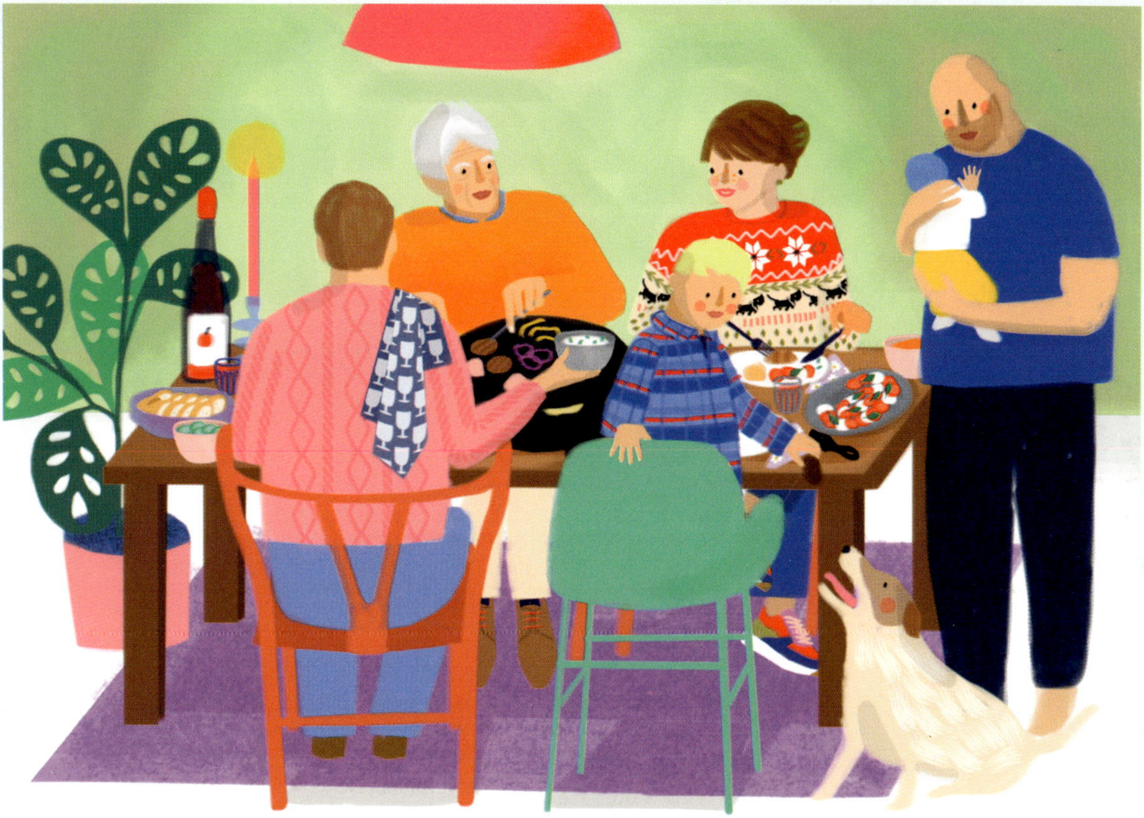

Gourmet With the Family - Digital

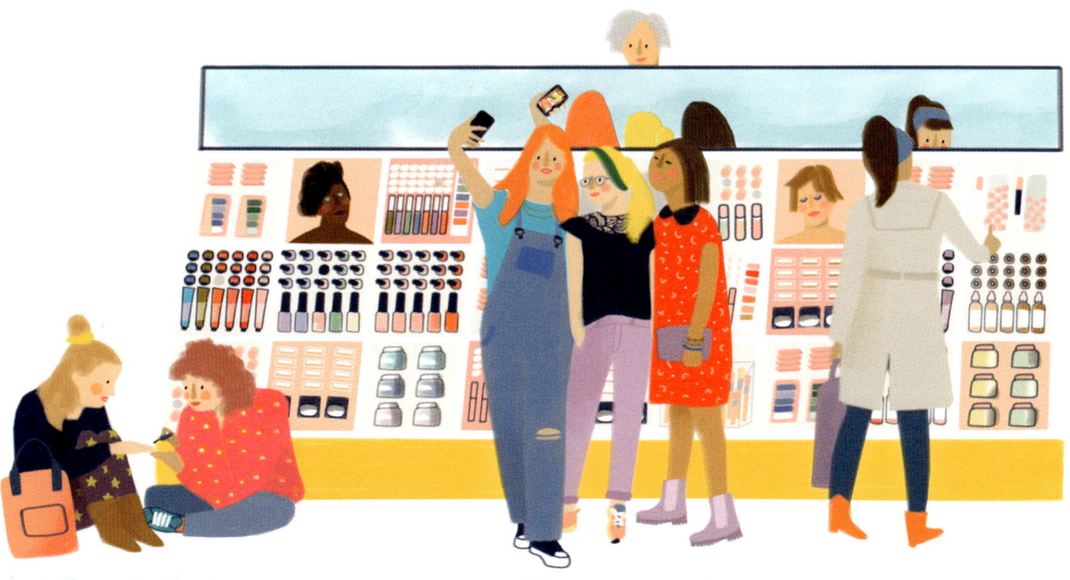

Shopping at Hema - Digital

Seventies - Digital >>

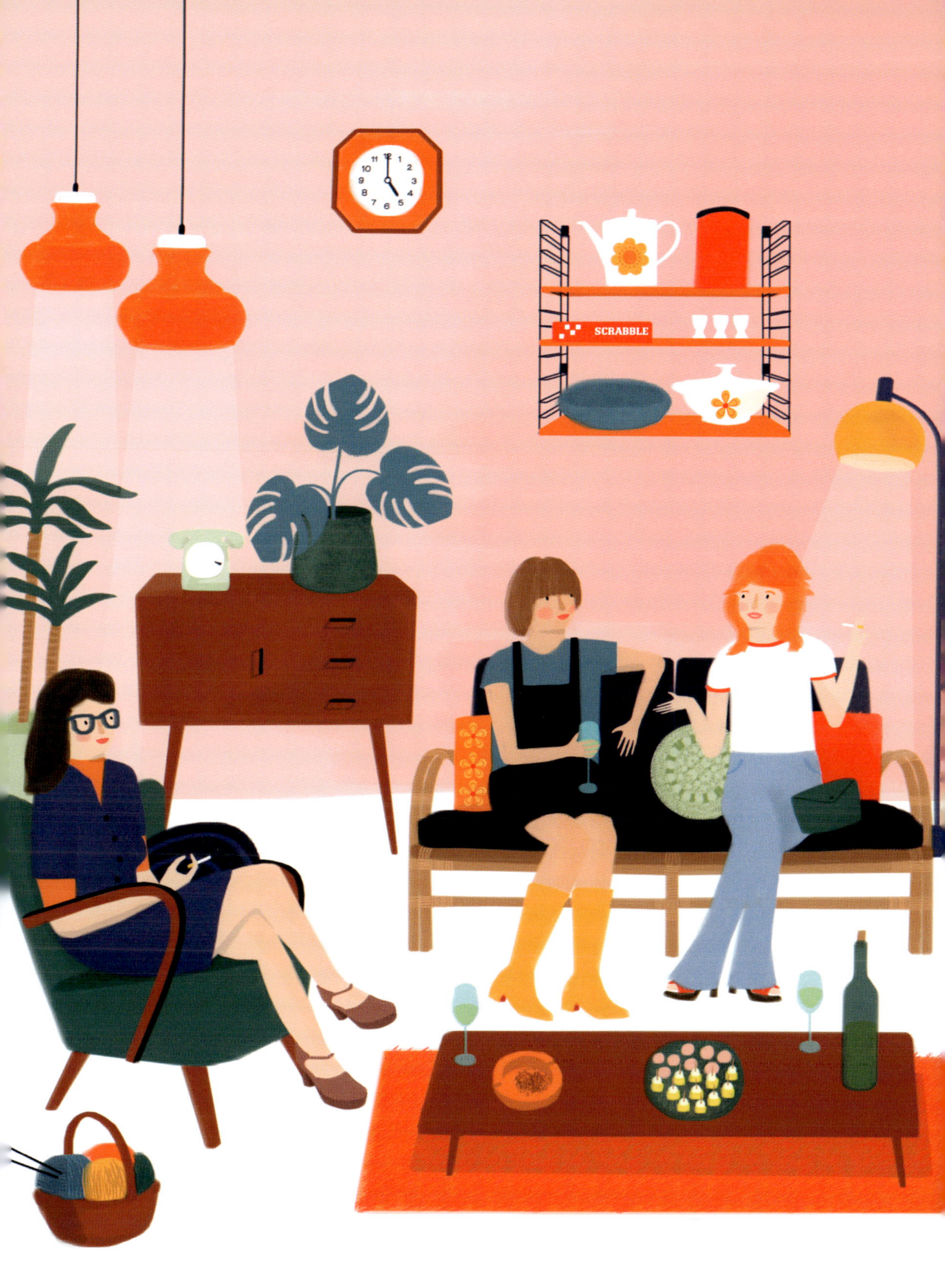

SCRABBLE

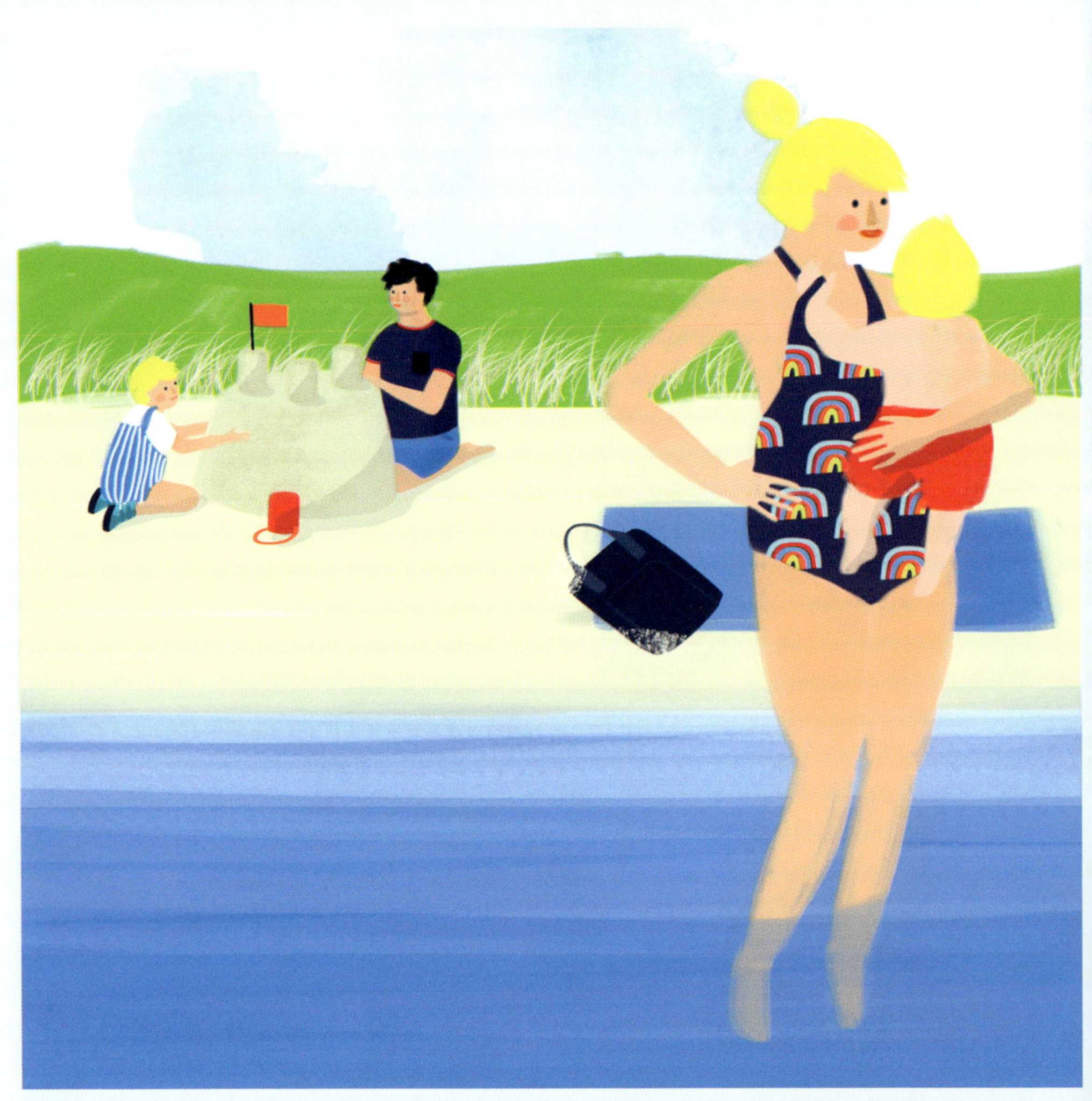

Familytime - Digital

Neighbours - Digital >>

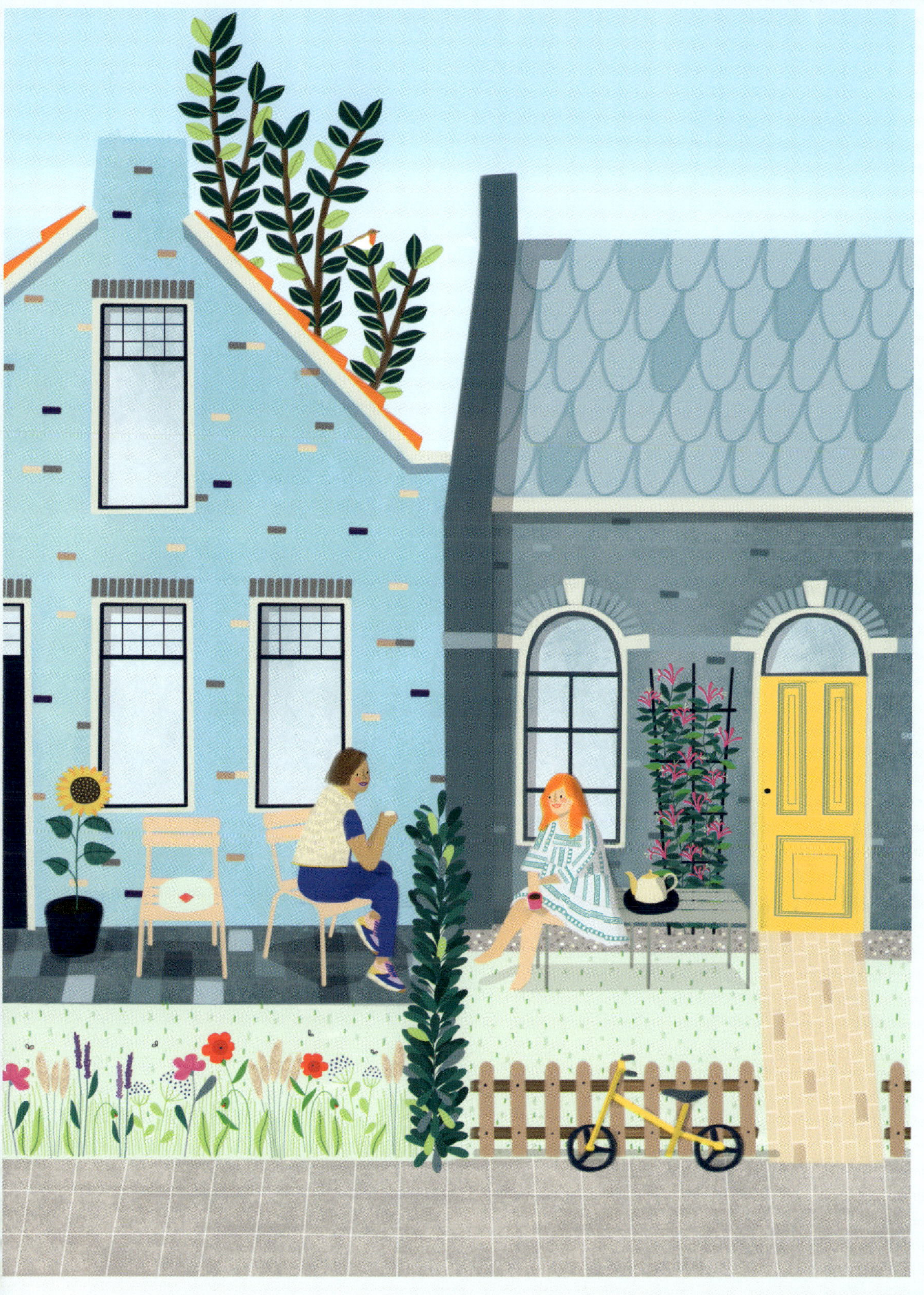

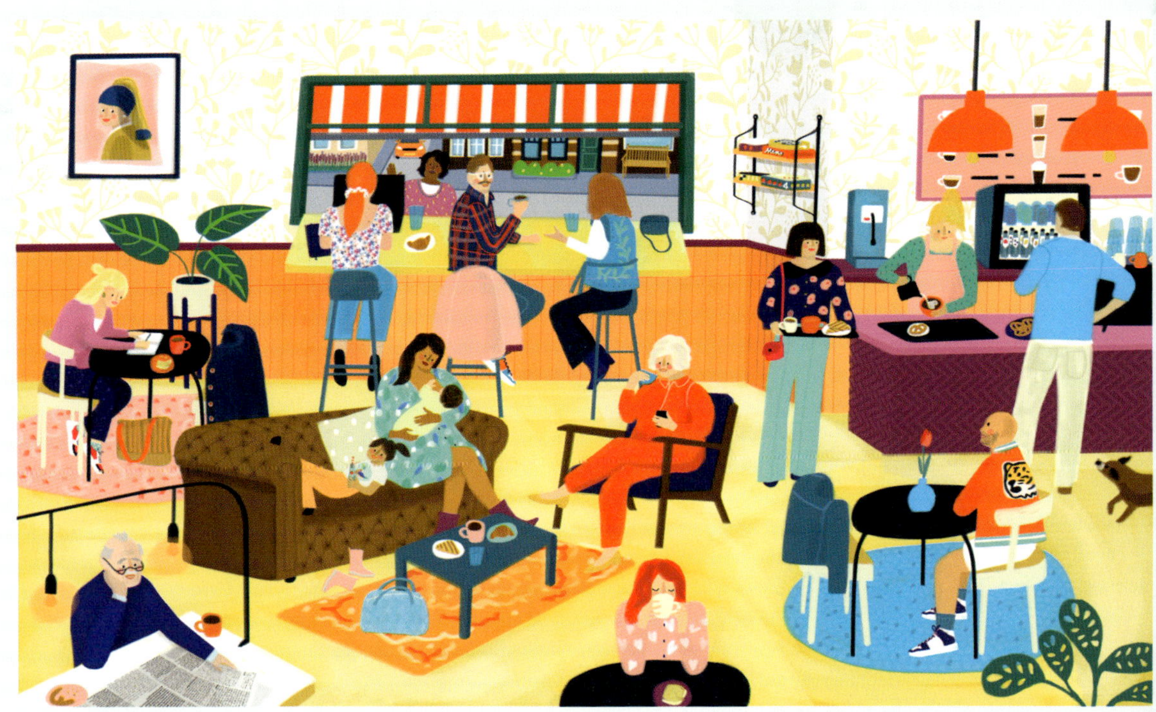

Cafe at Corner - Digital

¿Quiénes son tus referentes en el mundo de la pintura?
Últimamente, me encanta observar el trabajo de
los pintores por su paleta de colores vibrantes y sus
composiciones. Personas a las que admiro son David
Hockney y Henri Matisse. Y, curiosamente, también
me inspiro en el trabajo de mis dos pequeños hijos,
Sep y Finn. Ellos dibujan de manera muy primaria
y con combinaciones de colores inesperadas. No
tienen miedo al papel en blanco ni a cometer
errores. ¡Solo puedo animarlos y aprender de ellos!
Busca a tu niño interior para experimentar con
diferentes estilos y técnicas.

¿Qué haces para promocionar tus obras de arte?
¡Demasiado poco! Quiero mostrar más de mi trabajo
a través de las redes sociales porque también es una
inspiración para mí ver a otras personas haciendo
arte. ¡Lo tendré presente para el futuro!

Who are your references in the world of painting?
Lately I really love to look at the work of painters because
of their lively color palette and compositions. People I
admire are David Hockney and Henri Matisse. And funny
enough I alsoget inspired with the work of my two little sons
Sep and Finn. They draw veryprimair and with unexpected
color combinations. They are fearless for the whitepaper
and for making mistakes. I can only encourage that and
learn from it! Search for your inner child to experience with
different styles and techniques.

What do you do to promote your artworks?
Too few! I want to show more of my work through social
media cause it's also an inspiration for me to see people
making art. So something for the future!

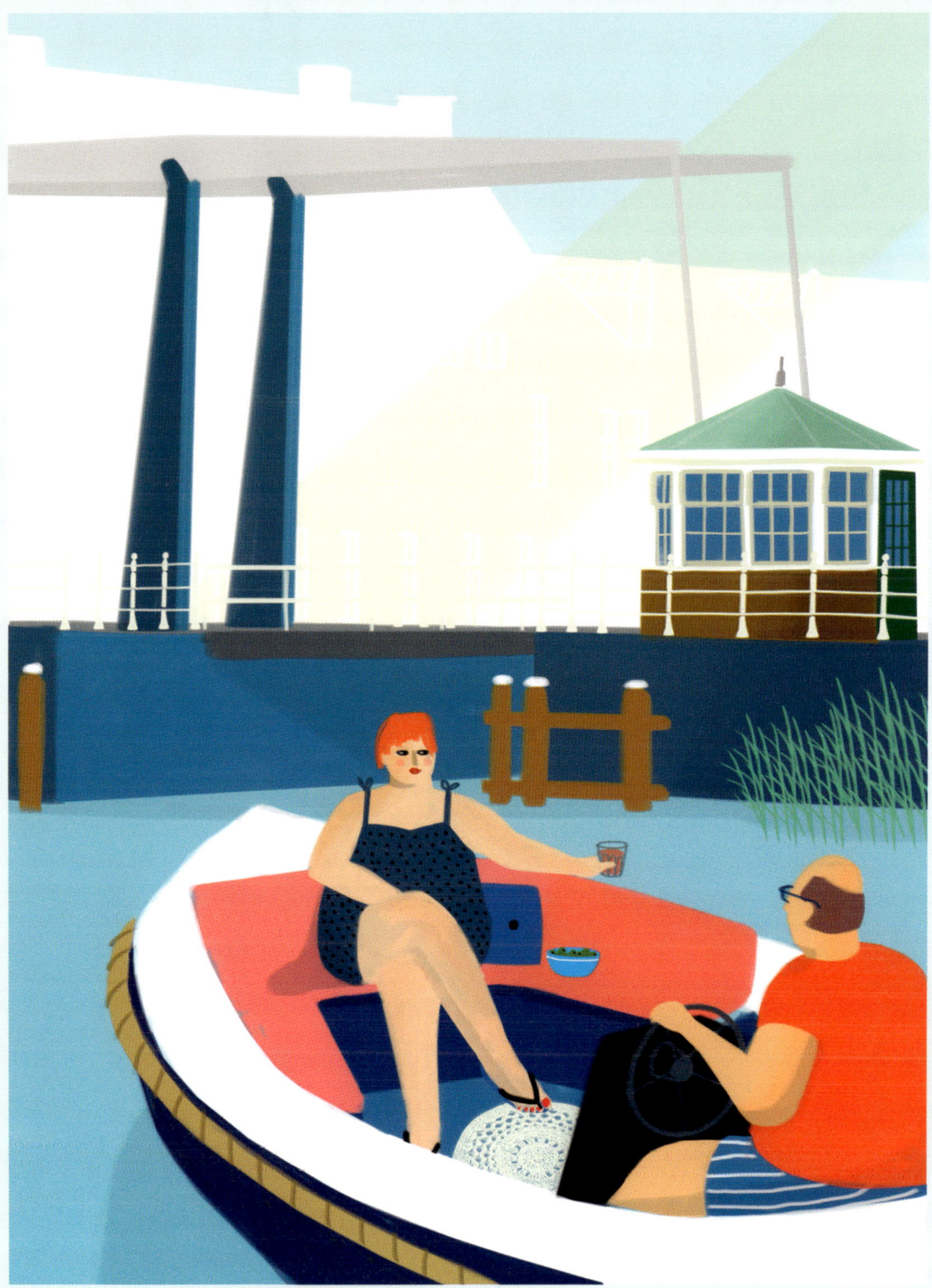

Summer in Weesp - Digital

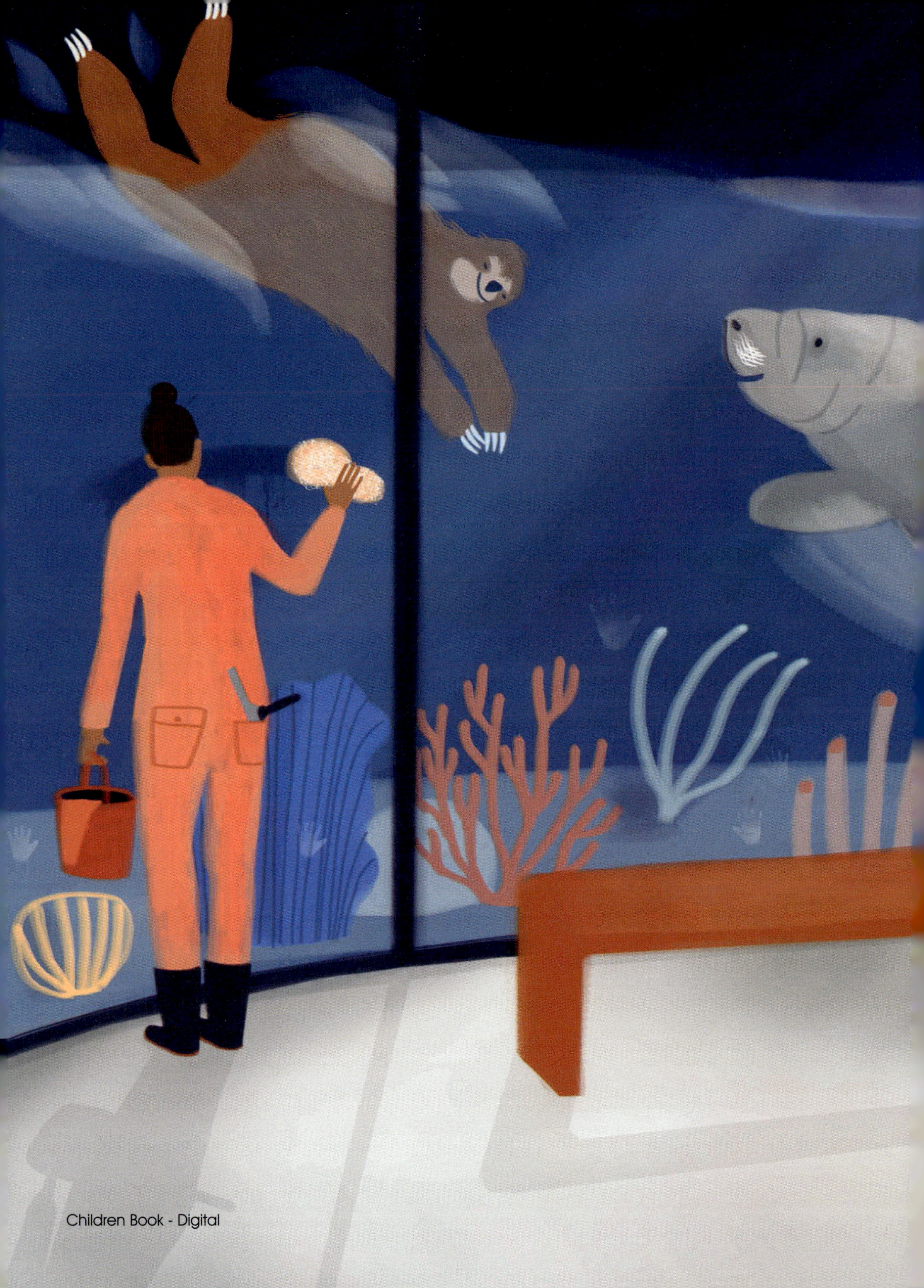

Children Book - Digital

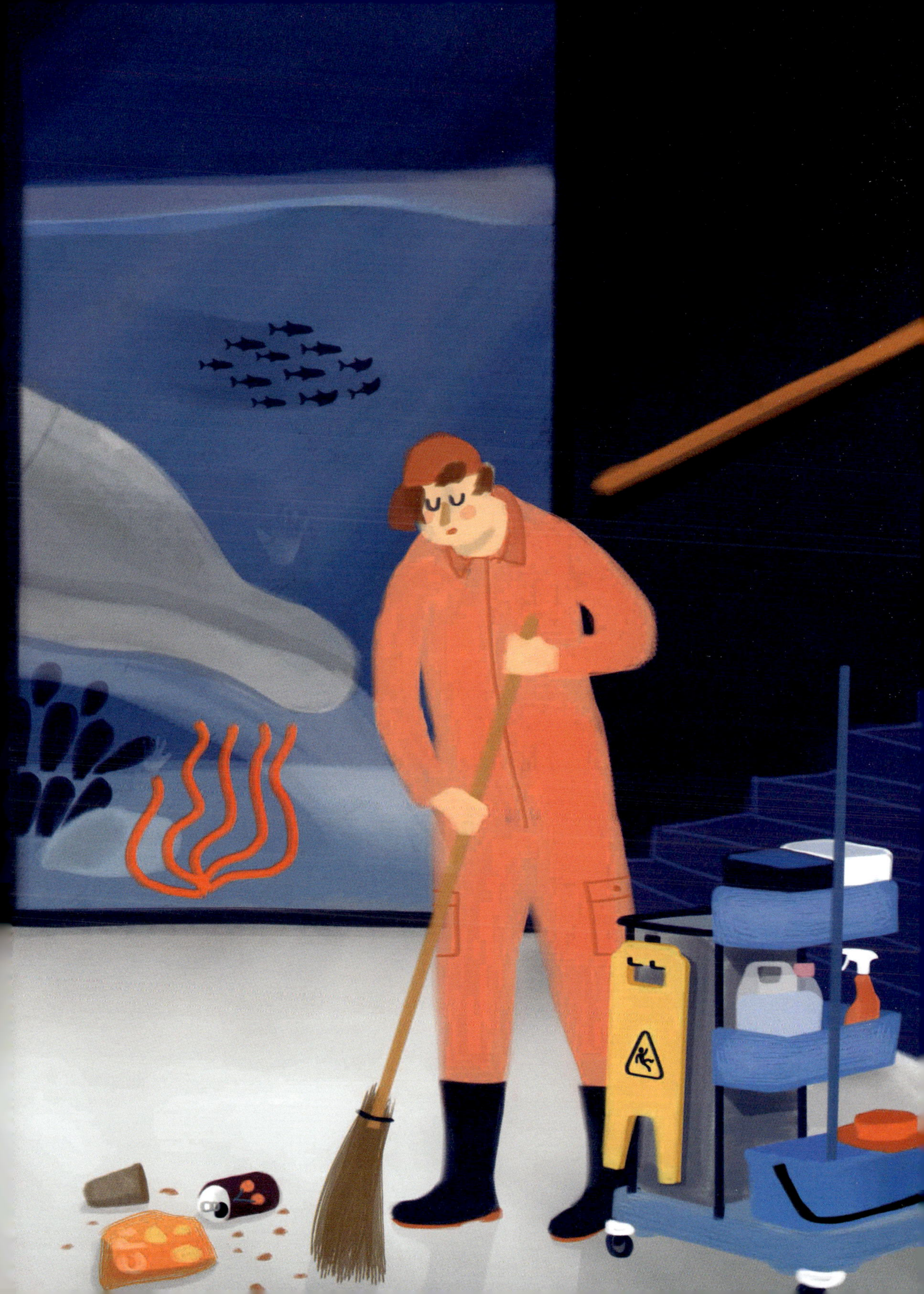

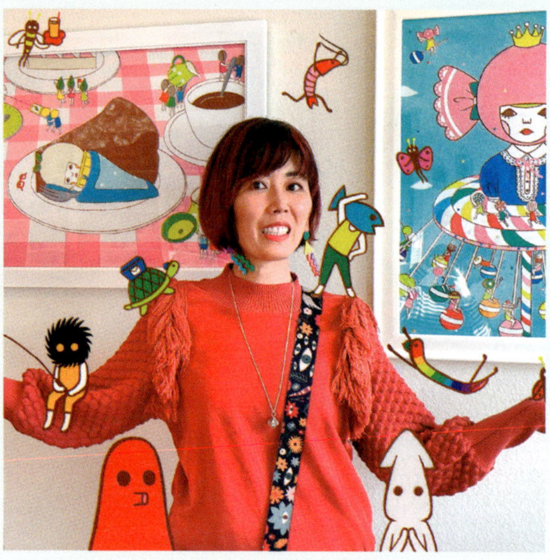

Naoshi

www.nao-shi.com
Instagram: @naoshisunae
Facebook: @naoshi.sunae
Etsy: www.etsy.com/shop/Naoshi

¿Cuándo y cómo empezaste a crear tus obras?
Un día, en una librería, me encontré con un libro que presentaba una colección de obras de Kin Shiotani, un ilustrador y escritor. El estilo único y libre de este artista amante de los viajes me dejó una profunda impresión. Más tarde tuve la oportunidad de conocerlo y terminó convirtiéndose en mi mentor. Cruzarme con él me abrió la puerta para sumergirme en el mundo del arte, y así comenzó mi vida como artista en 2004. Mientras buscaba un medio que se adaptara a mi personalidad y estilo, encontré un kit de arte con arena, algo con lo que solía jugar de niña. ¡Fue tan nostálgico! Me obsesioné con el arte con arena, ¡y antes de darme cuenta pasaron 20 años!

¿Cuáles son las fuentes de inspiración que estimulan tu producción artística?
Me encanta el Owarai (comedia japonesa) desde que era pequeña, y hasta el día de hoy sigo escuchando programas de radio o viendo videos todos los días mientras trabajo. Me inspiran profundamente la imaginación de los comediantes, la forma en que capturan un punto de vista particular y su capacidad para entretener a los demás sin importar cuál sea su propia situación o estado de ánimo. Además de eso, las nuevas experiencias que obtengo al visitar varias ciudades en viajes por carretera y viajes al extranjero se reflejan en mi trabajo.

When and how did you start creating your works?
One day at a bookstore, I came across a book featuring a collection of works by Kin Shiotani, an illustrator and writer. The unique, freehand style of this travel-loving artist left a deep impression on me. I later got to meet him, and he ended up becoming my mentor. Crossing paths with him opened the door for me to immerse myself in the world of art, and thus my life as an artist began in 2004. While searching for a medium that suited my personality and style, I found a sand art kit, which was something I used to play with as a child. It was so nostalgic! I became obsessed with sand art, and before I knew it 20 years flew by!

What are the sources of inspiration that stimulate your artistic production?
I've loved Owarai (Japanese comedy) since I was little, and to this day I still listen to radio shows or watch videos everyday while I work. I'm truly inspired by the comedians' imaginations, the way they capture a particular viewpoint, and their ability to entertain others no matter what their own situation or state of mind might be. Aside from that, the new experiences I gain by visiting various cities on road trips and trips abroad are reflected in my work.

The Empress - Colored Sand on Art Board > >

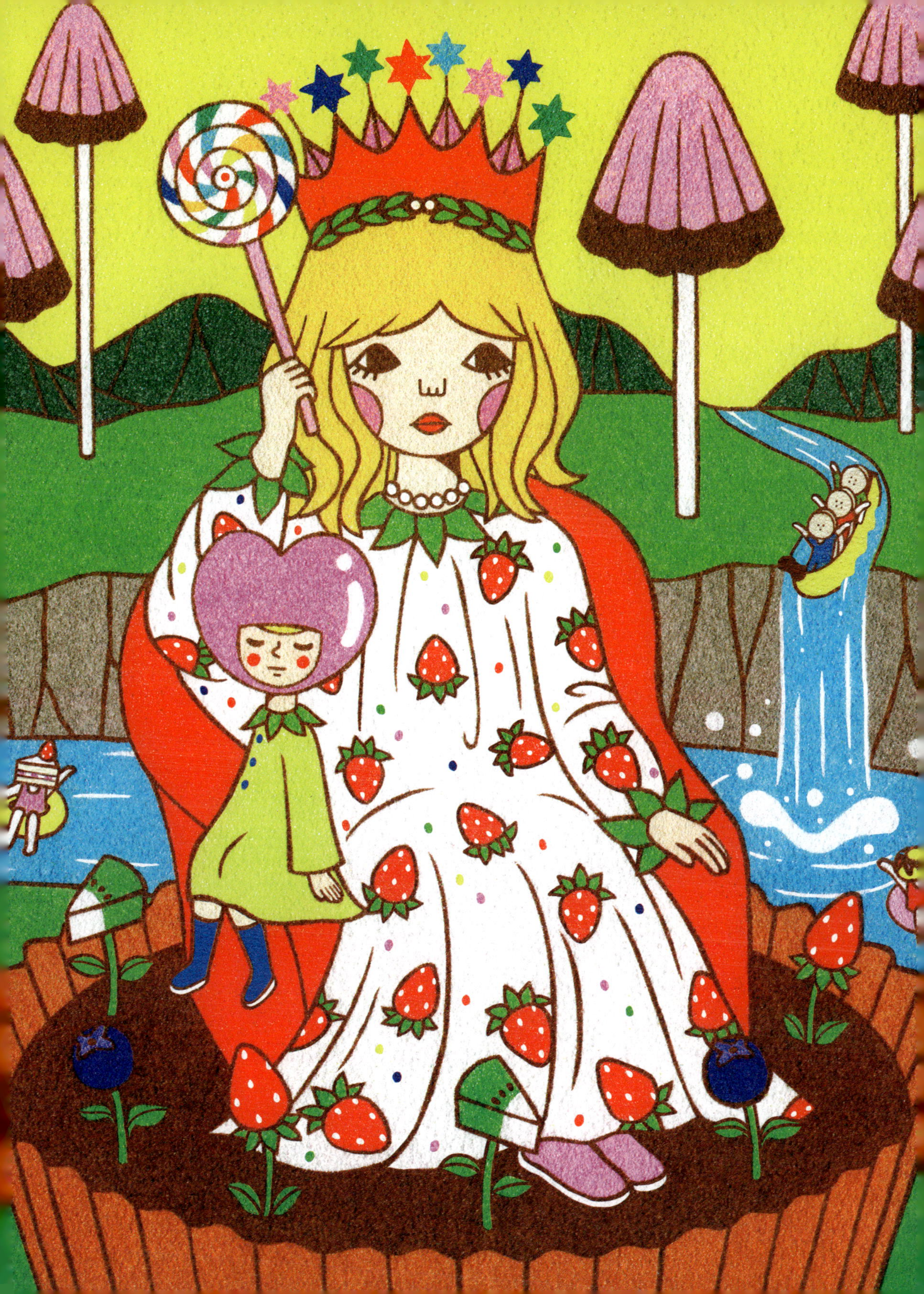

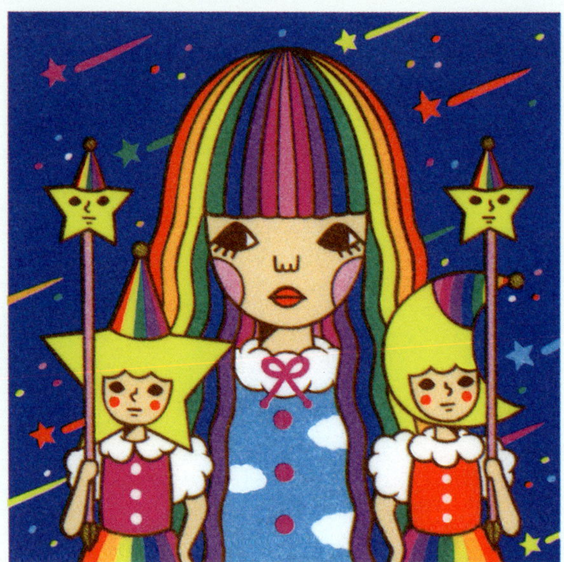

Nijiko Planet - Colored Sand on Art Board

How would you define your artworks?
Artwork that delivers surreal humor through the unique medium of sand. That's how I'd like my pieces to be defined!

Who are your references in the world of painting?
I was captivated by the worlds created by the aforementioned Kin Shiotani, as well as manga artists Eisaku Kubonouchi, Inio Asano, and Minoru Furuya in their works. I think they have the perfect balance of seriousness and humor, which has deeply influenced my own work.

¿Cómo definirías tus obras de arte?
¡Obras de arte que transmiten humor surrealista a través del medio único de la arena! Así es como me gustaría que se definieran mis piezas.

¿Quiénes son tus referentes en el mundo de la pintura?
Me cautivaron los mundos creados por el ya mencionado Kin Shiotani, así como los artistas de manga Eisaku Kubonouchi, Inio Asano y Minoru Furuya en sus obras. Creo que tienen el equilibrio perfecto entre seriedad y humor, lo cual ha influido profundamente en mi propio trabajo.

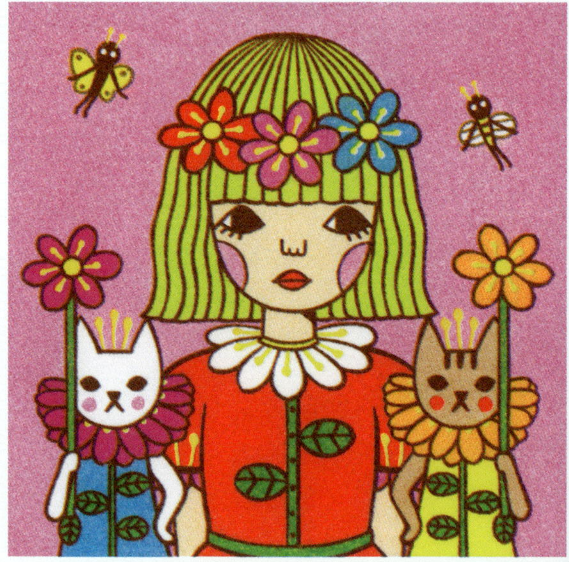

Flower Princess - Colored Sand on Art Board

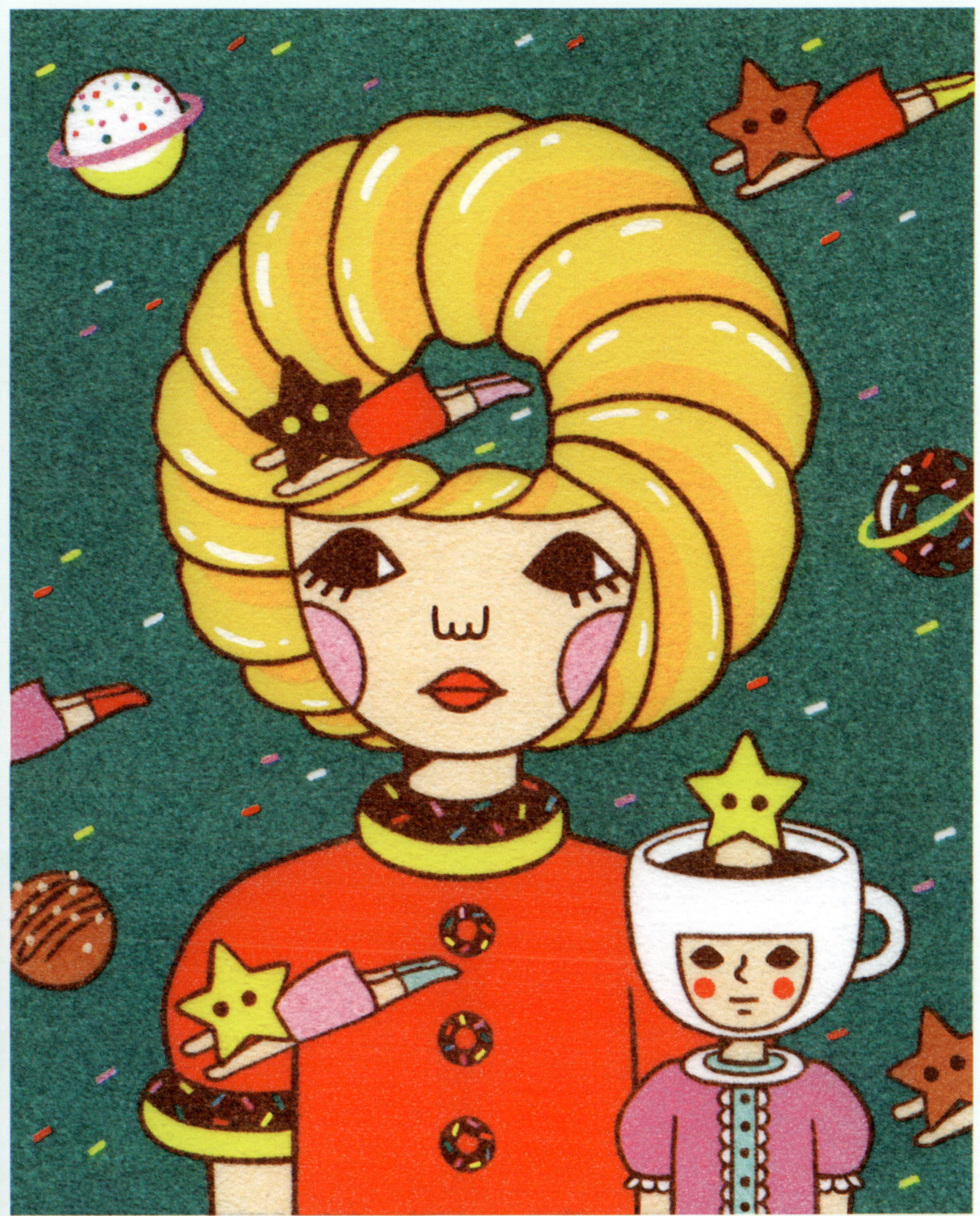

Donut Planet - Colored Sand on Art Board

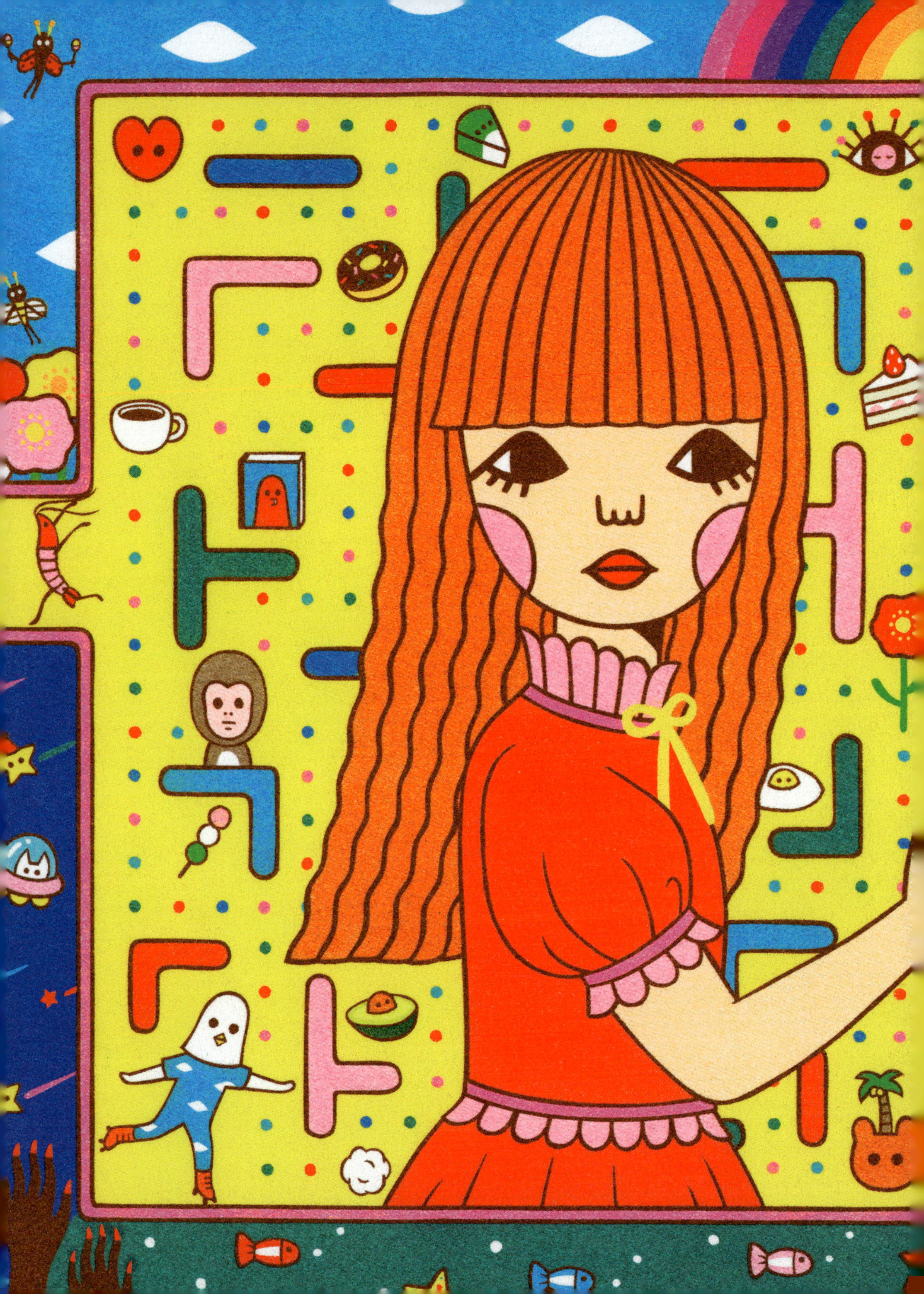

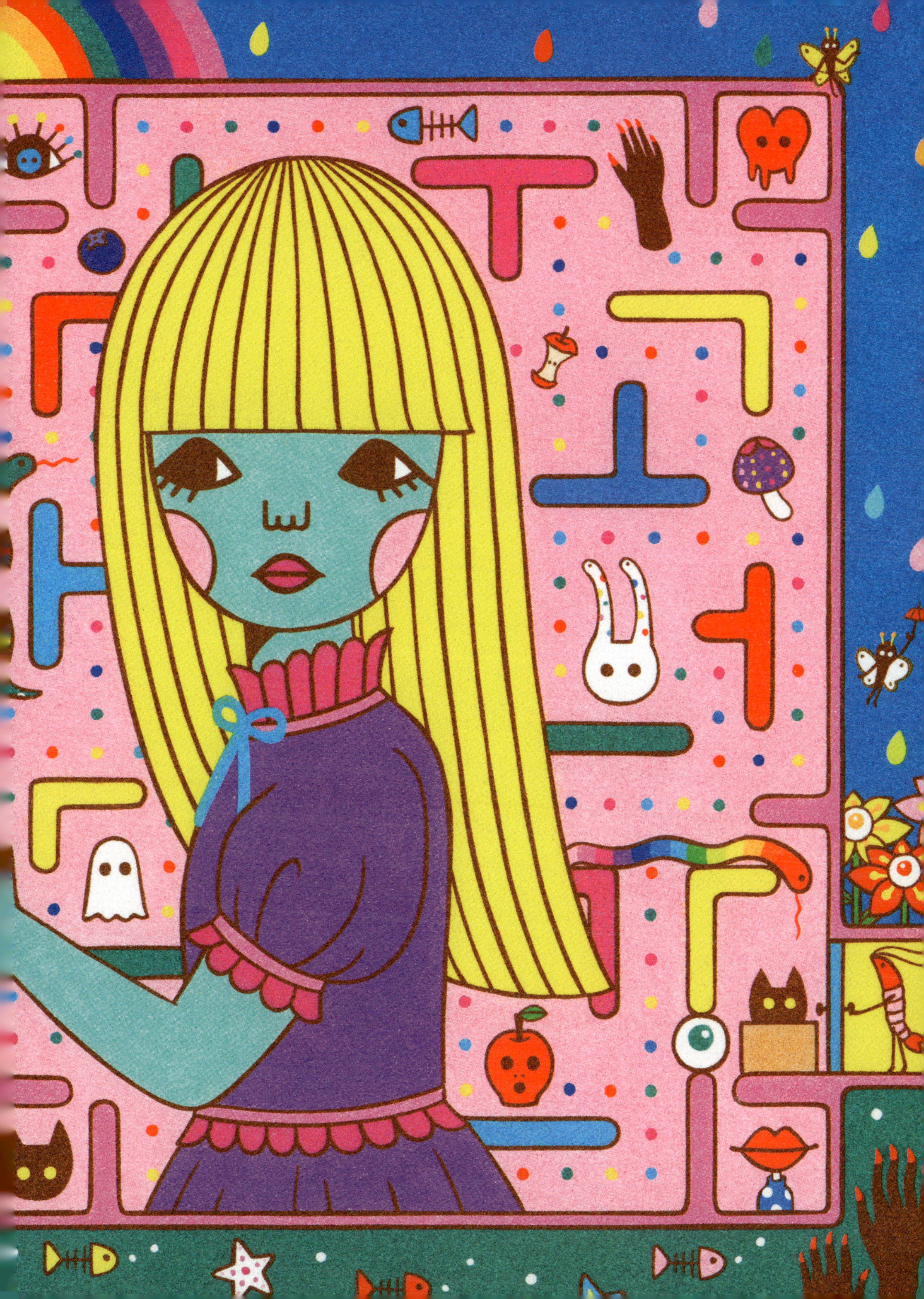

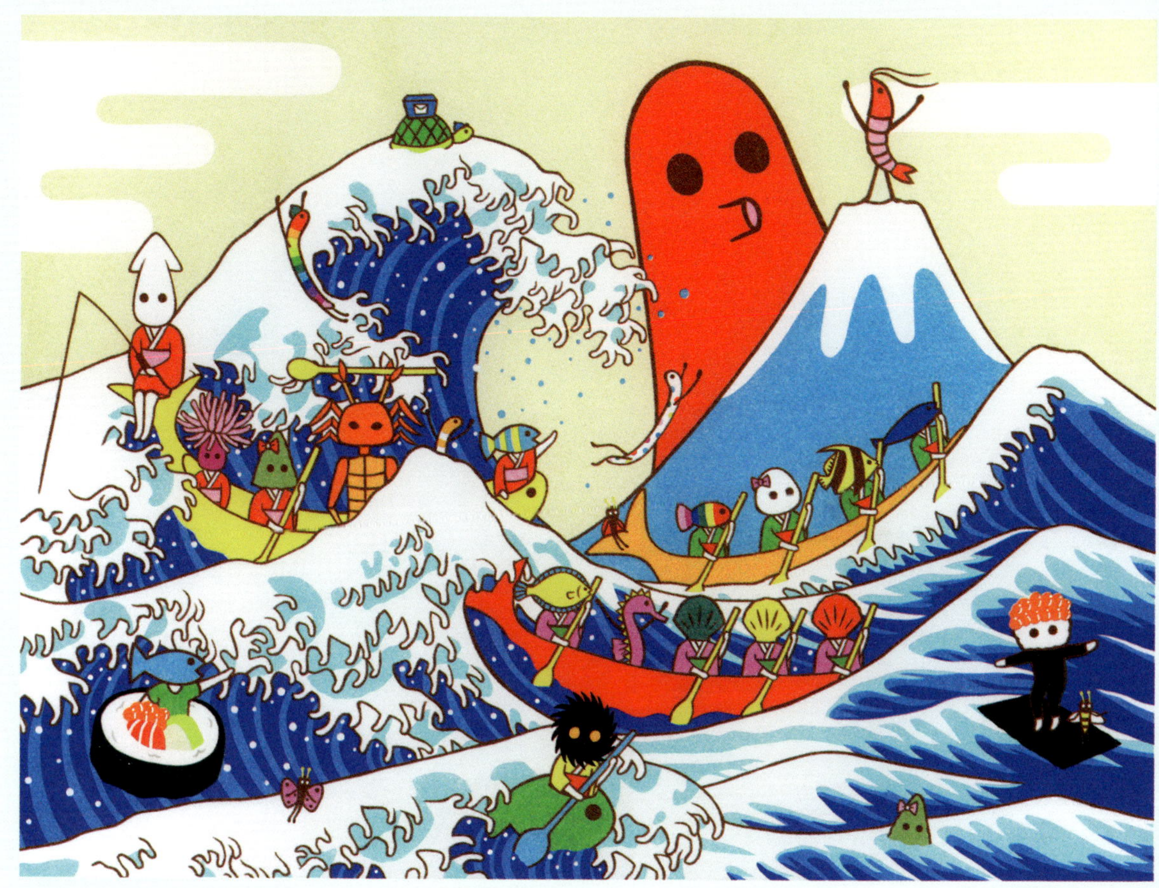

The Great Tako Wave - Colored Sand on Art Board

¿Qué haces para promocionar tus obras de arte?

¡Participo activamente en exposiciones y eventos de arte! Los encuentros y las relaciones son muy importantes para mí, y de hecho, así fue como algunos de mis productos llegaron a estar en varias tiendas de museos. Creo que ser proactivo es una parte esencial para que tu trabajo llegue al mayor número de personas posible. Compartir en redes sociales es algo obvio, pero a medida que continúo con mi trabajo, siempre valoraré los encuentros y las relaciones forjadas a través de acciones concretas.

What do you do to promote your artworks?

I actively participate in exhibitions and art events! Encounters and relationships are very important to me, and in fact are how some of my products came to be carried in a number of museum shops. I think being proactive is an essential part of getting your work in front of as many people as possible. Sharing on social media is a given, but as I continue my work, I will always cherish the encounters and relationships forged through taking concrete actions.

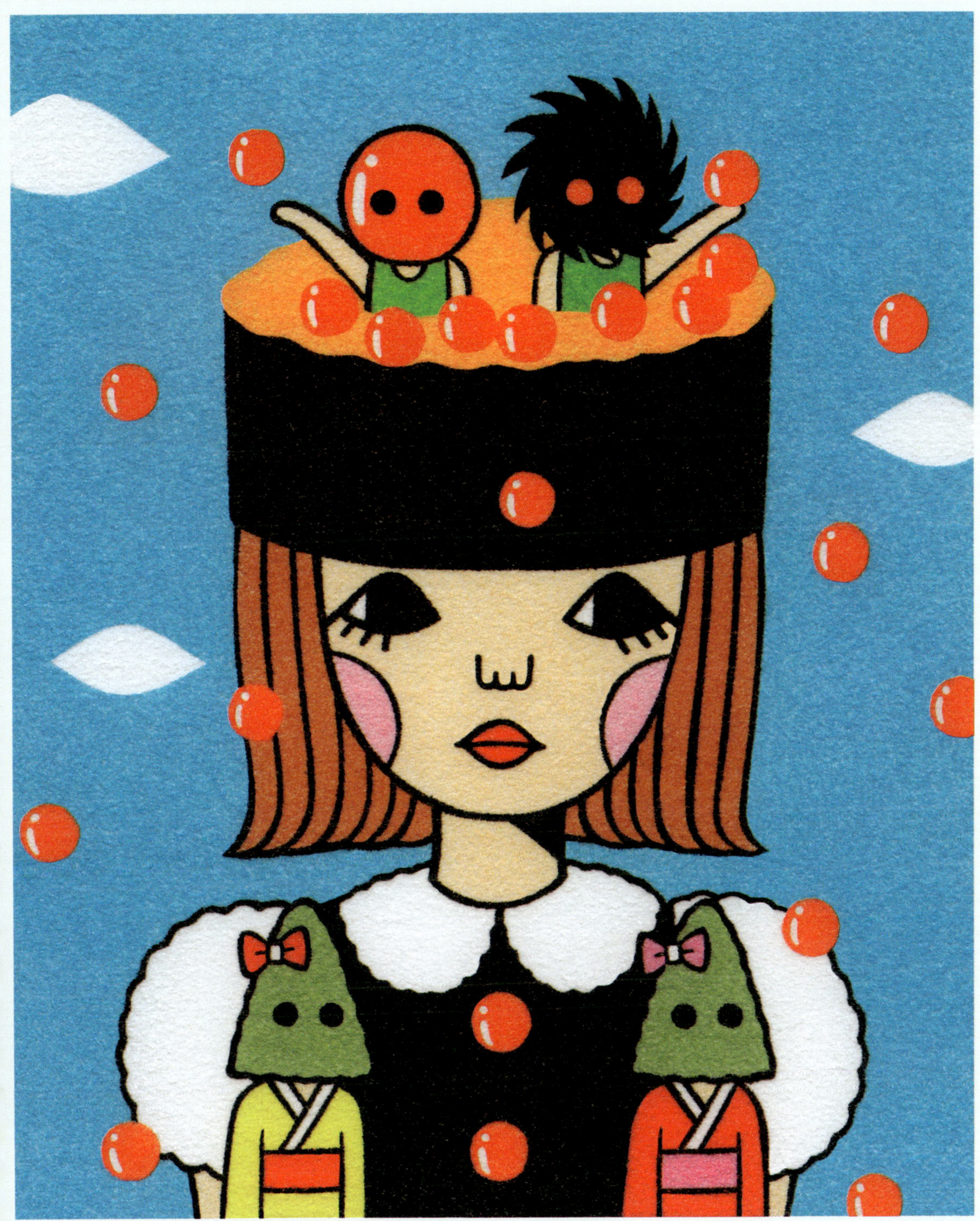

Ikura Rain - Colored Sand on Art Board

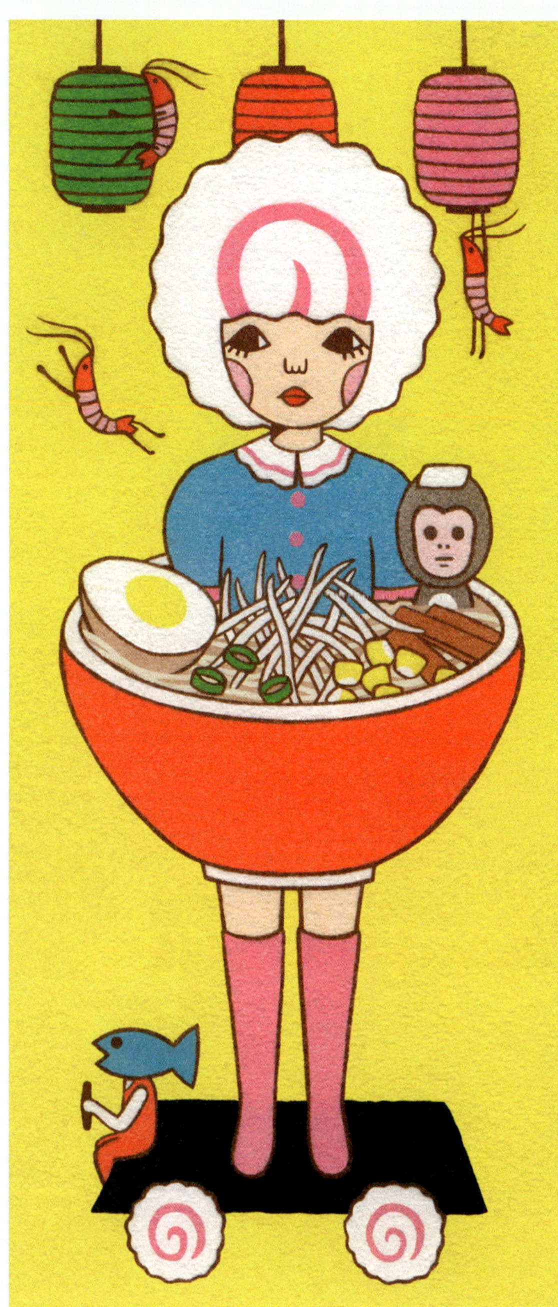

Ramen Stall - *Colored Sand on Art Board*

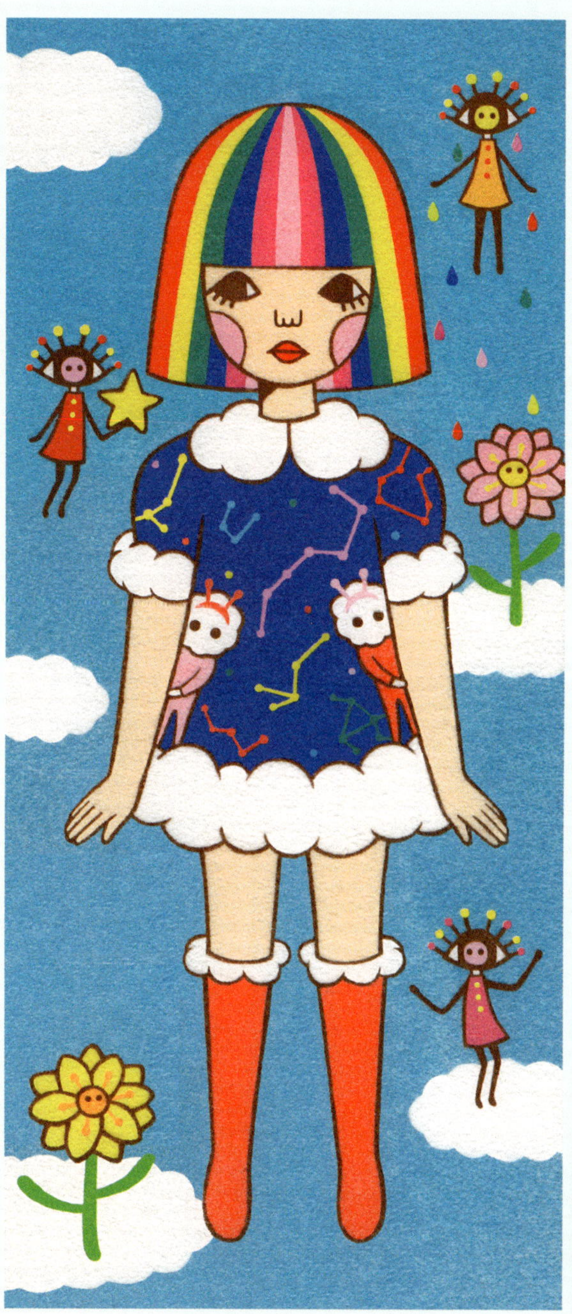

Nijiko Girl - *Colored Sand on Art Board*

The Sun - *Colored Sand on Art Board* >>

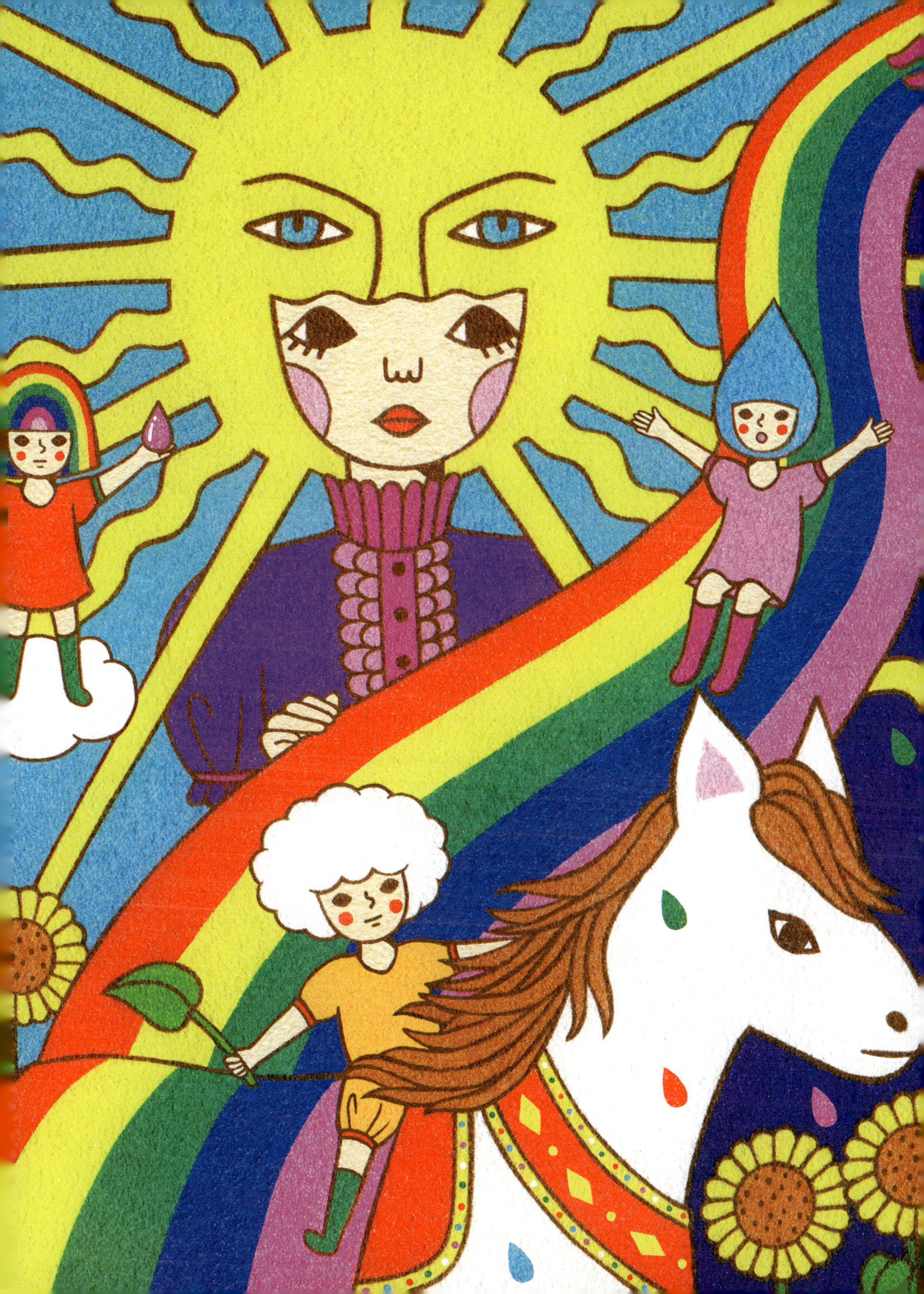

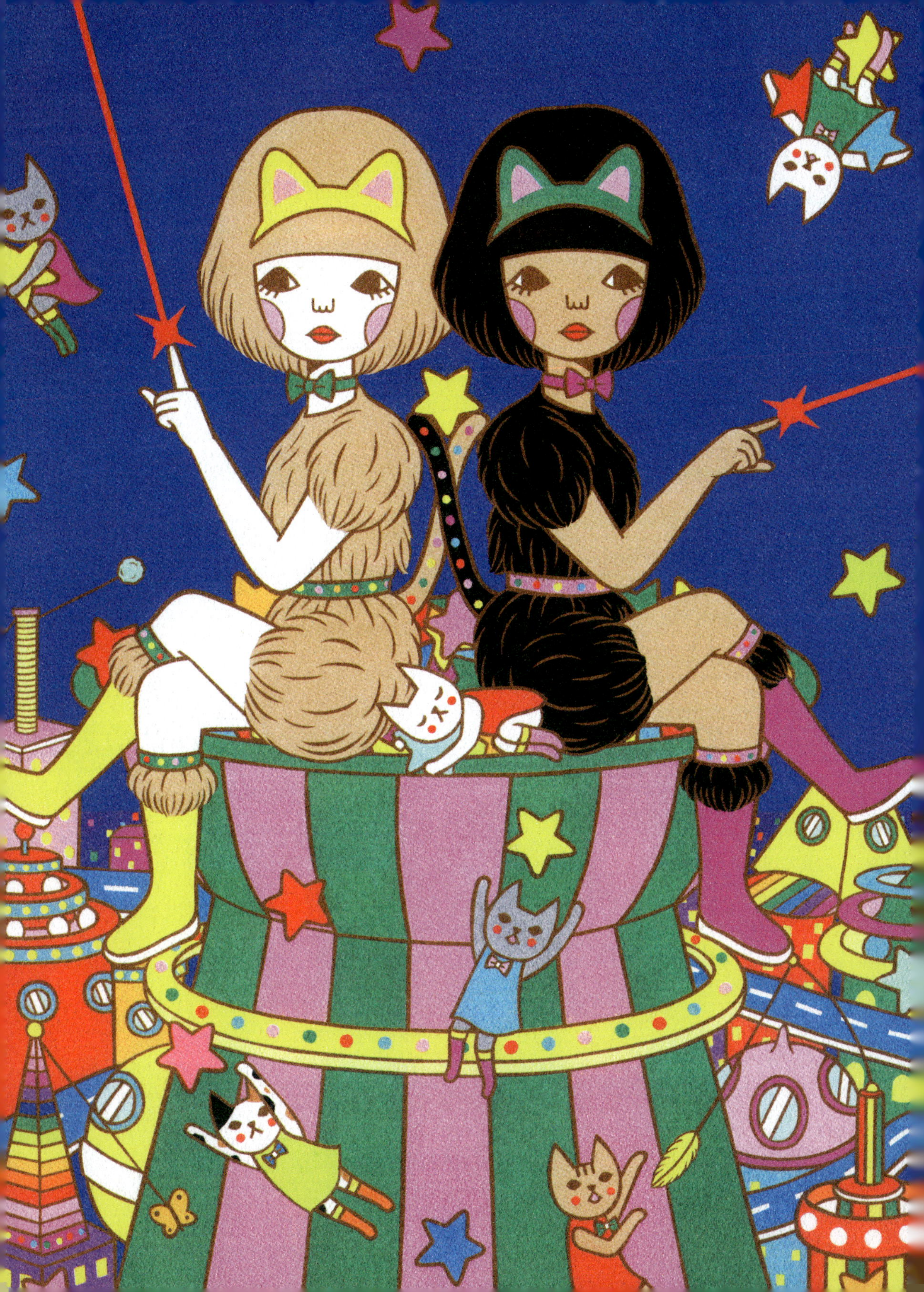

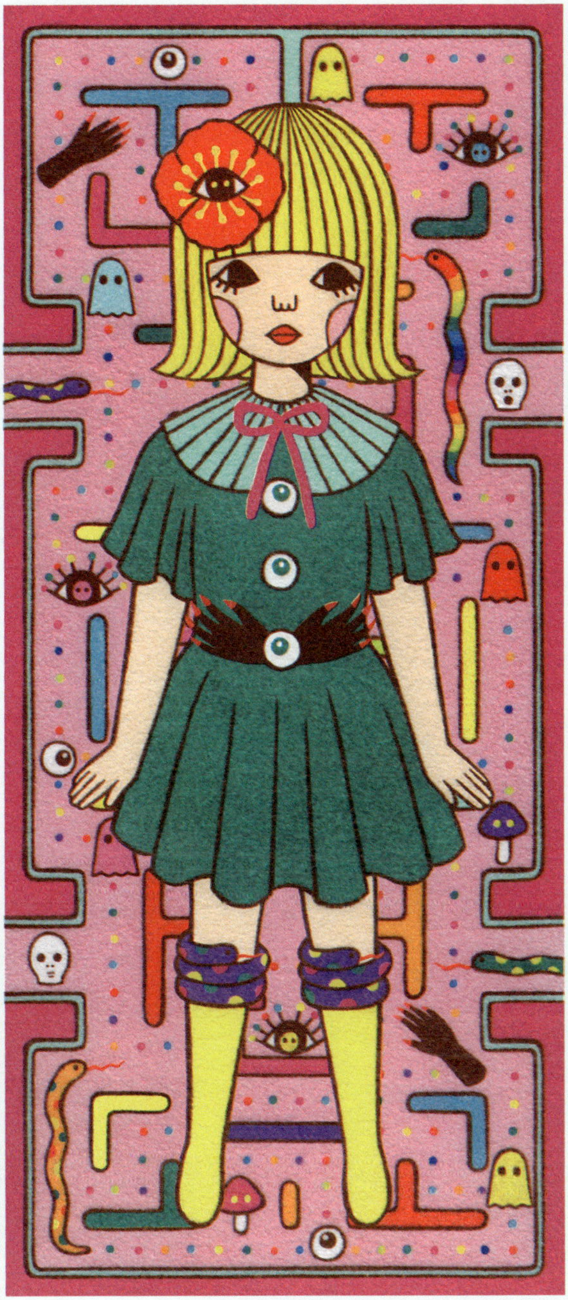

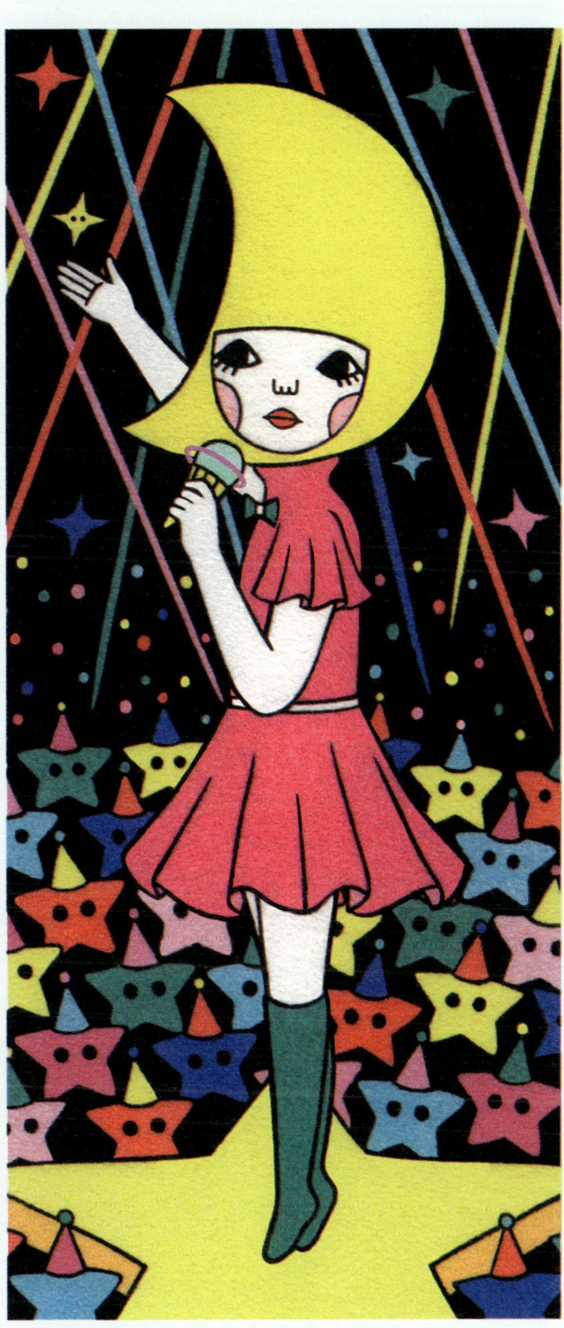

Spooky Game - Colored Sand on Art Board

Pop Star: Luna - Colored Sand on Art Board

<< Twin Cats - Colored Sand on Art Board

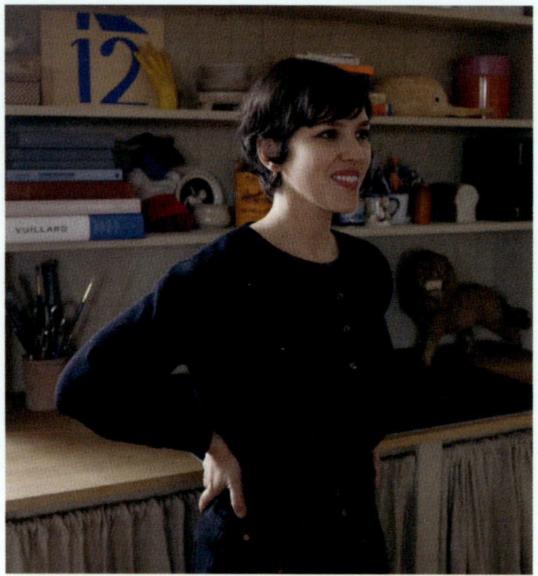

Emily Isabella

www.emilyisabella.com
Instagram: @emilyisabella

¿Cuándo y cómo empezaste a crear tus obras?
Vengo de una familia de artistas, el arte siempre
ha sido parte de mi vida. Tengo un título de BFA en
Fibras, sin embargo, soy una ilustradora autodidacta.
Comencé mi negocio después de graduarme en
2008 y, desde entonces, he estado construyendo una
base de clientes de manera lenta pero constante.

¿Cuáles son las fuentes de inspiración que estimulan tu producción artística?
Los sucesos diarios en mi jardín son una gran fuente
de inspiración. Ver cómo interactúan las criaturas,
grandes y pequeñas, entre sí y con las plantas que
las rodean me proporciona material infinito. Tiendo
a inspirarme con mucha facilidad, a veces me
siento abrumada y necesito quedarme en casa.
De lo contrario, una visita a un museo de arte me
proporciona una rápida dosis de inspiración, o viajar
a lugares muy diferentes de donde vivo siempre me
aporta una nueva perspectiva.

¿Cómo definirías tus obras de arte?
Juguetonas pero sofisticadas, ingenuas pero con un
giro, expresivas y gráficas.

¿Quiénes son tus referentes en el mundo de la pintura?
Los Nabis, Ludwig Bemelmans y Franciszka Themerson.

¿Qué haces para promocionar tus obras de arte?
Intento publicar en Instagram unas cuantas veces
a la semana y hago lo mejor que puedo para
mantener mi sitio web actualizado. De vez en
cuando, envío un boletín informativo.

When and how did you start creating your works?
I come from a family of artists, art has always been a
part of my life. I have a BFA degree in Fibers, however,
I am a self taught illustrator. I started my business after
graduation in 2008 and have been slowly and steadily
building a client base since then.

What are the sources of inspiration that stimulate your artistic production?
Daily happenings in my garden are a big source
of inspiration. Seeing how creatures, big and small,
interact with each other and the plants that exist
around them provides endless material for me. I tend
to be very easily inspired, sometimes I'm overwhelmed
and I need to stay inside! Otherwise, a trip to an
art museum delivers a quick dose of inspiration or
traveling to other places very different from where I live
will always bring perspective.

How would you define your artworks?
Playful yet sophisticated, naive but with a twist,
expressive and graphic.

Who are your references in the world of painting?
The Nabis, Ludwig Bemelmans, Franciszka Themerson

What do you do to promote your artworks?
I try to post on Instagram a few times a week and do
my best to keep my website up to date. Once in a
while, I'll send a newsletter.

I Wish My Friends Were Here - Gouache on Paper >>

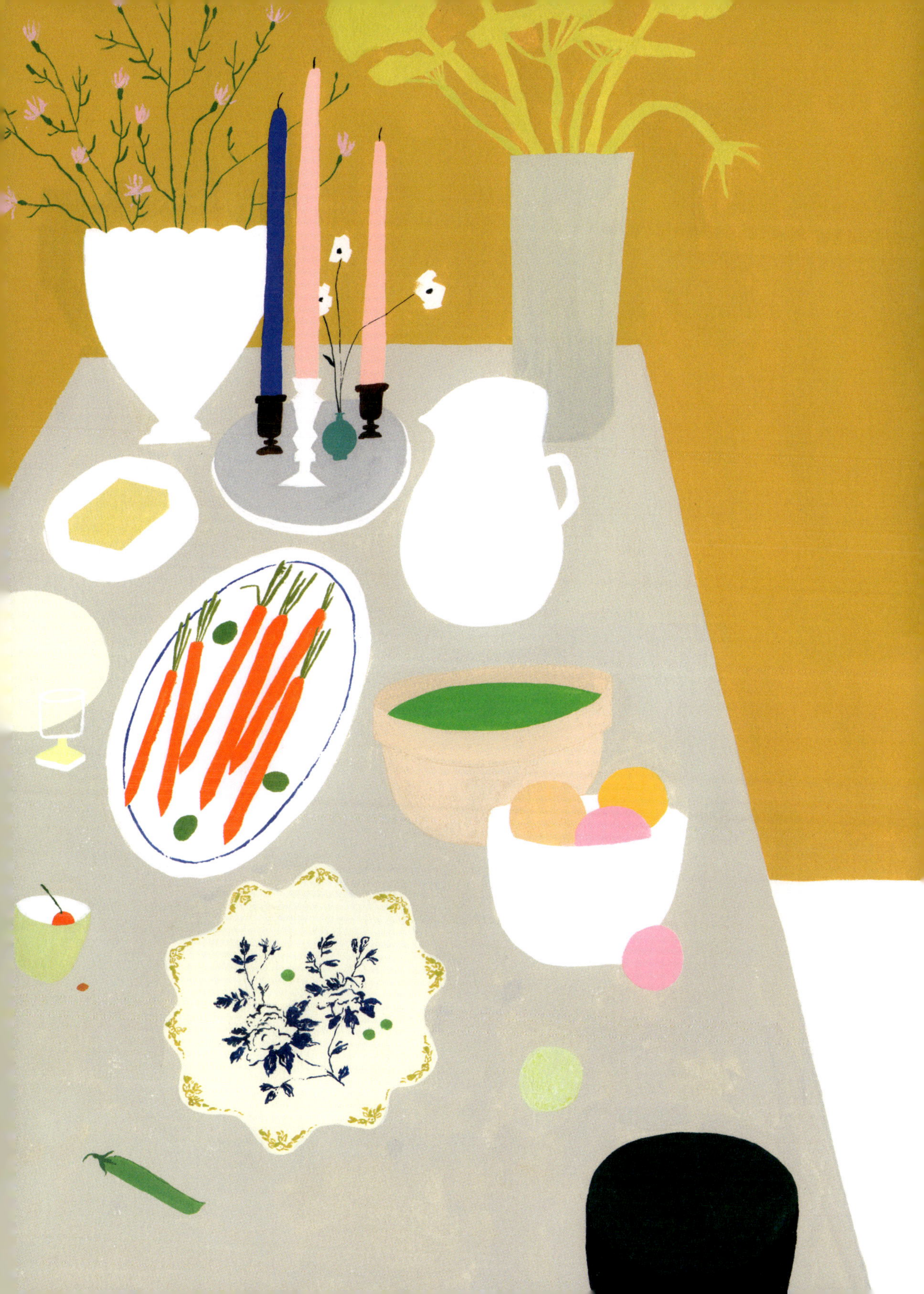

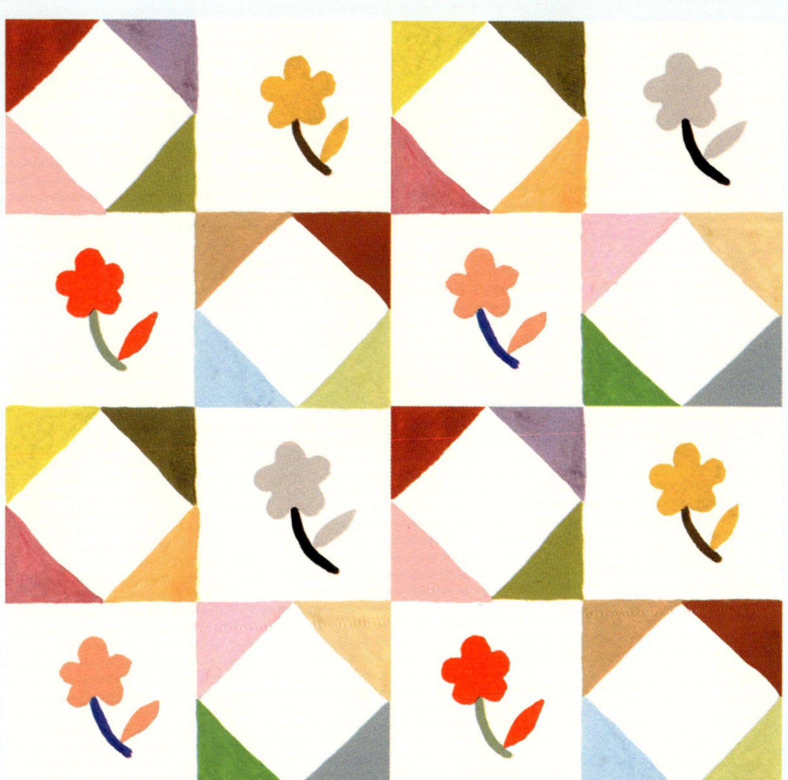

Squares and Flowers
- Gouache on Paper

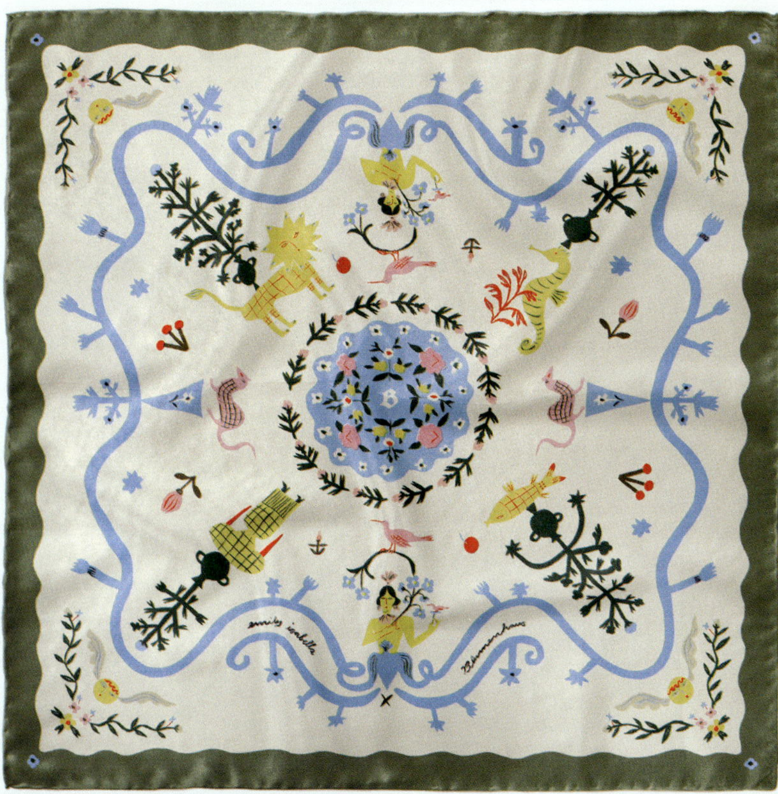

Blumenhaus Scarf
- Printed on Silk

Everyday Floral
- Gouache on Paper >>

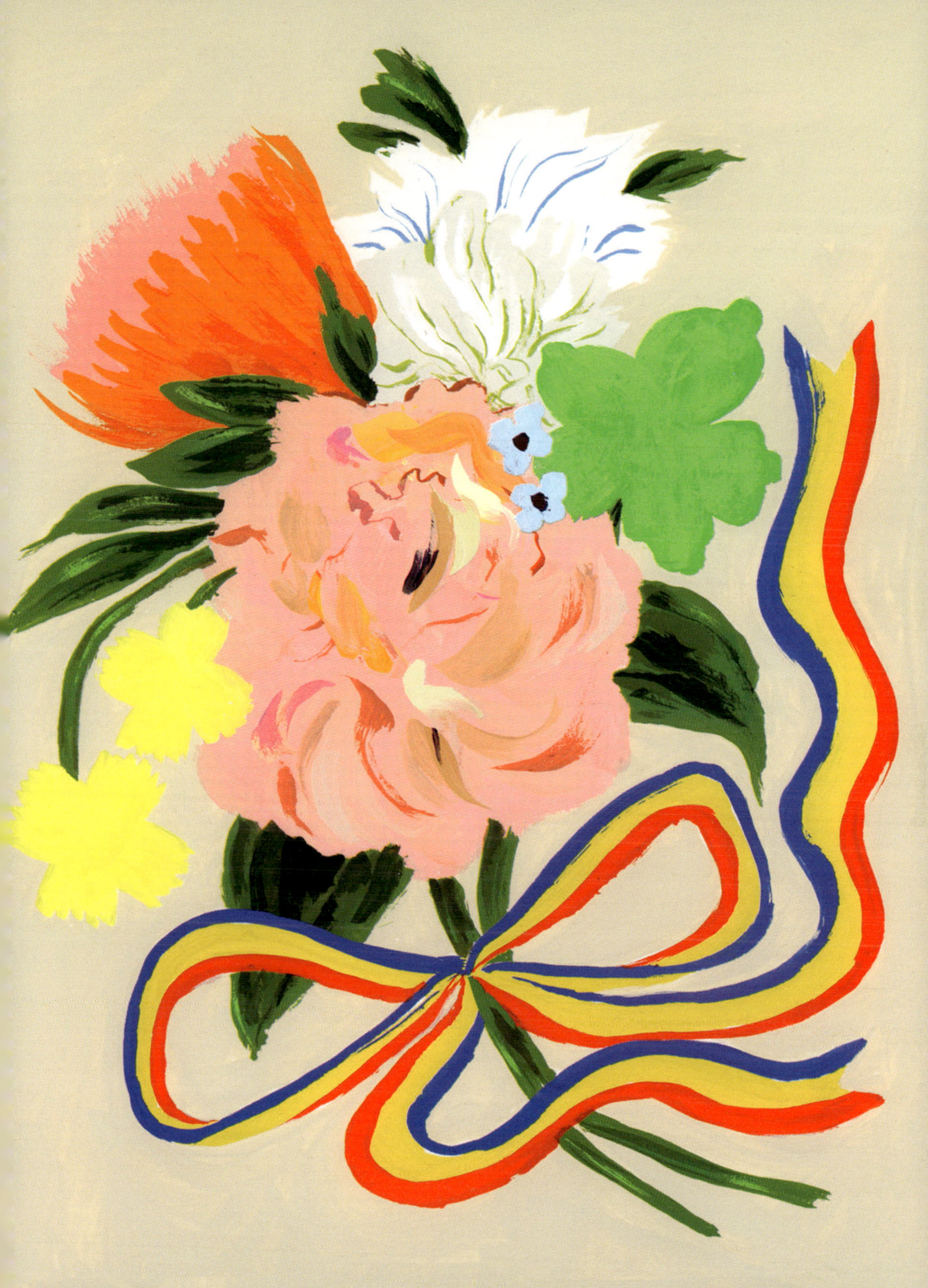

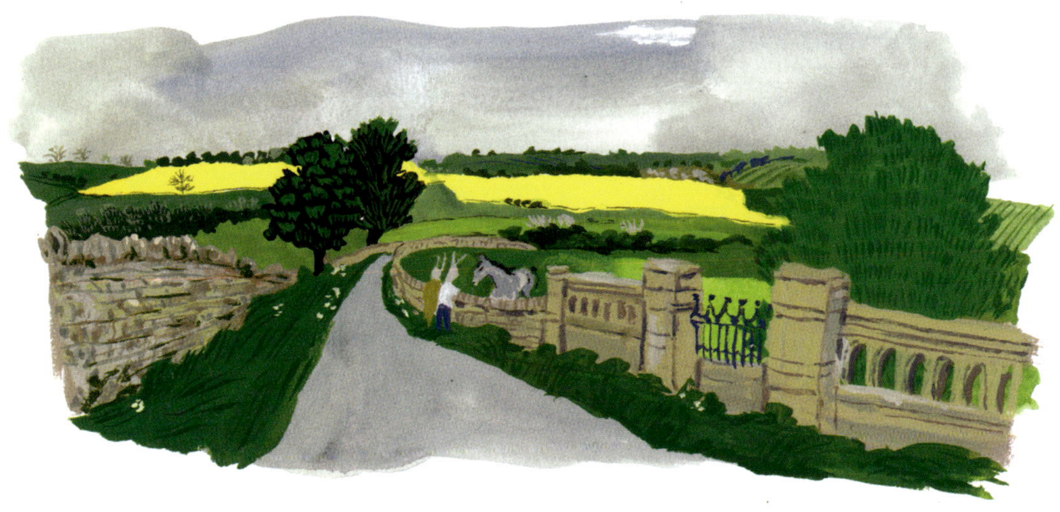

Guiting Power - Gouache on Paper

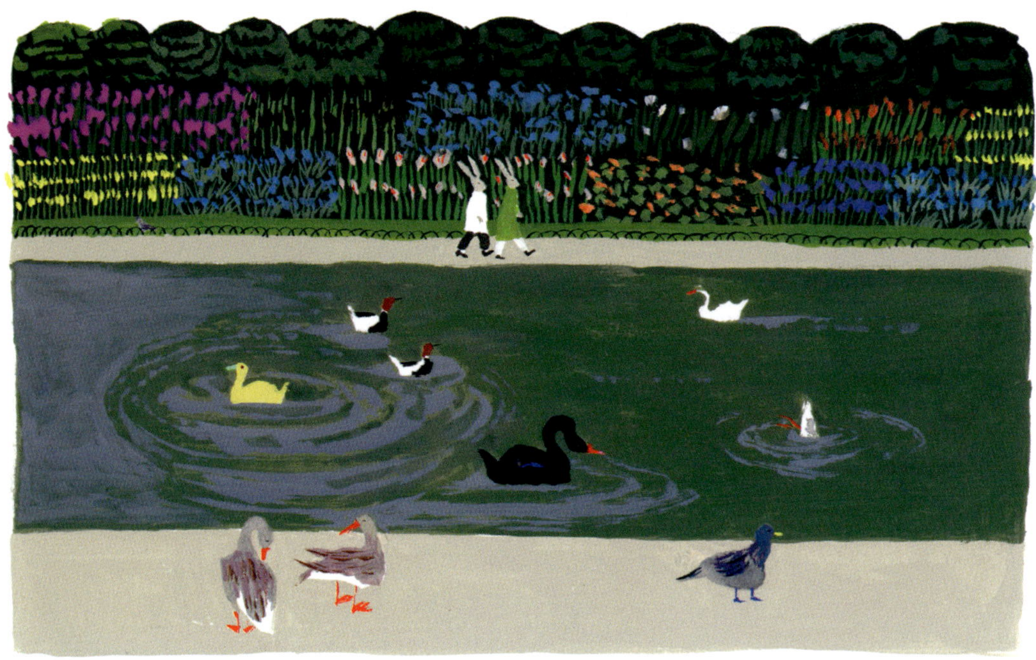

St. James Park - Gouache on Paper

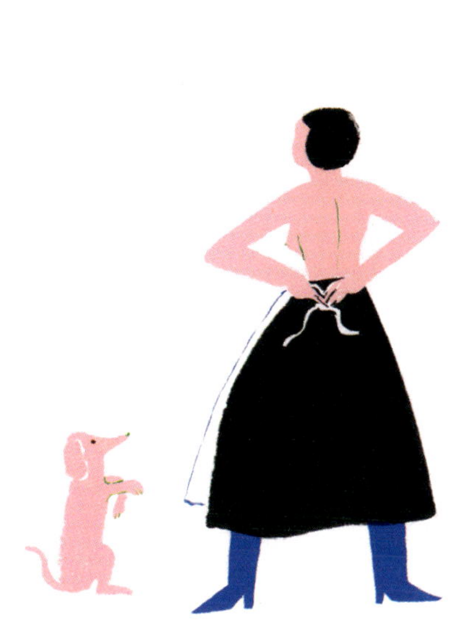 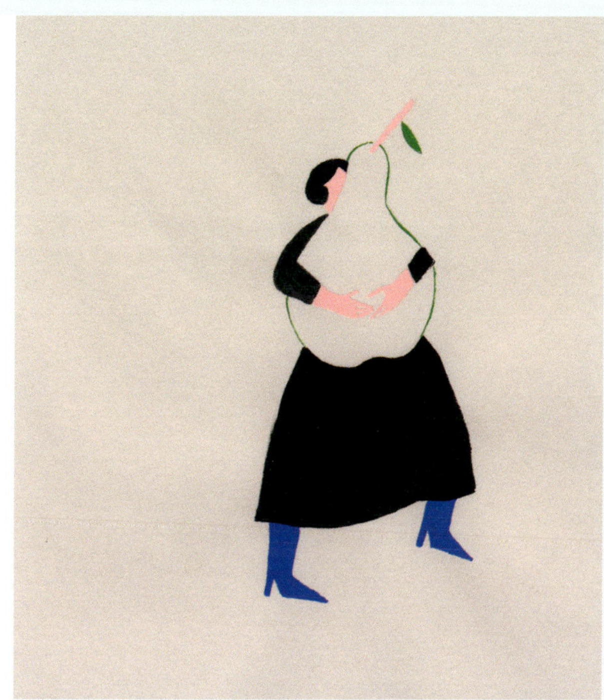

12 - Gouache on Paper

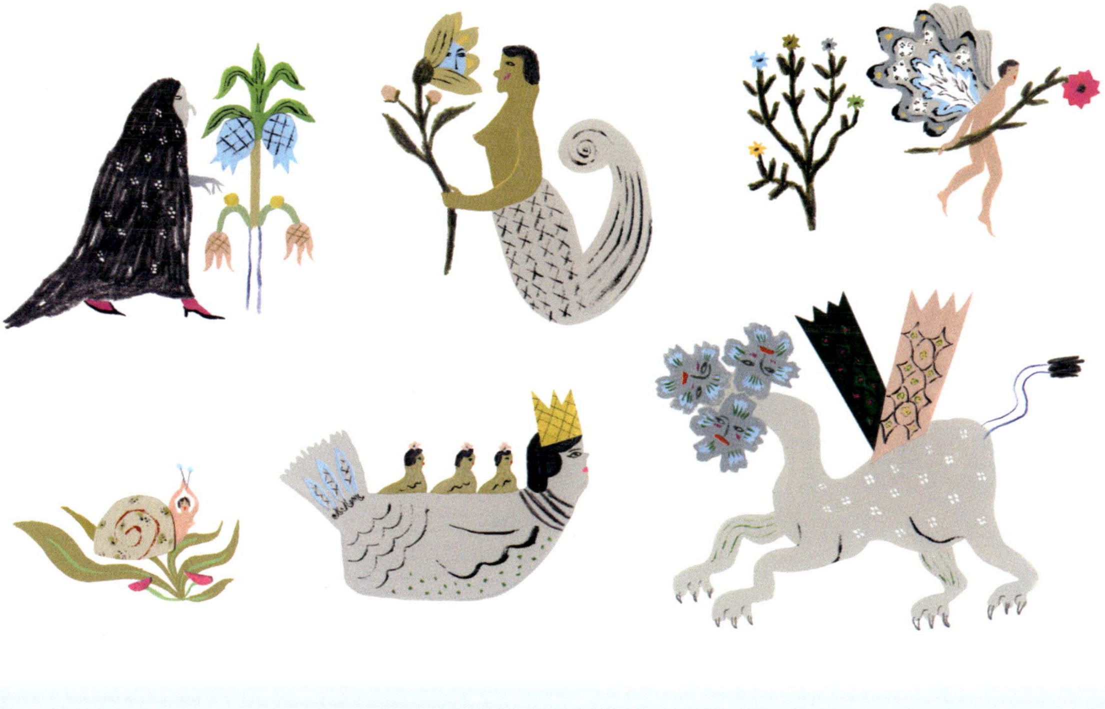

Fairy Tale Characters - Gouache and Pencil on Paper

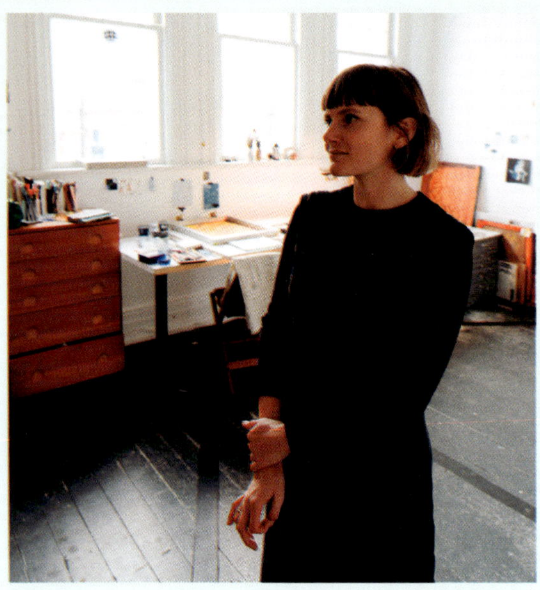

Amy Van Luijk

www.amyvanluijk.com
Instagram: @amyvanluijk.studio

¿Cuándo y cómo empezaste a crear tus obras?

He estado dibujando y creando cosas a mano toda mi vida, fui una niña muy habilidosa con las manualidades. En la universidad estudié Diseño Textil y comencé diseñando estampados para telas, gradualmente esto se transformó en trabajar en proyectos más ilustrativos. Siempre he disfrutado dibujando a mano, experimentando con texturas hechas a mano y colores, esto ha sido una constante a lo largo de mi trabajo tanto en tela como en papel. Me encanta trabajar y pensar en tres dimensiones, mis proyectos favoritos han sido aquellos en los que puedo aplicar mis dibujos a productos y objetos.

¿Cuáles son las fuentes de inspiración que estimulan tu producción artística?

Me inspiro en el mundo que me rodea directamente. Me gusta observar combinaciones de colores, texturas y la luz en diferentes momentos del día. Los procesos de dibujo me inspiran, disfruto experimentando con la pintura, la grabación y el collage. Me gustan los procesos en los que hay un elemento de sorpresa o azar, donde no tengo un control total. Me interesa la tensión entre el control y el azar en el dibujo y la creación.

¿Cómo definirías tus obras de arte?

Me gusta despojar los objetos de sus elementos esenciales, experimentando con la cantidad mínima de información necesaria para que algo siga siendo reconocible. Es tanto un ejercicio de observación como de dibujo. Disfruto usando combinaciones de colores inesperadas y texturas interesantes.

When and how did you start creating your works?

I've been drawing and making things by hand my whole life, I was a very crafty kid. At University I studied Textile Design and initially started designing prints for fabrics and gradually this morphed into working on more illustrative projects. I have always enjoyed drawing by hand and experimenting with textures and colour, this has stayed as a constant throughout my work both on fabric and paper. I love working and thinking in 3 dimensions, my favourite projects involve applying my drawings to products and objects.

What are the sources of inspiration that stimulate your artistic production?

I'm inspired by the world directly around me. I like to notice colour combinations, textures and the light at different times of the day.
Drawing and making processes inspire me, I enjoy experimenting with painting, printmaking and collage. I like processes where there is an element of surprise or chance, where I'm not 100% in control. I'm interested in the tension between control and chance in drawing and making.

How would you define your artworks?

I like to strip objects down to their essential elements, experimenting with the minimum amount of information needed for something to still be recognisable. It is just as much an exercise of looking as it is drawing. I enjoy using unexpected colour combinations and interesting textures.

Wrapping paper design for Sphaera - Sumi Ink. >>

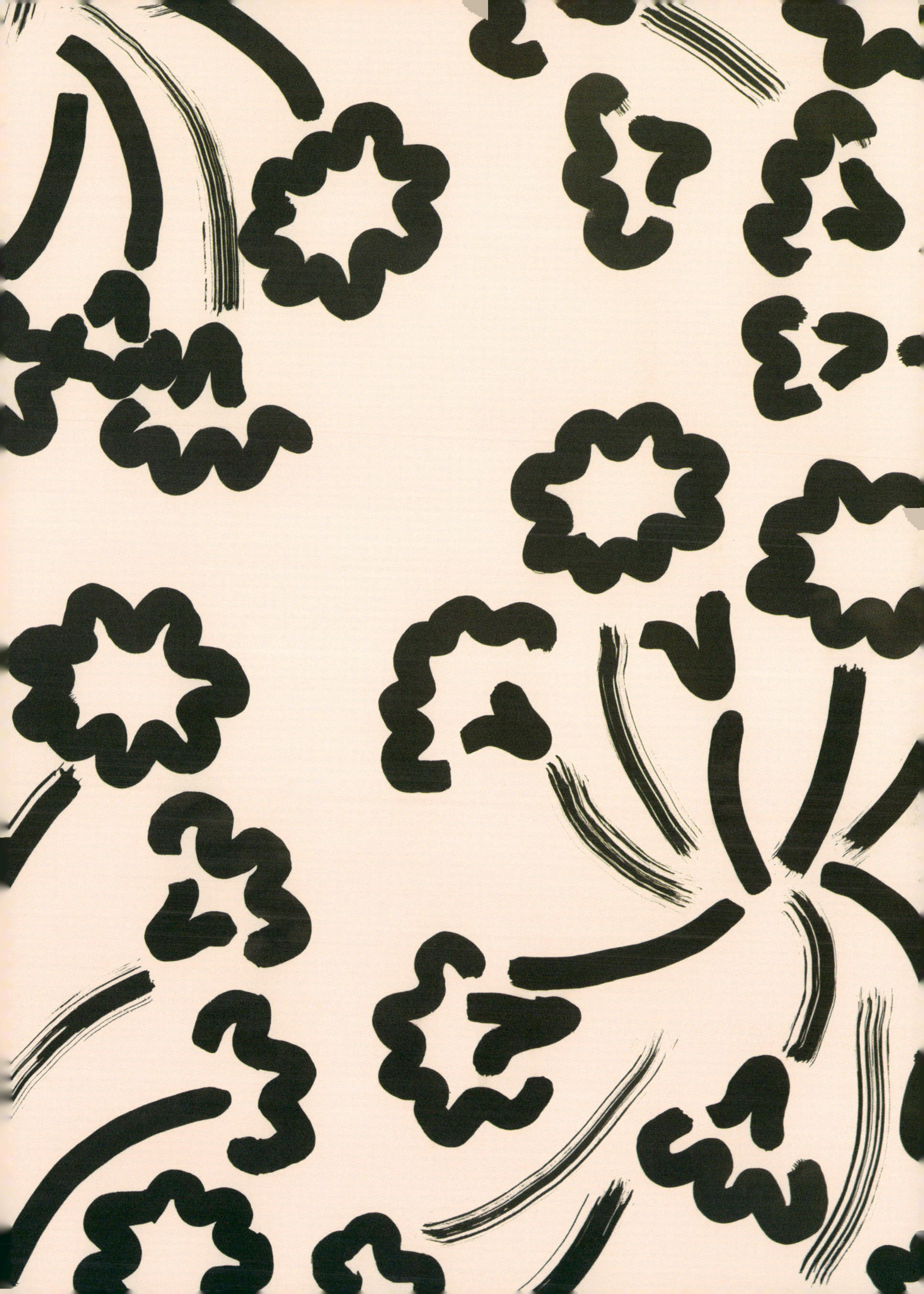

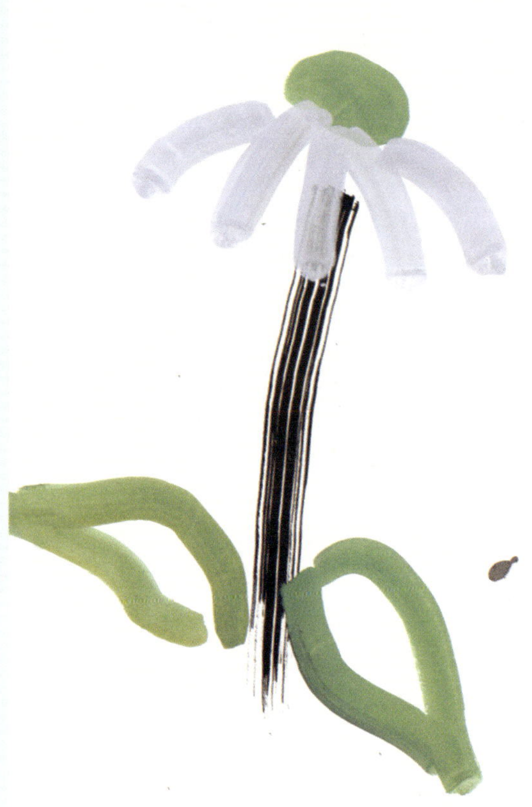

Echinacea - Gouache and Ink.

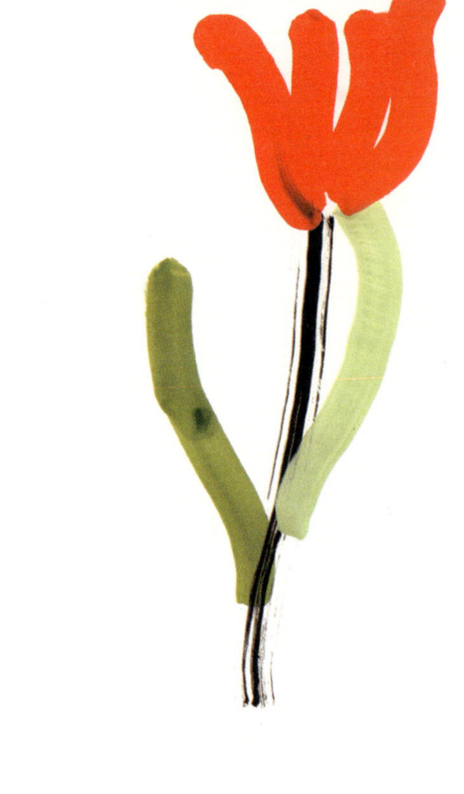

Tulip - Gouache and Ink.

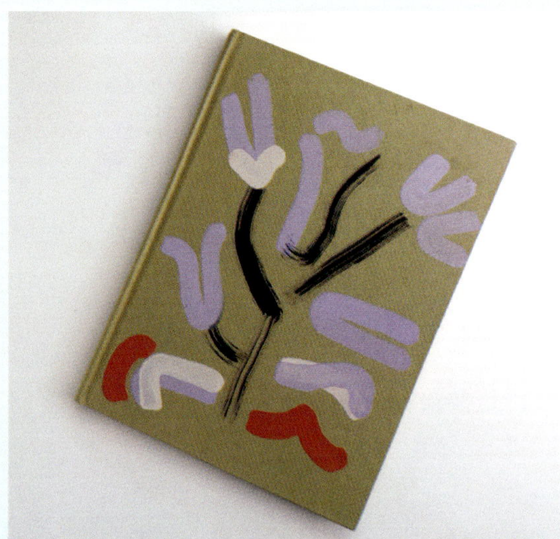

Book cover design - Gouache and Ink.

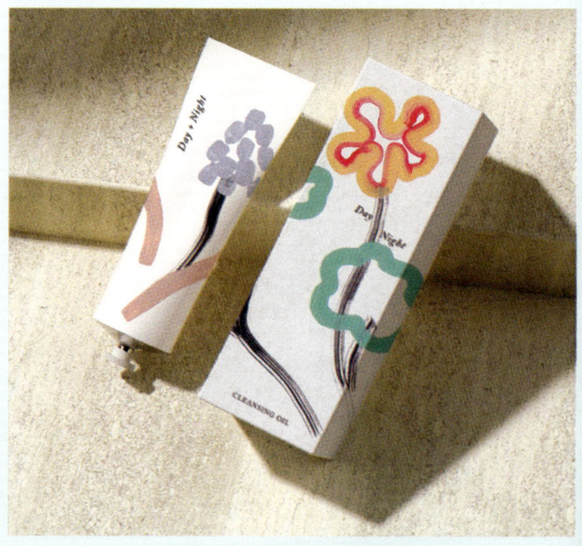

Designs for packaging - Gouache and Ink.

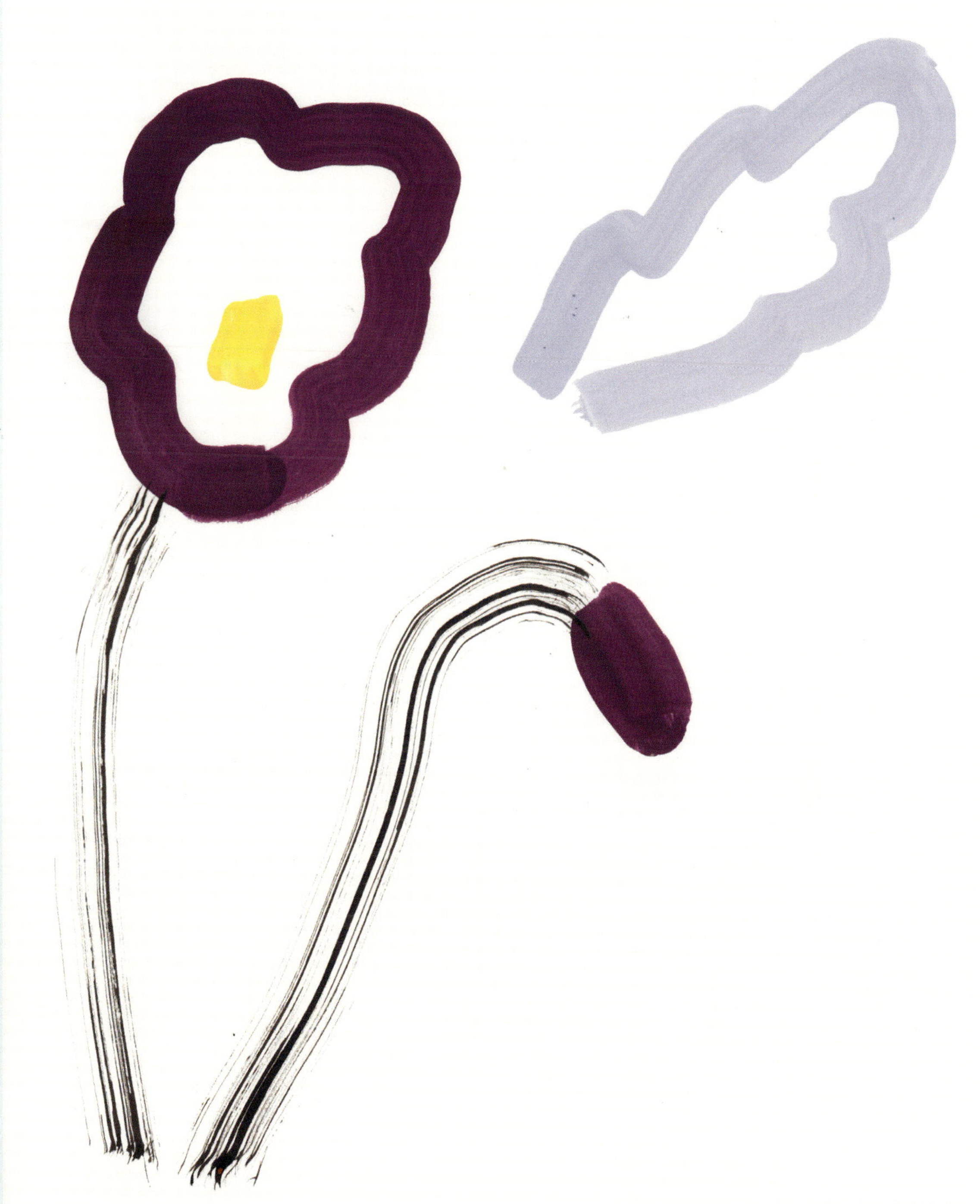

Pansy - Gouache and Ink.

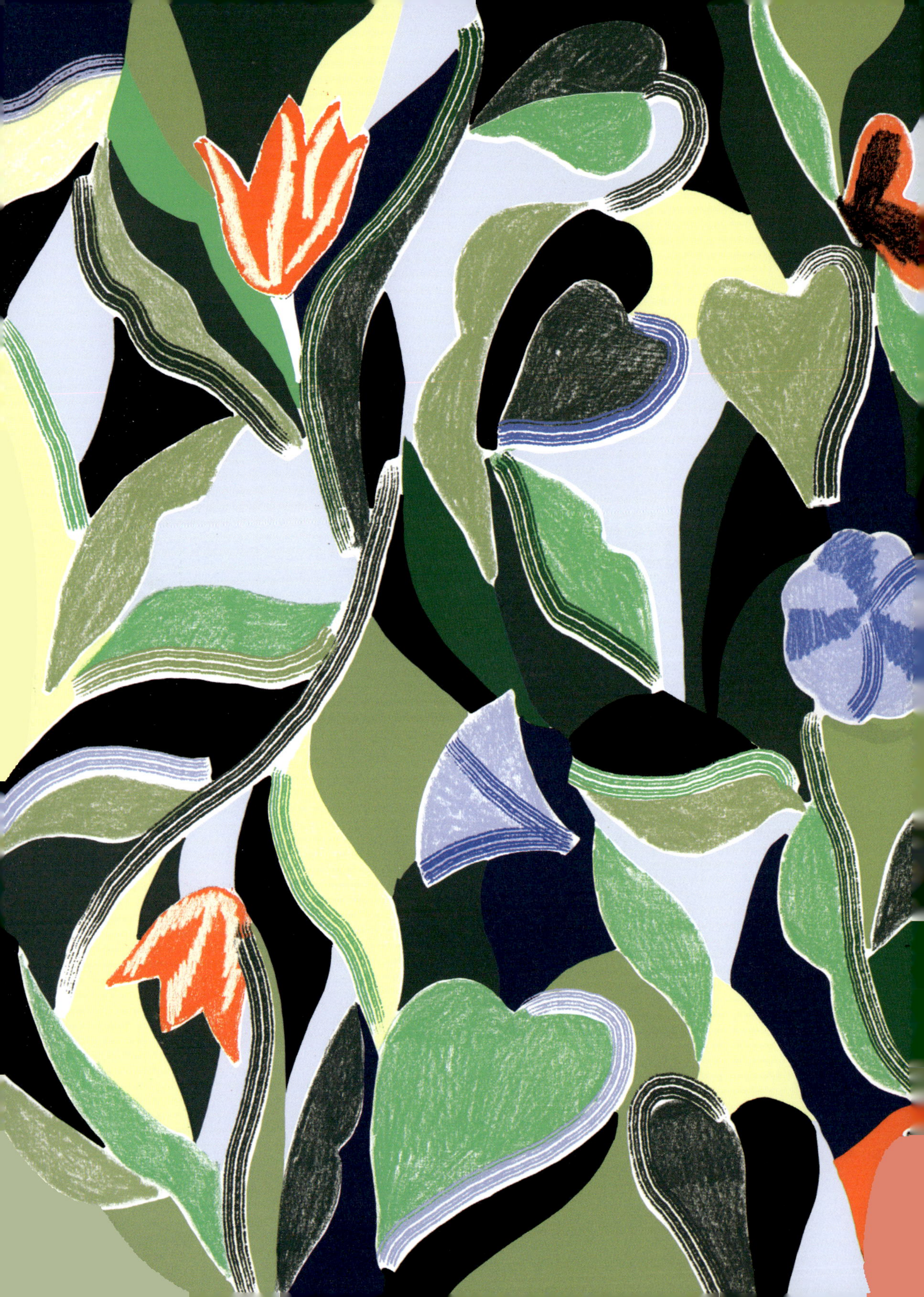

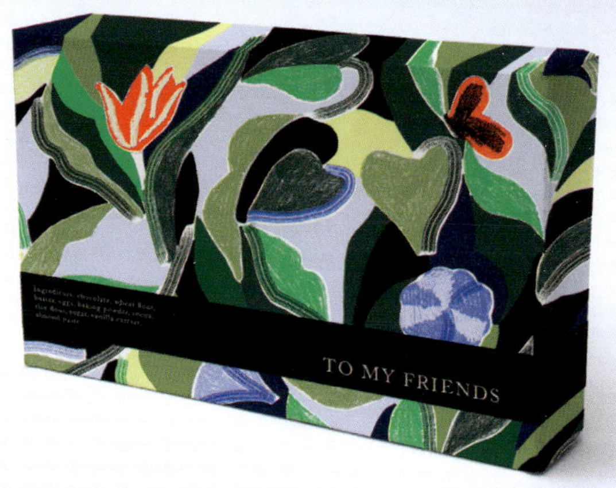

Garden Objects packaging - Pencil, Ink and Digital Brushes

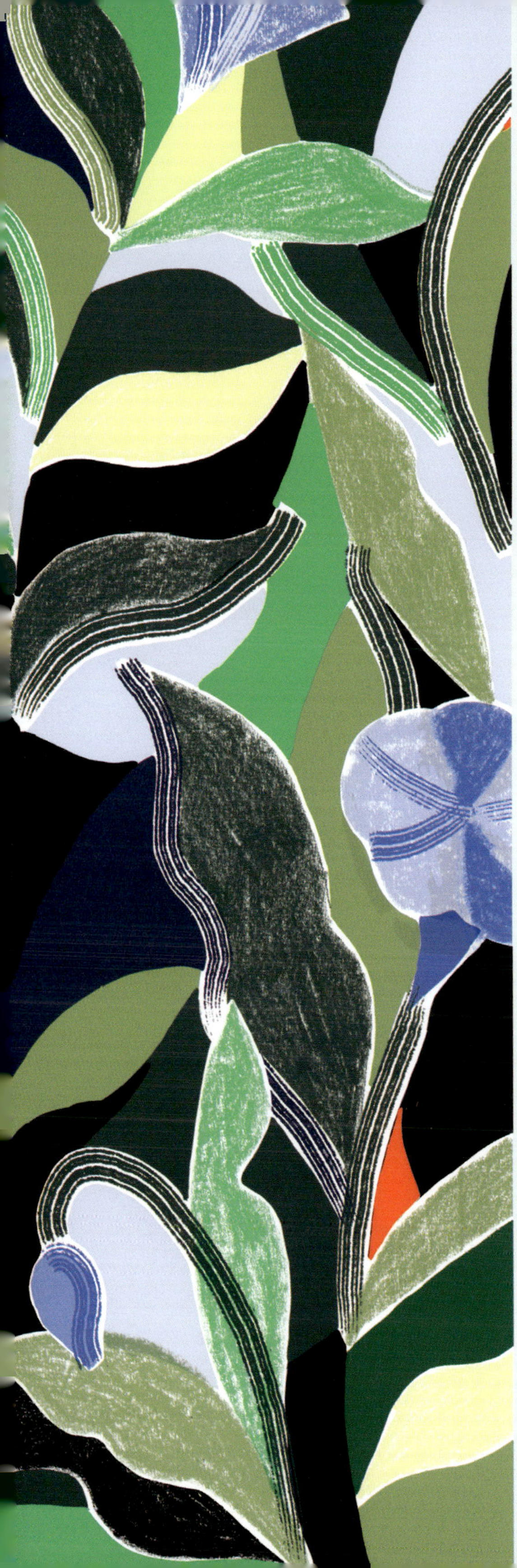

Garden Objects - Pencil, Ink and Digital Brushes

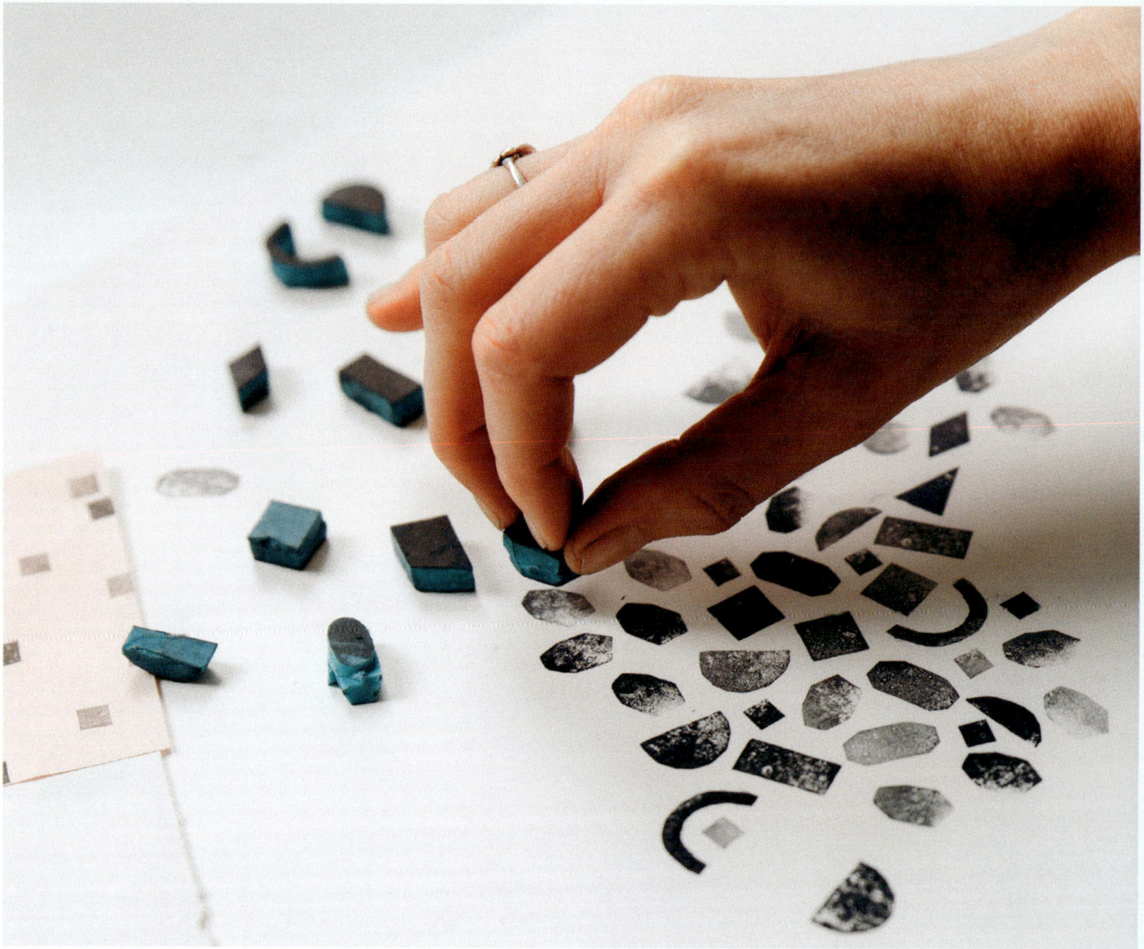

Stamped Design - Hand-Carved Stamps and Ink.

¿Quiénes son tus referentes en el mundo de la pintura?
Algunos de mis artistas y diseñadores favoritos desde
hace mucho tiempo son: Josef Frank, Agnes Martin,
Akira Minagawa, Paul Klee, Aino Metsola, Etel Adnan y
Leanne Shapton.

¿Qué haces para promocionar tus obras de arte?
En línea utilizo Instagram y mi sitio web. En la vida
real exhibo mis obras de arte en exposiciones y me
encantaría pintar murales

Who are your references in the world of painting?
Some of my long-time favourite Artists and Designers
are: Josef Frank, Agnes Martin, Akira Minagawa, Paul
Klee, Aino Metsola, Etel Adnan and Leanne Shapton.

What do you do to promote your artworks?
Online I use Instagram and my website. In real life I exhibit
my artwork in exhibitions and would love to paint murals.

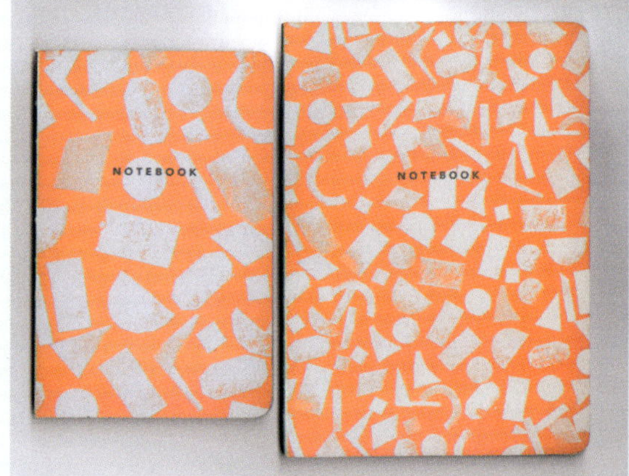

Stationery Design for TeNeues - Hand-Carved Stamps
and Ink.

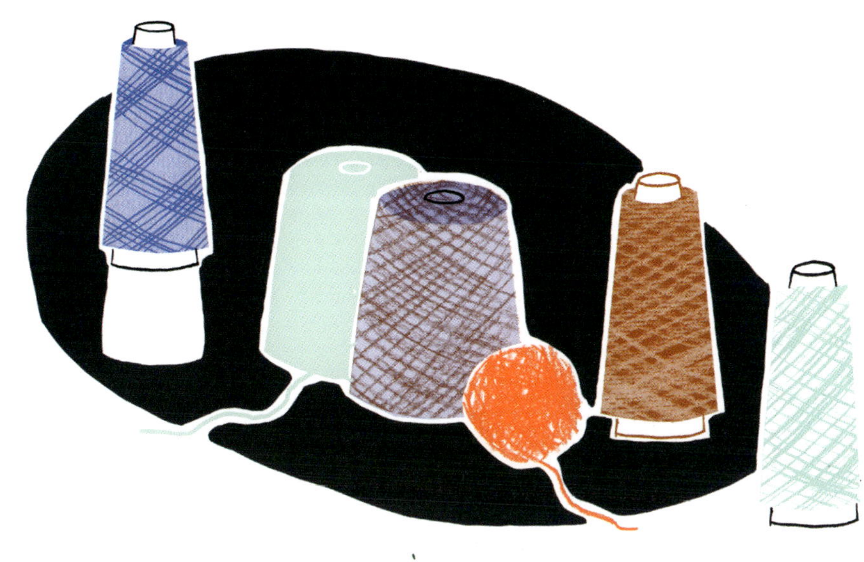

Yarn from Textile Manufacturing Series - Pencil, Collage and Ink.

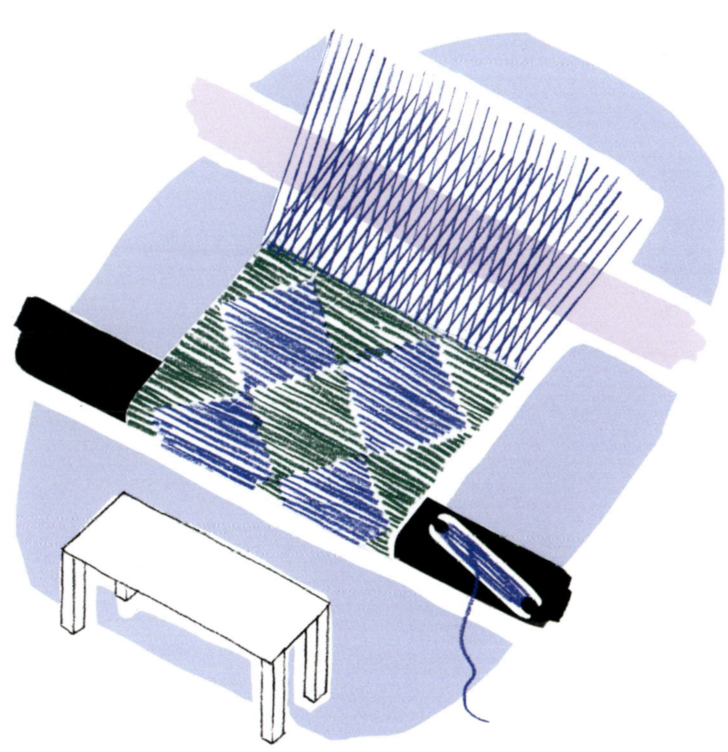

Loom from Textile Manufacturing series - Pencil, Collage and Ink.

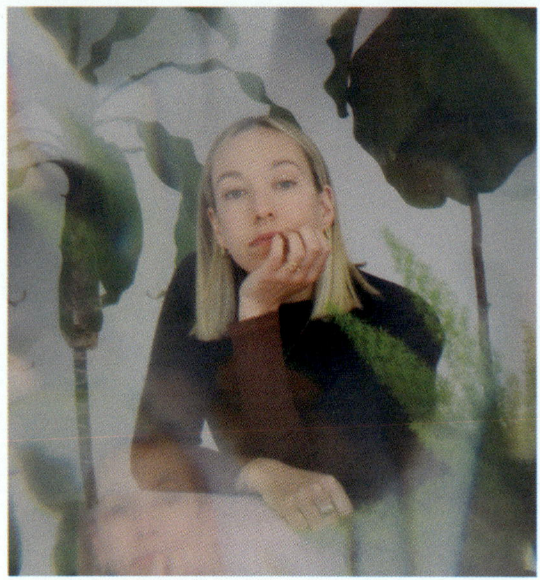

Marylou Faure

www.maryloufaure.com
Instagram: @maryloufaure

¿Cuándo y cómo empezaste a crear tus obras?
Comencé a trabajar por cuenta propia en la primavera de 2015. Había trabajado un par de años como ilustradora interna y realmente estaba ansiosa por iniciar mi propio negocio, teniendo control creativo total y construyendo realmente mi portafolio :)

¿Cuáles son las fuentes de inspiración que estimulan tu producción artística?
Los sentimientos realmente me inspiran. La mayoría de las veces, los míos propios; a veces, los de otros que veo a mi alrededor. Me encanta representar eso a través de mis personajes y su lenguaje corporal. Mis personajes siempre están diciendo algo, a través de su actitud, su diversión y su sensualidad.

¿Cómo definirías tus obras de arte?
Coloridas, divertidas y vibrantes.

¿Quiénes son tus referentes en el mundo de la pintura?
Tengo tantos; cada día descubro nuevos artistas que me encantan :) Por supuesto, está el trabajo de Malika Favre y Hattie Stewart, quienes me han inspirado constantemente desde que comencé a trabajar como ilustradora. Más recientemente, he descubierto el trabajo de Jillian Evelyn, Joyce Lee y Alice Bloomfield, ¡y me encantan!"

¿Qué haces para promocionar tus obras de arte?
Lo principal que hago es trabajar en proyectos personales que comparto en las redes sociales. También me encanta crear nuevas obras para mi tienda online; es una excelente manera de mostrar tu trabajo reciente a través de impresiones y productos :)

When and how did you start creating your works?
I started working for myself in spring 2015.
I had worked a couple of years as an in house illustrator and was really keen to start my own business, having full creative control and really building up my portfolio :)

What are the sources of inspiration that stimulate your artistic production?
Feelings really inspire me. Most of the time my own, sometimes others that I see around me.
I love to represent that through my characters and their body language. My characters are always saying something, through their attitude, playfulness and sexiness.

How would you define your artworks?
Colourful, playful and bouncy.

Who are your references in the world of painting?
I've got so many, every day I discover new artist that I love :) there's of course the work of Malika Favre and Hattie Stewart, who have consistently inspired me since I started working as an illustrator. More recently I've discovered the work of Jillian Evelyn, Joyce Lee and Alice Bloomfield and I love them!

What do you do to promote your artworks?
The main thing I do is work on personal projects that I'll share on social media. I also love to make new artwork for my online shop - it's a great way to show your recent work through prints and products :)

Alien Love Call - Digitally on Procreate >>

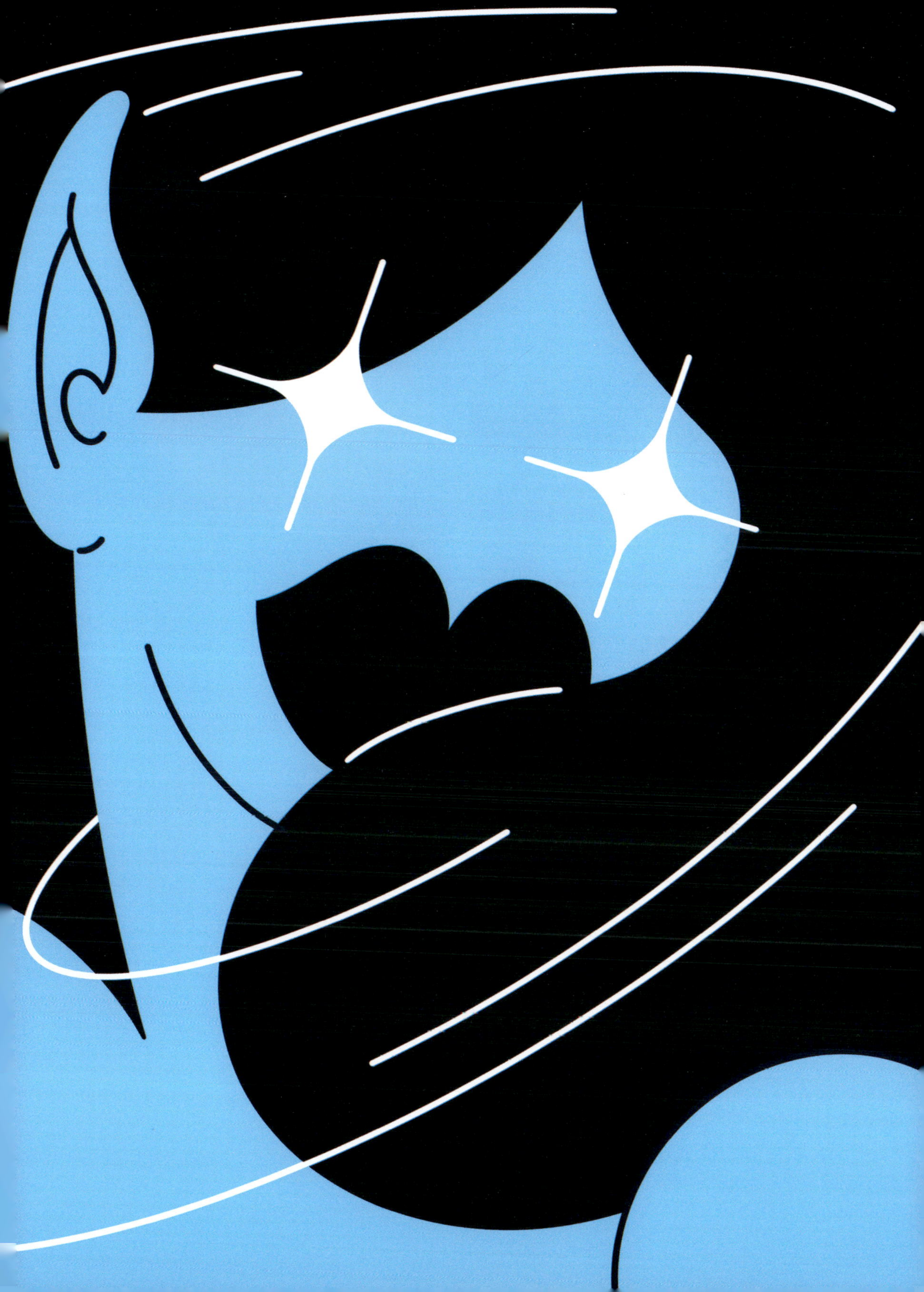

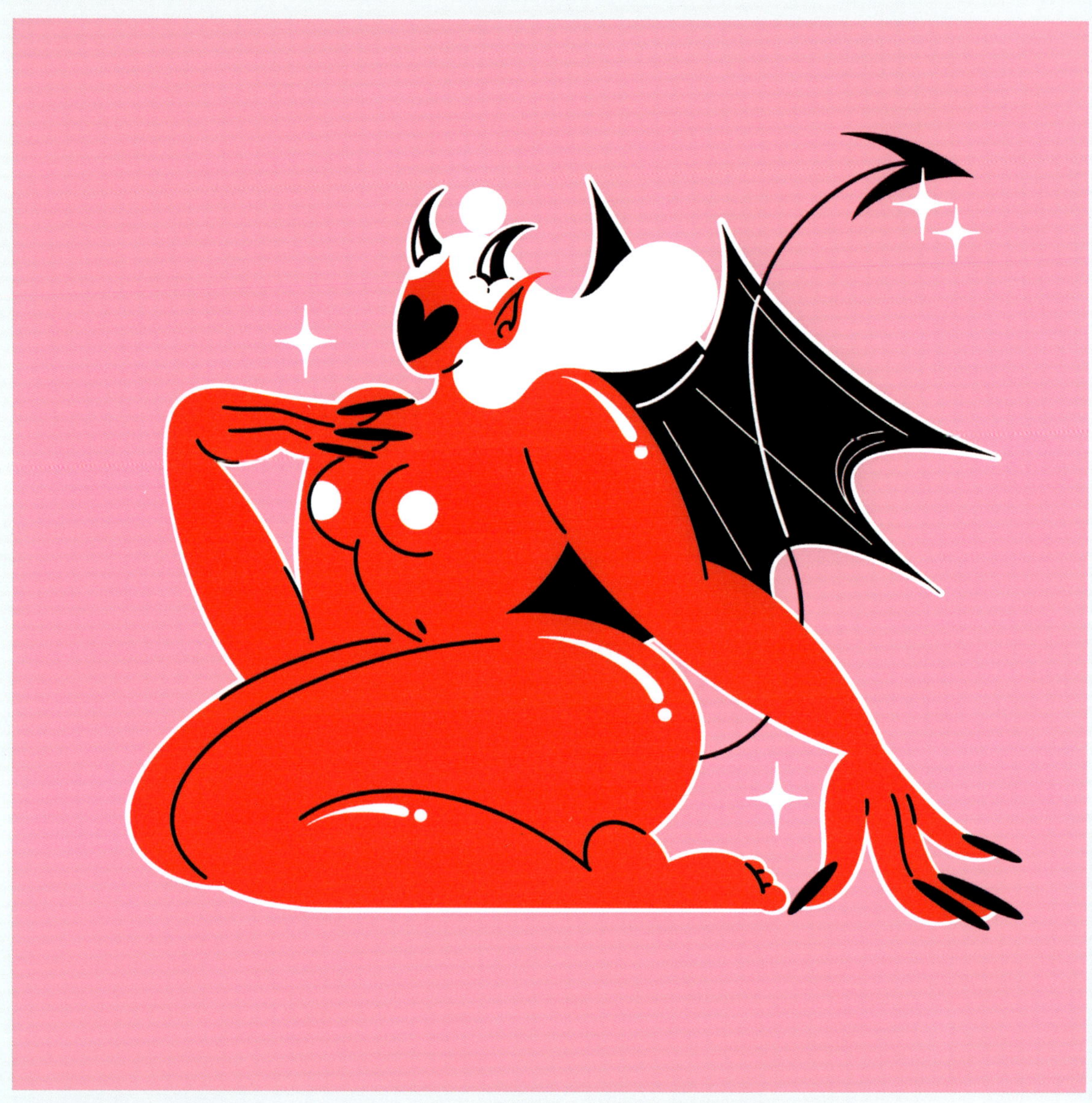

Yin - Digitally on Procreate

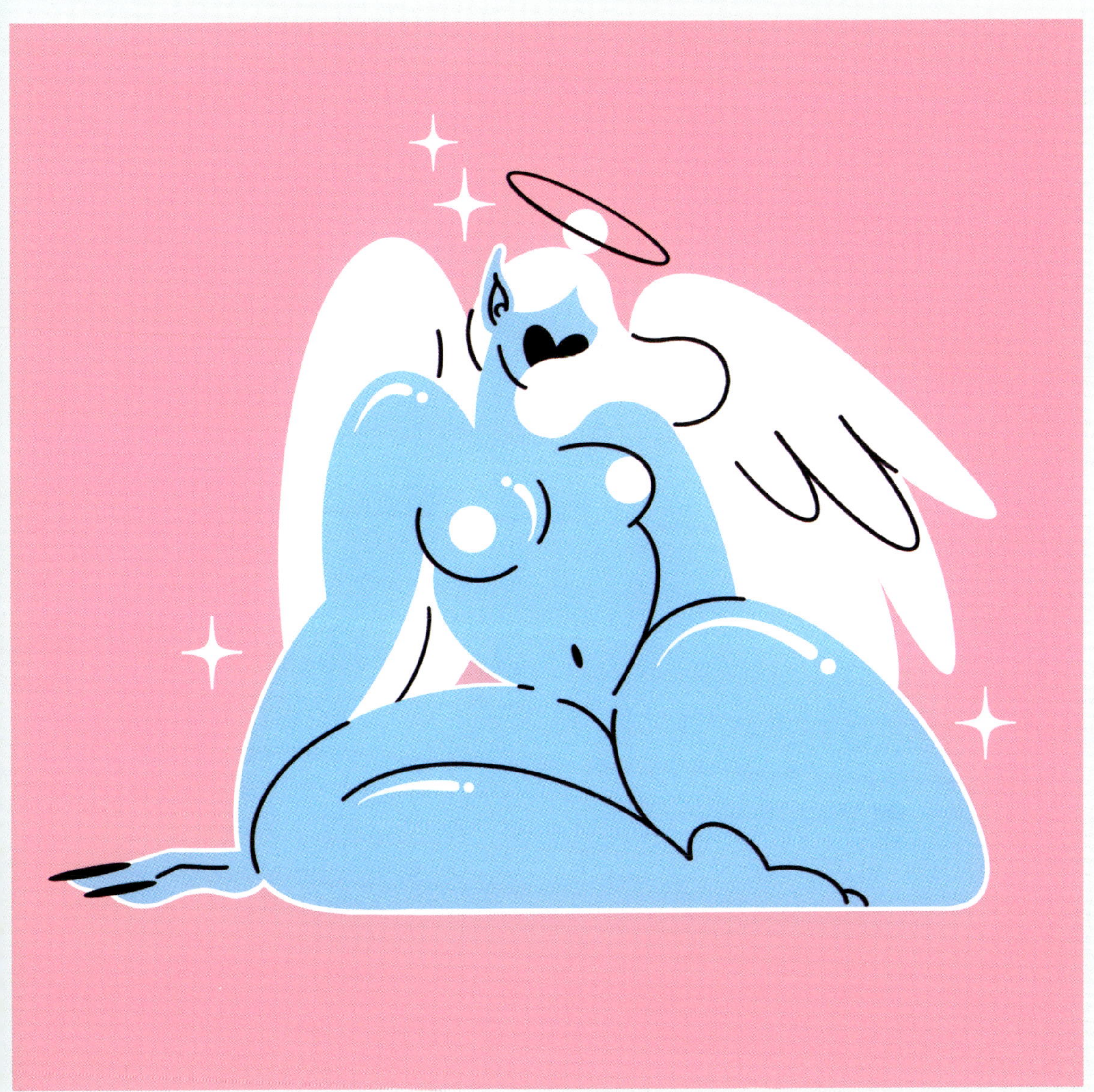

Yang - Digitally on Procreate

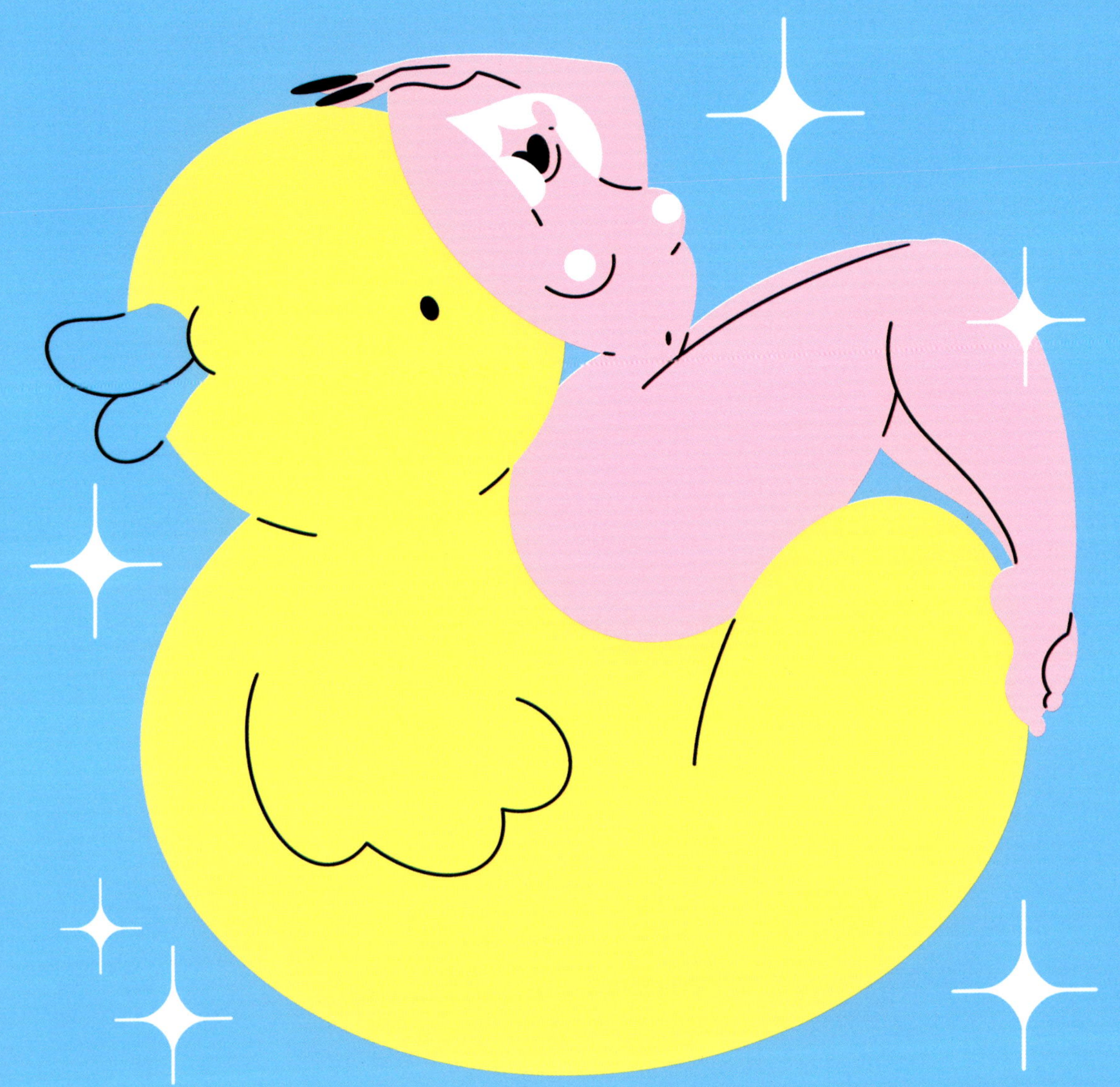

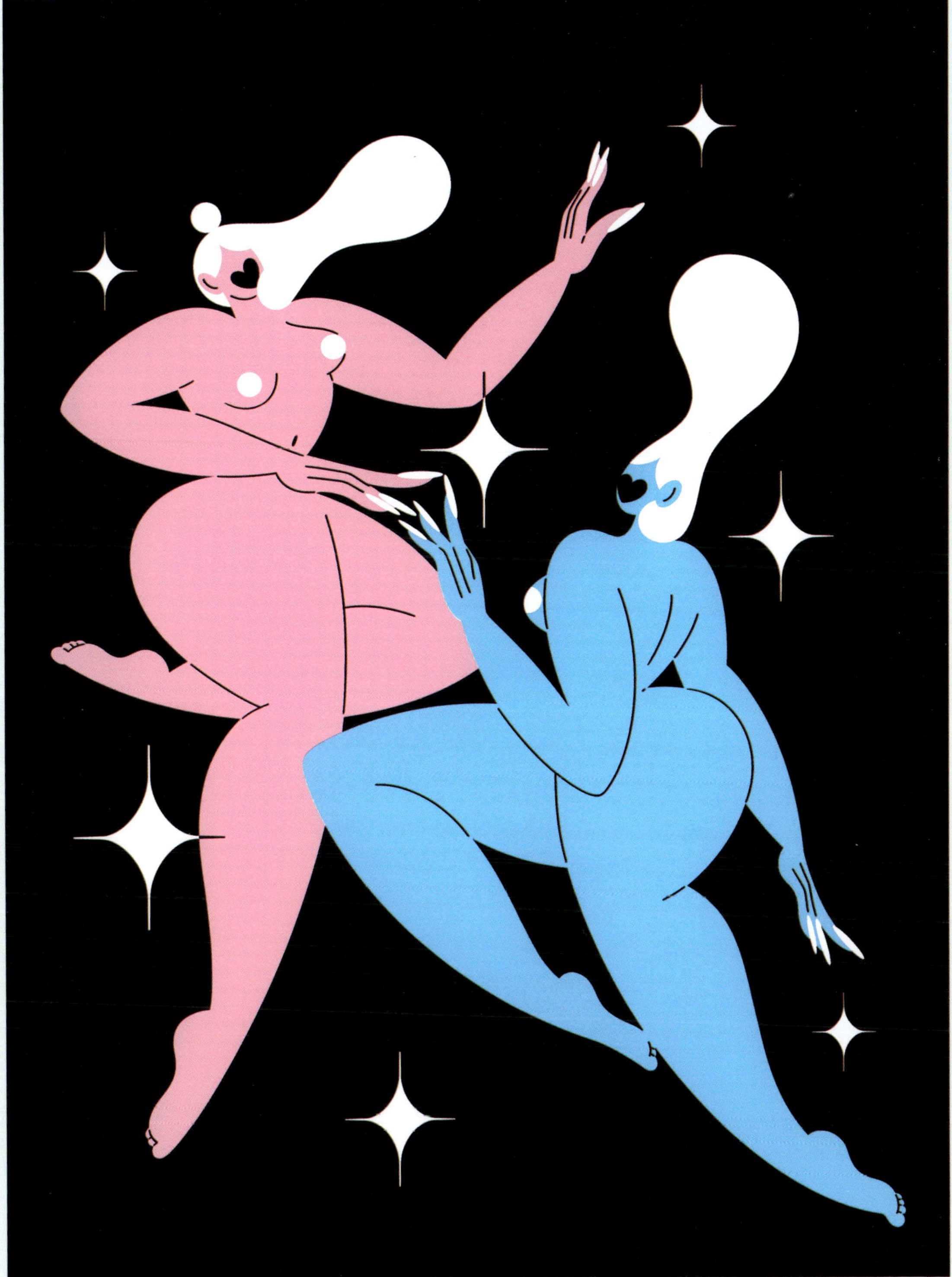

Replica - Digitally on Procreate

<< Come Play With Me - Digitally on Procreate

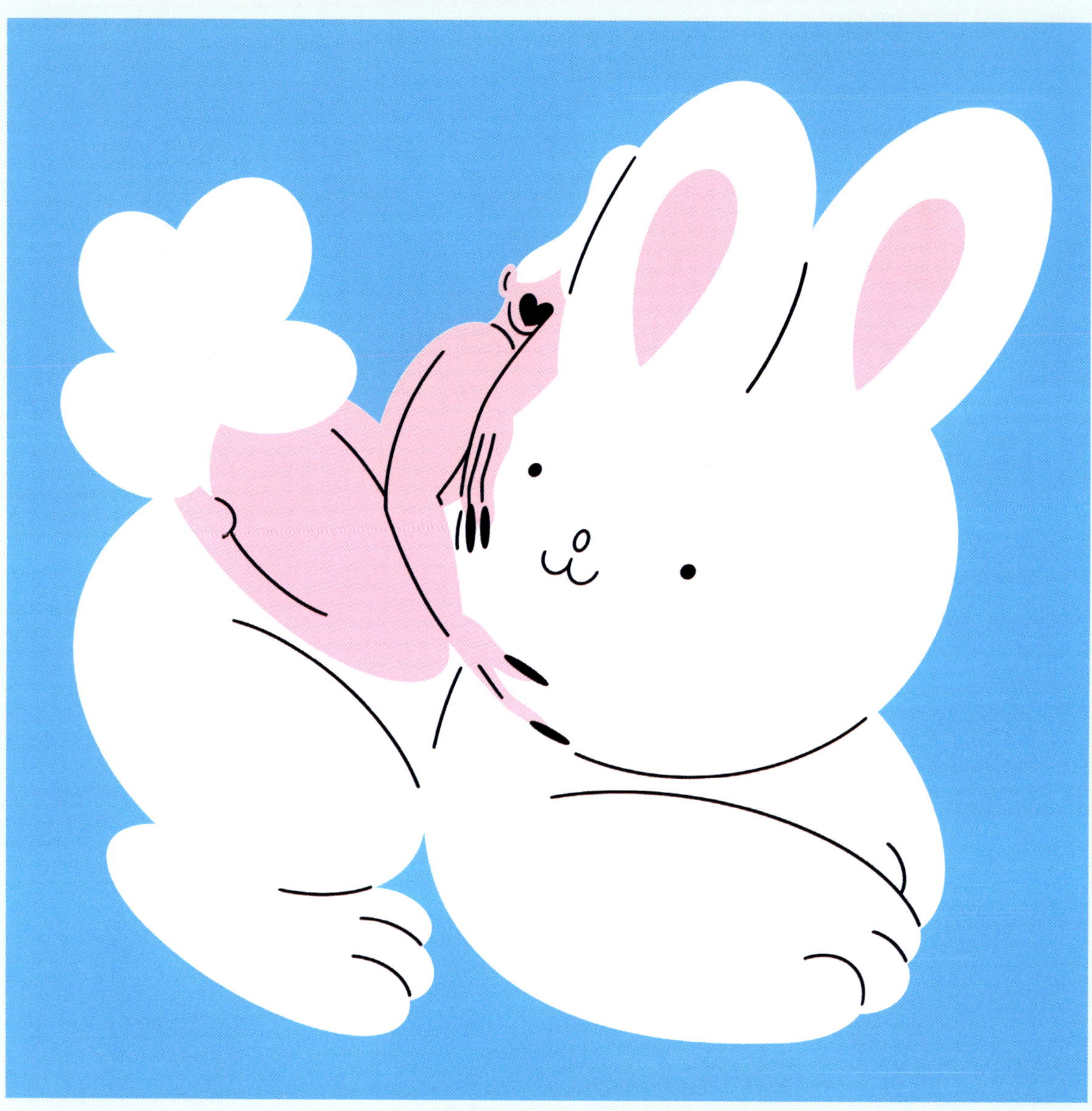

Bunny Love - Digitally on Procreate

Can't be the Only One - Digitally on Procreate >>

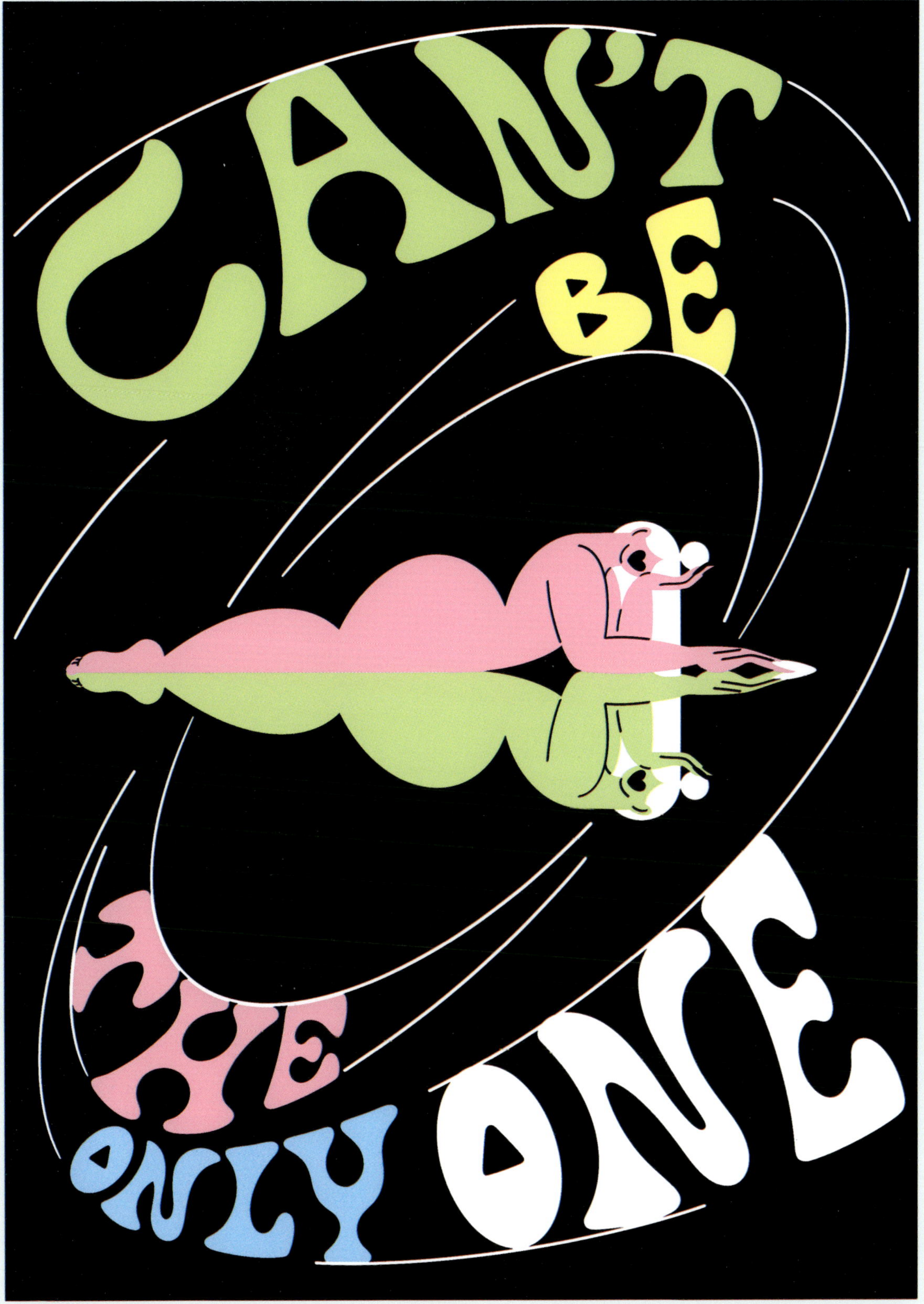

CAN'T
BE
THE
ONLY ONE

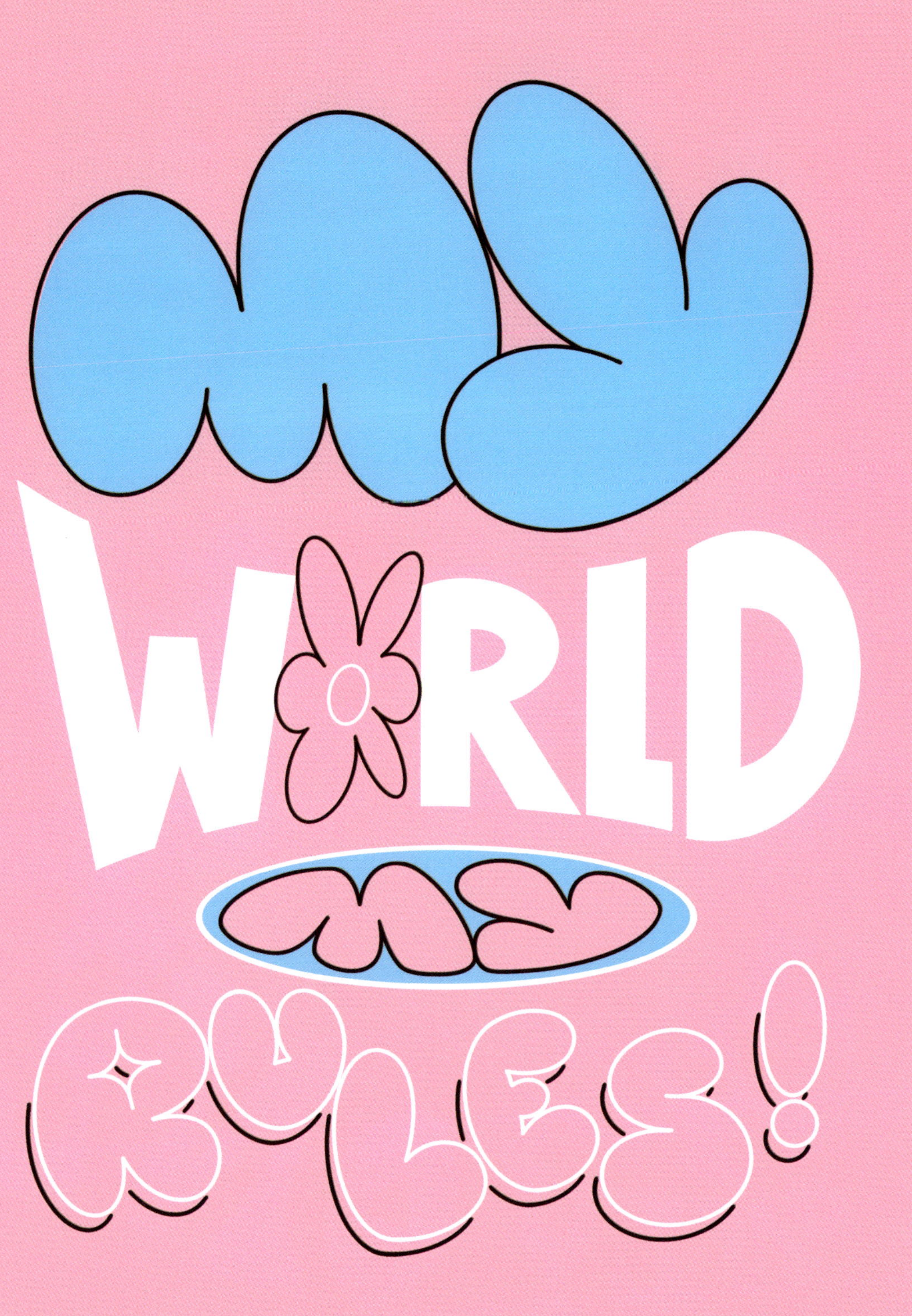
MY
WORLD
MY
RULES!

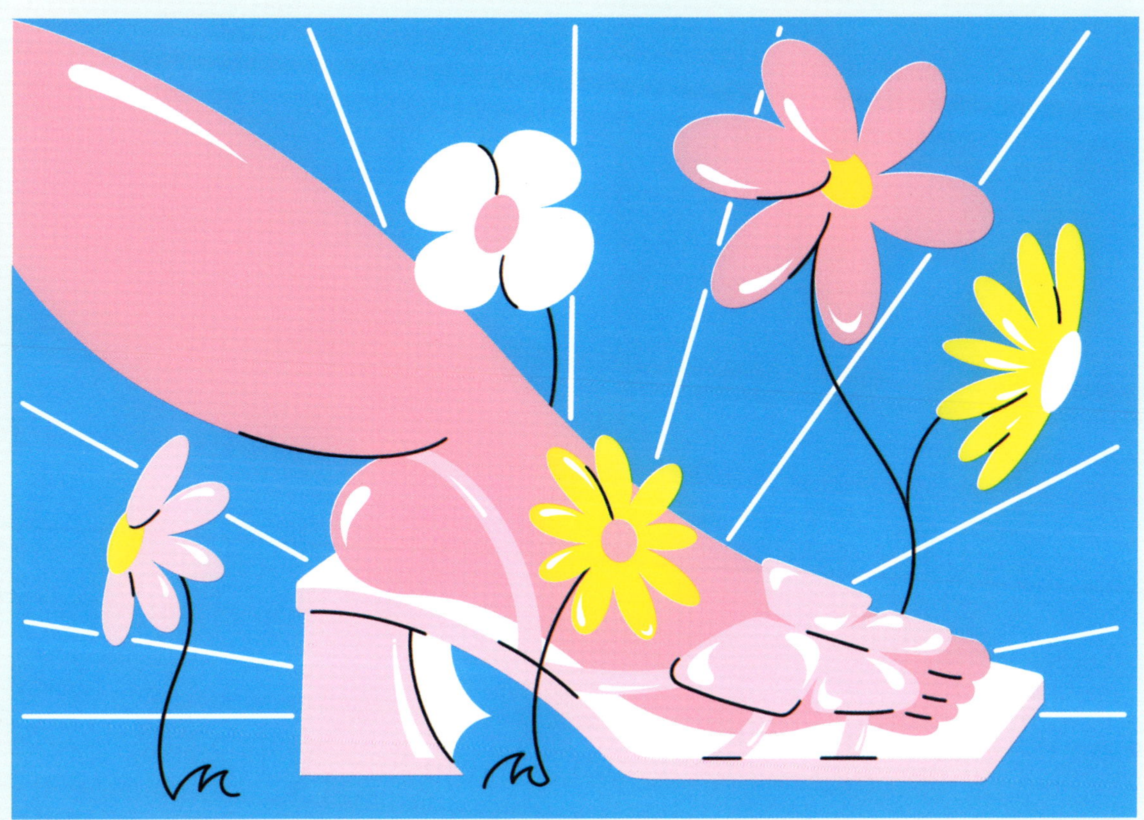

I'm Going Out - Digitally on Procreate

<< My World, My Rules! - Digitally on Procreate

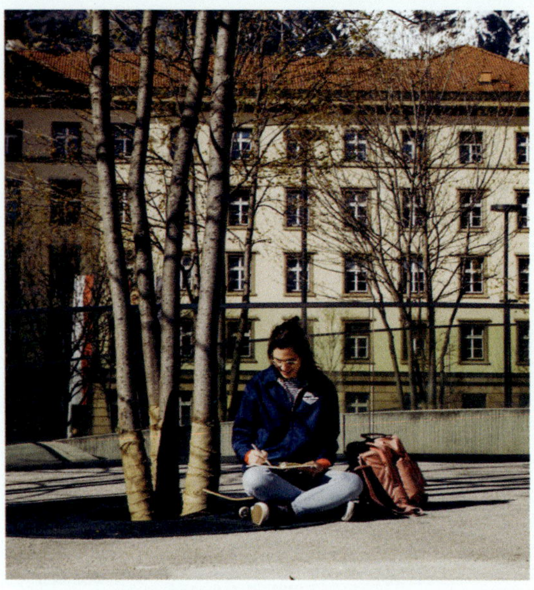

Rachel Katstaller

www.rachelkatstaller.com
Instagram: @rachelkatstaller
Photo credit ©FlorianTrattner

¿Cuándo y cómo comenzaste a crear tus trabajos?

Desde que tengo uso de razón, he tenido un interés innato por el arte. Mi primer acercamiento formal al arte fue cuando comencé a estudiar diseño estratégico, donde descubrí mi pasión por la ilustración. Posteriormente, tuve la oportunidad de asistir a la Residencia para Ilustradores en la SVA en Nueva York, lo que marcó un punto de inflexión en mi carrera. A partir de ese momento, decidí cambiar de carrera y ahora, 10 años después, no me arrepiento de haberlo hecho.

¿Cuáles son las fuentes de inspiración que estimulan tu producción artística?

Las fuentes de inspiración de mi arte provienen principalmente de las historias. Me gusta observar mi entorno y escuchar a las personas para imaginar mundos diferentes al mío. Encuentro magia en la vida cotidiana y me gusta transformarla en algo extraordinario a través de mi arte.

¿Cómo describirías tus trabajos?

Mis obras se describen como una búsqueda constante del equilibrio en la imagen, con una explosión de colores y texturas sutiles que se entrelazan para crear composiciones visualmente atractivas y evocadoras.

When and how did you start creating your works?

For as long as I can remember, I have had an innate interest in art. My first formal approach to art was when I began studying strategic design, where I discovered my passion for illustration. Subsequently, I had the opportunity to attend the Illustrator Residency at SVA in New York, which marked a turning point in my career. From that moment on, I decided to change careers and now, 10 years later, I do not regret having made that decision.

What are the sources of inspiration that stimulate your artistic production?

The sources of inspiration for my art mainly come from stories. I enjoy observing my surroundings and listening to people to imagine worlds different from my own. I find magic in everyday life and I like to transform it into something extraordinary through my art.

How would you define your artworks?

My work is described as a constant search for balance in imagery, with a burst of colors and subtle textures intertwining to create visually appealing and evocative compositions.

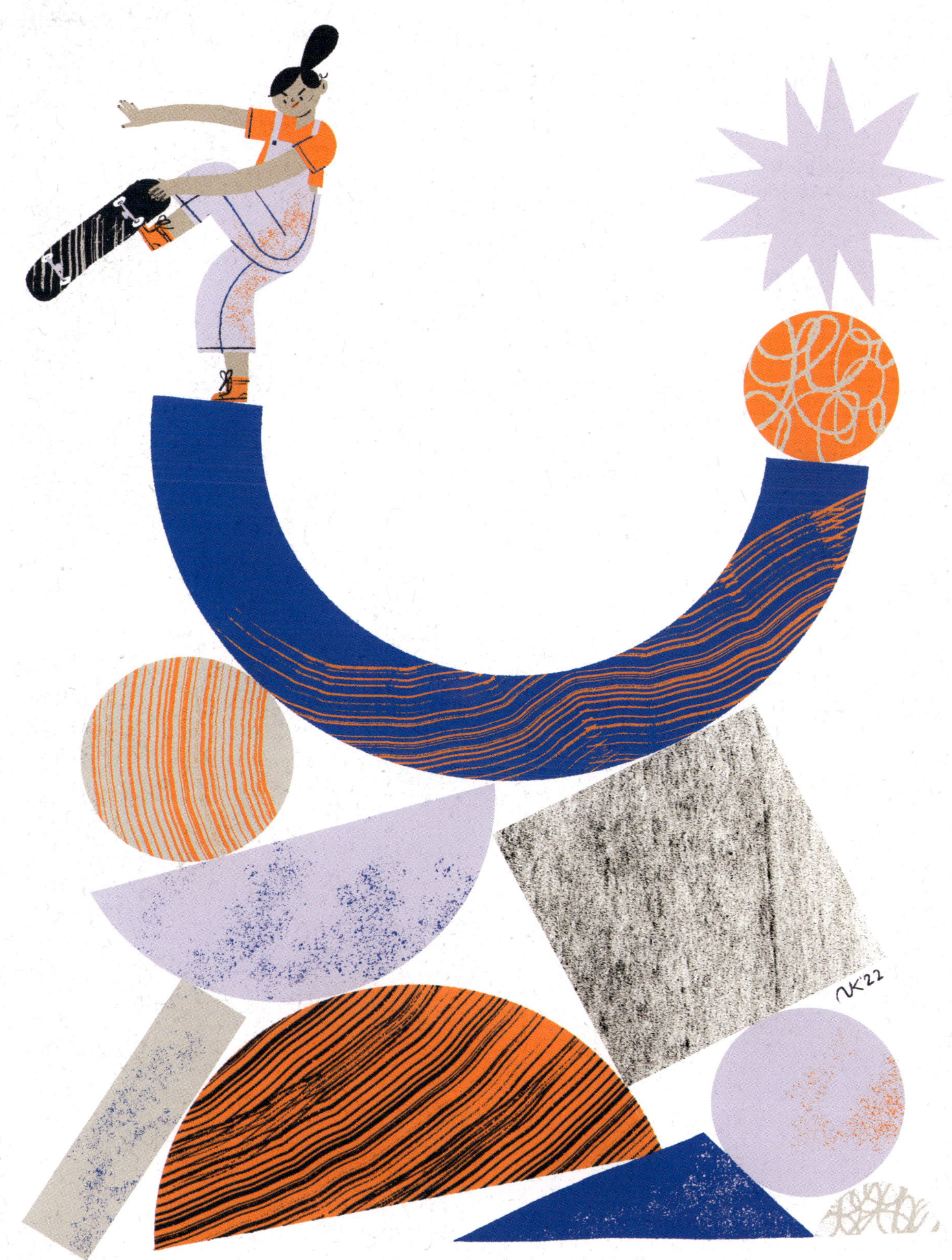

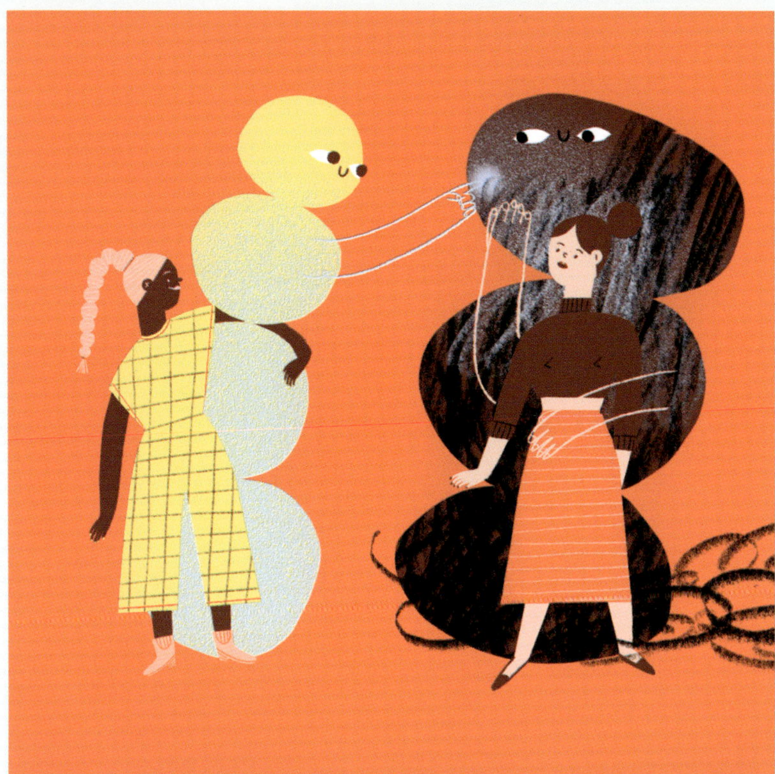

Anxiety Day 4 - Digital Art

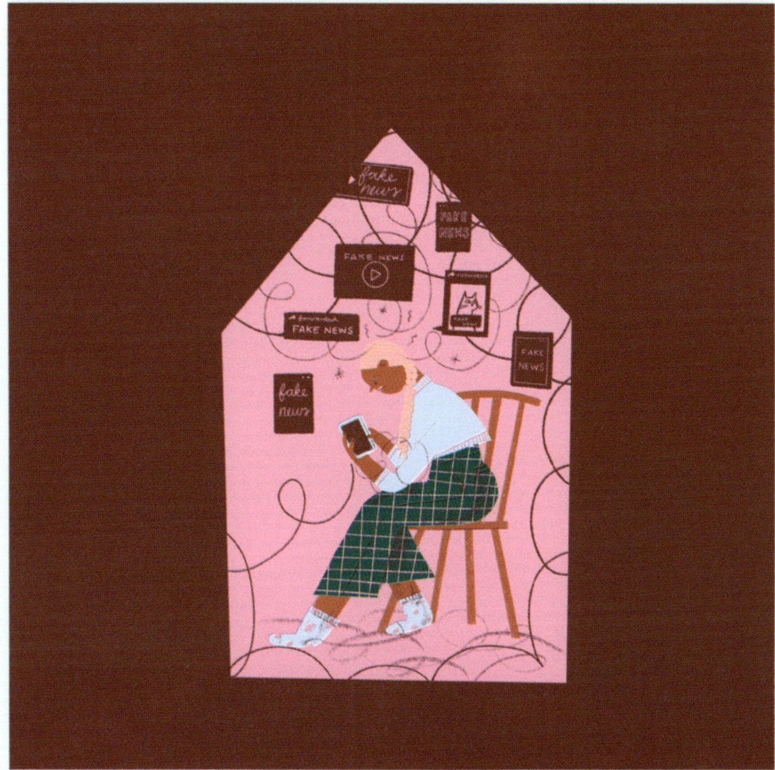

Anxiety Day 7 - Digital Art

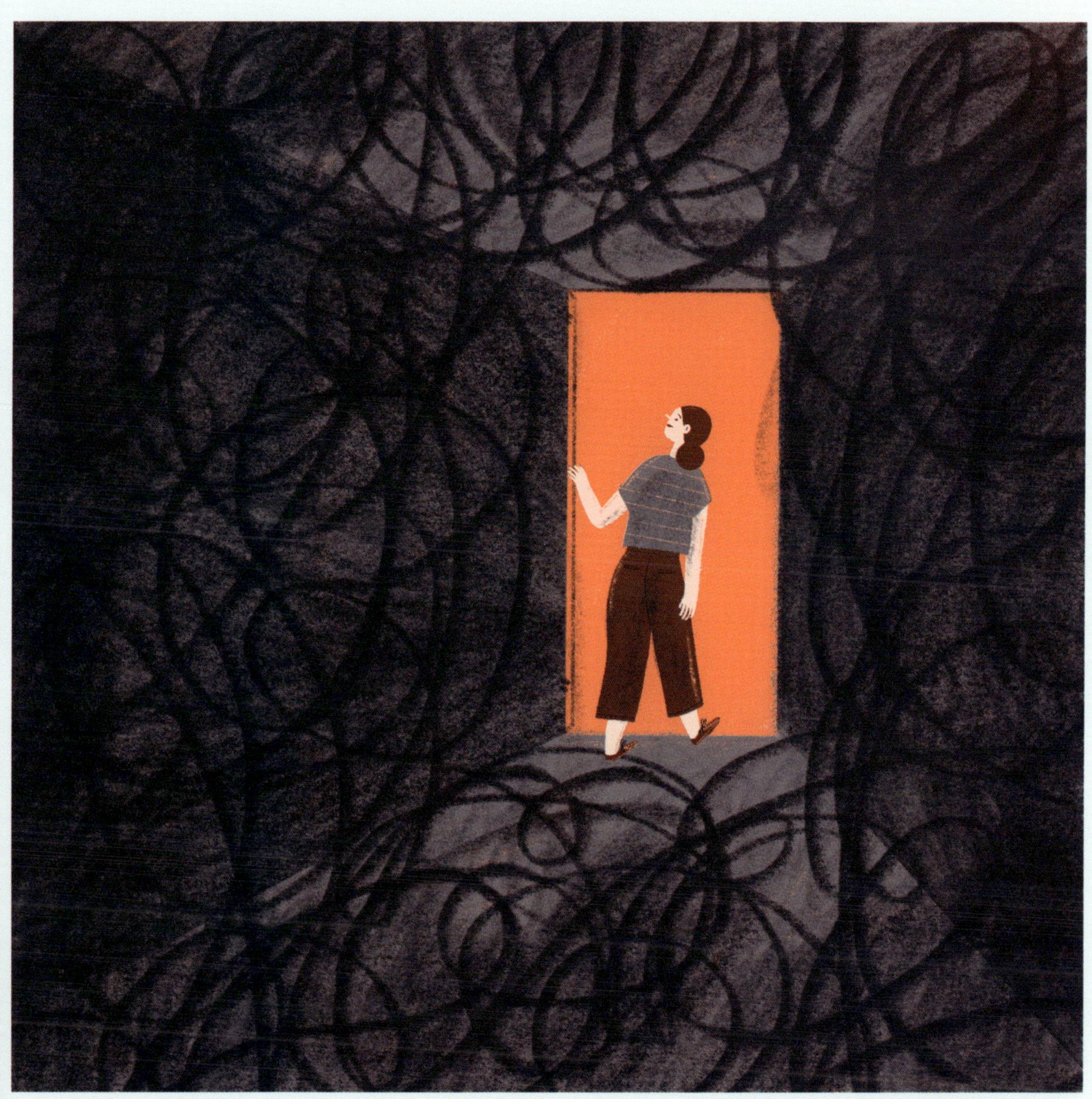

Anxiety Day 2 - Digital Art

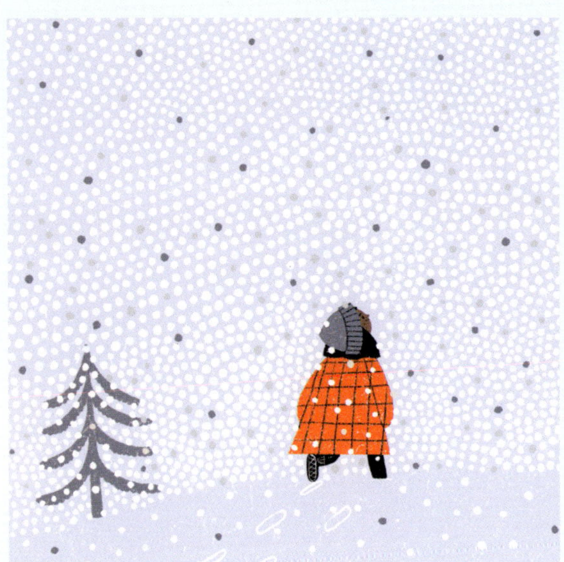

Snow - Digital Art

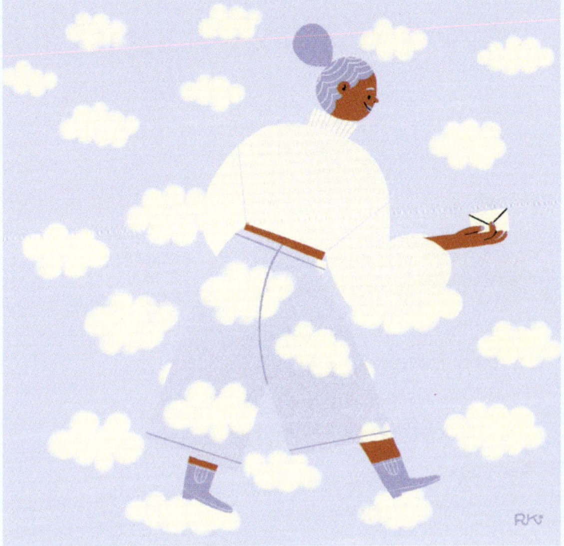

Transmundane Tuesday - Digital Art

¿Quiénes son tus referentes en el mundo de la pintura?
En el mundo de la ilustración y el arte, tengo varios referentes que admiro. Siempre he disfrutado del estilo, las texturas y el uso del color de Matisse y Rousseau. Además, recuerdo con mucho cariño las ilustraciones de Maya Salarrué, una ilustradora salvadoreña poco conocida, cuyo estilo naïf adorna las páginas de uno de mis libros favoritos, "Cuentos de Cipotes" de Salarrué.

¿Qué haces para promocionar tus obras?
Al principio, utilicé Instagram para promocionar mis trabajos, donde logré establecer una pequeña comunidad que ahora considero amigos. Además, disfruto mucho participar en ferias de ilustración y libros, donde he tenido la oportunidad de establecer contacto con otros ilustradores y con el público en general. Estas plataformas me permiten mostrar mi trabajo y conectarme con personas que comparten intereses similares.

Who are your references in the world of painting?
In the world of illustration and art, I have several influences that I admire. I've always enjoyed the style, textures, and chromatic use of Matisse and Rousseau. Additionally, I fondly remember the illustrations of Maya Salarrué, a lesser-known Salvadoran illustrator, whose naïve style adorns the pages of one of my favorite books, "Cuentos de Cipotes" by Salarrué.

What do you do to promote your artworks?
At first, I used Instagram to promote my work, where I managed to establish a small community that I now consider friends. Additionally, I really enjoy participating in illustration and book fairs, where I've had the opportunity to connect with other illustrators and the general public. These platforms allow me to showcase my work and connect with people who share similar interests.

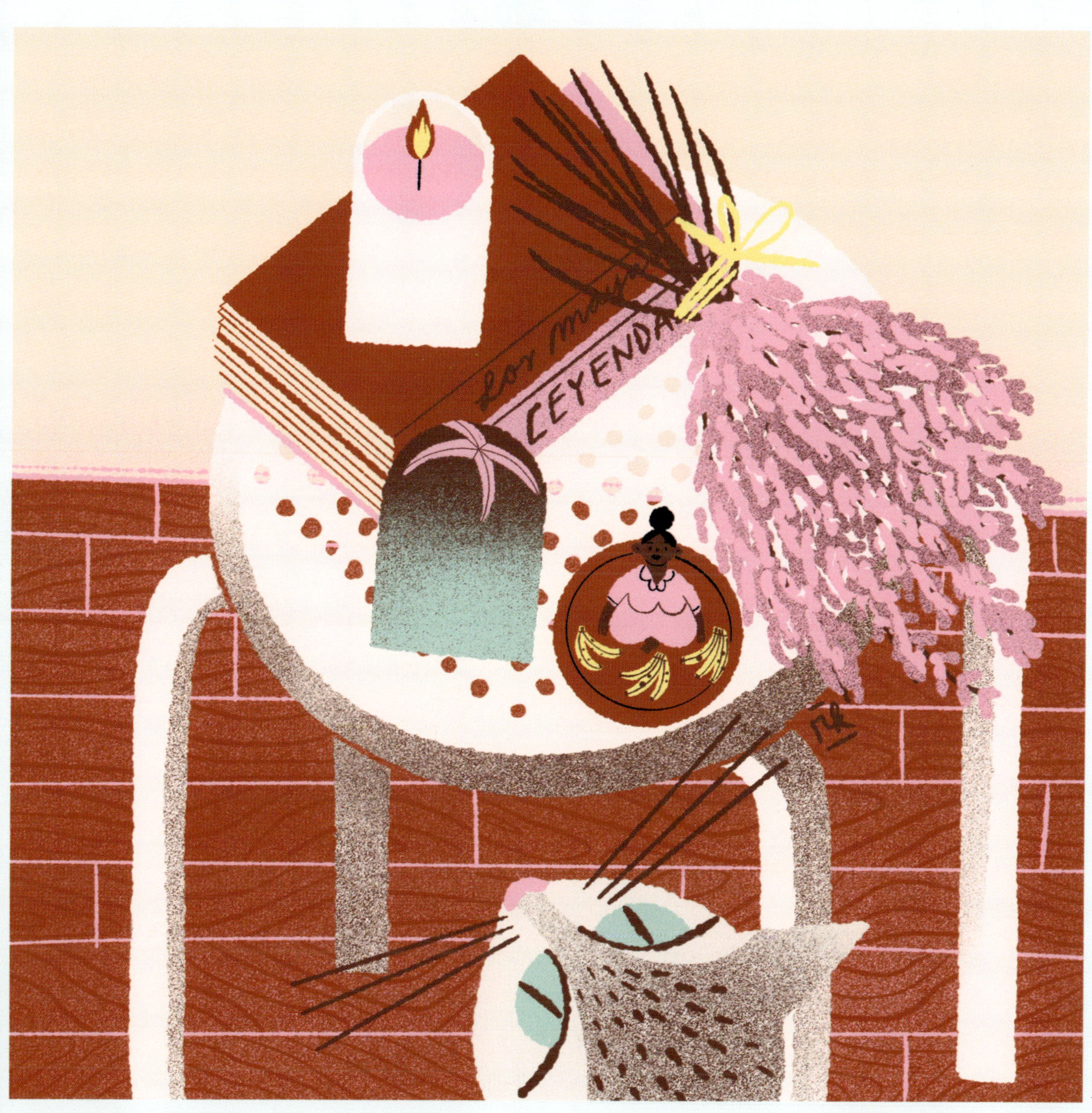

Still Life - Digital Art

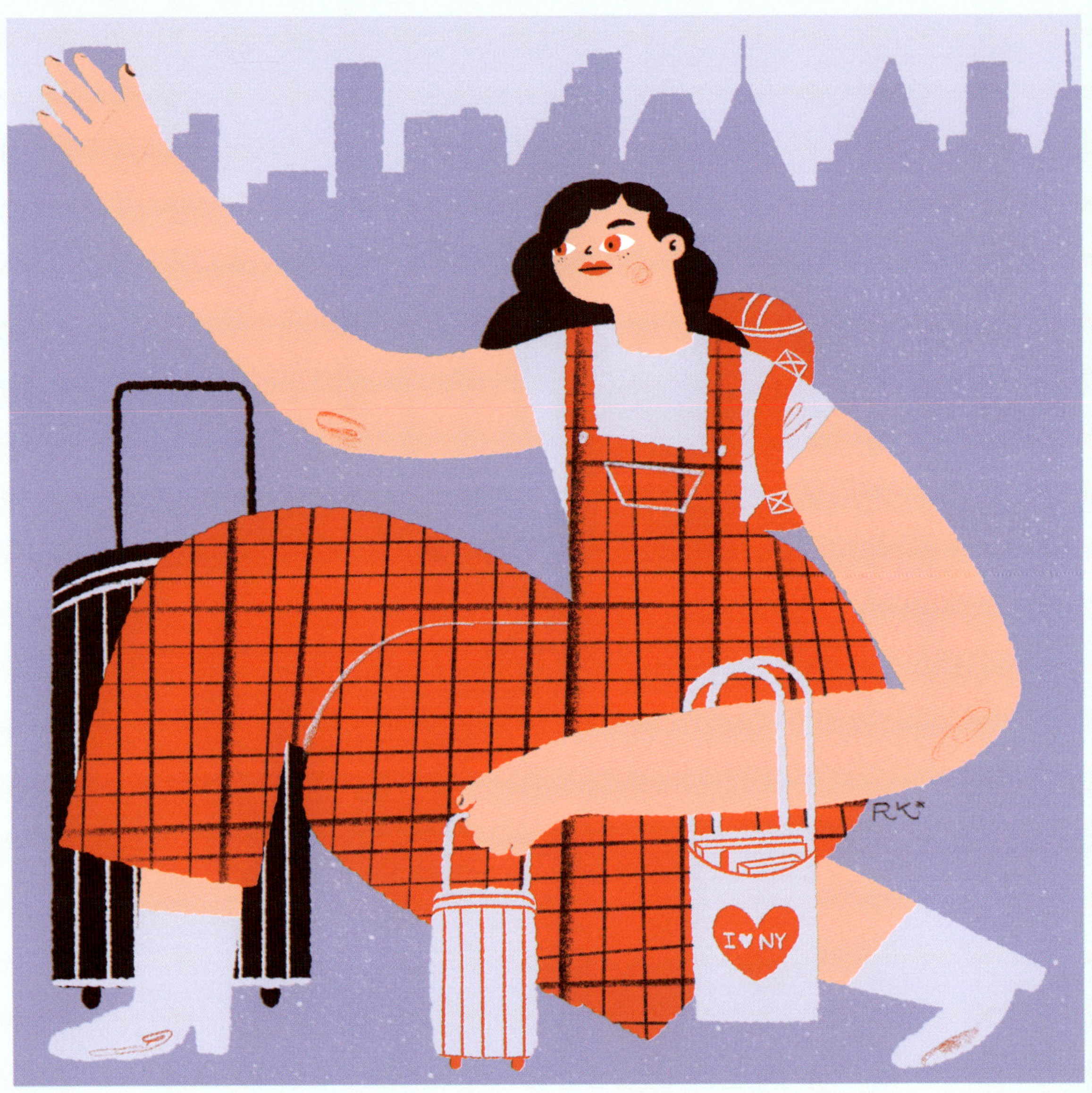

New York - Digital Art

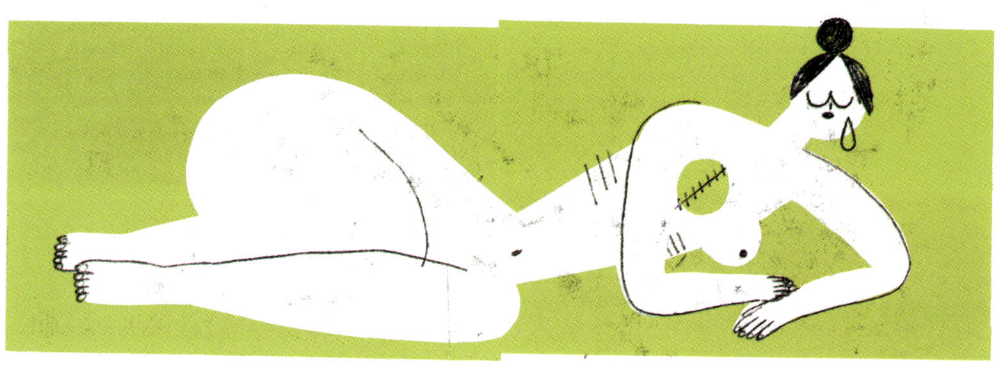

Überlebensfall - Monotype

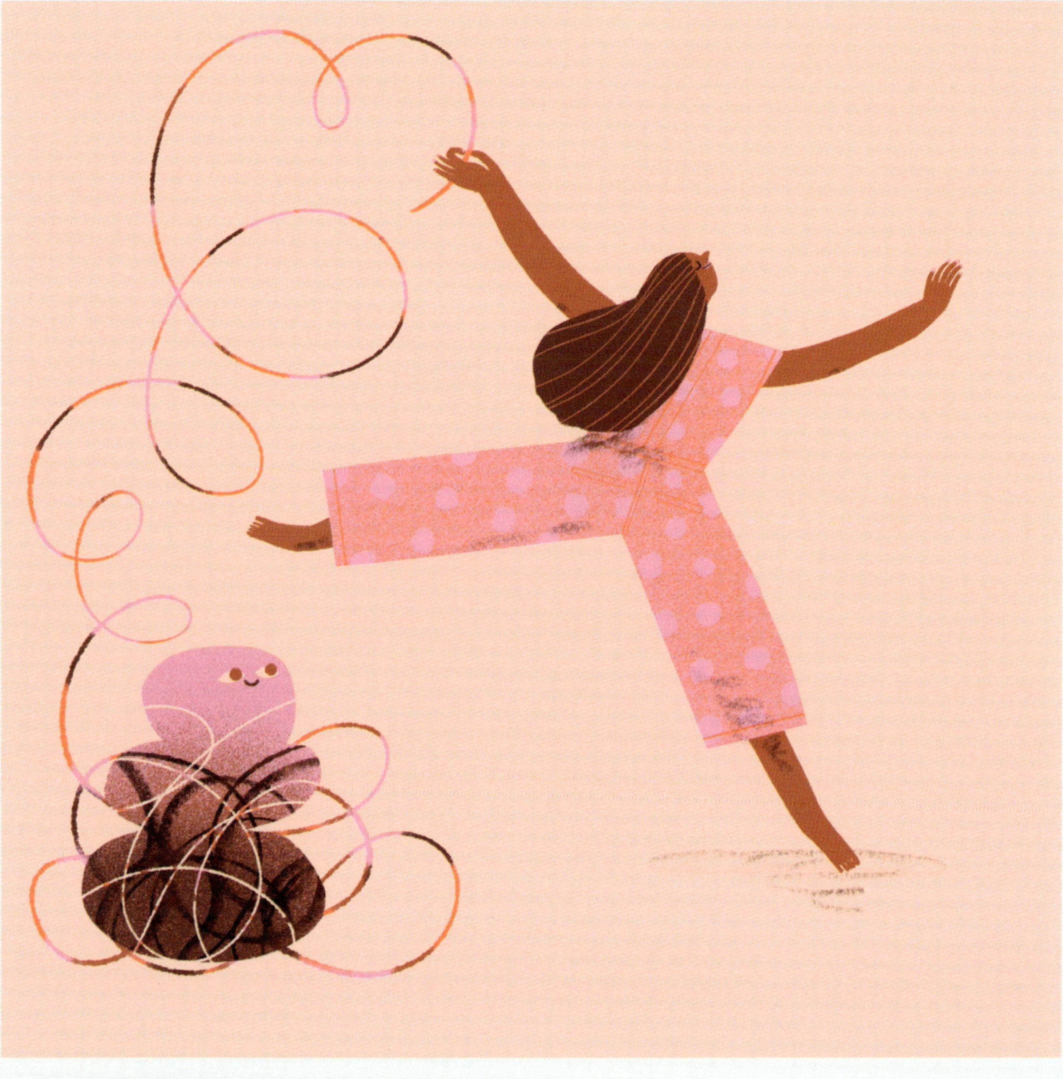

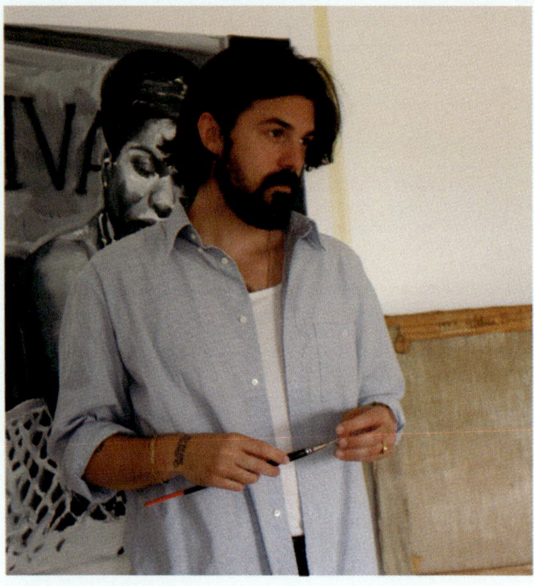

Alex de Marcos

www.alexdemarcos.com
Instagram: @alex.demarcos

¿Cuándo y cómo comenzaste a crear tus trabajos?
Durante mi vida, el arte ha sido una presencia constante de diferentes maneras. Cuando era niño, solía dibujar con crayones de colores, creando personajes a los que les inventaba historias. Más tarde, a los 12 años, cambié los crayones por aerosoles y me sumergí en el graffiti hasta los 22 años, momento en el que opté por una tableta gráfica y comencé a dedicarme profesionalmente a la ilustración. Actualmente, combino la ilustración con la pintura de lienzos de gran formato al óleo. Este es mi mundo artístico.

¿Cuáles son las fuentes de inspiración que estimulan tu producción artística?
Desde pequeño, sentía que mi madre era como una obra de arte viviente, radiante y hermosa. A menudo me preguntan por qué pinto principalmente a mujeres, y siento que aún estoy explorando la respuesta a esa pregunta. Estoy en constante búsqueda de comprender esta cuestión.

¿Cómo describirías tus trabajos?
Cuando era niño, pintaba cosas alegres como un contrapunto a una experiencia dolorosa que marcaría mi vida: la muerte de mi hermano. Ver a mi madre sumida en una tristeza infinita me impulsaba a pintarla alegre, en un intento de traer una sonrisa a su rostro en ese momento de aflicción. Mi trabajo artístico refleja una inclinación hacia la luz y el color, buscando la belleza en lo cotidiano y orientado hacia lo opuesto a la oscuridad.

When and how did you start creating your works?
Throughout my life, art has been a constant presence in various forms. As a child, I used to draw with colored crayons, creating characters and inventing stories for them. Later, at the age of 12, I swapped crayons for spray cans and immersed myself in graffiti until I was 22. At that point, I chose a graphics tablet and began working professionally in illustration. Nowadays, I combine illustration with painting large-format oil canvases. This is my artistic world.

What are the sources of inspiration that stimulate your artistic production?
Since I was young, I felt that my mother was like a living work of art, radiant and beautiful. People often ask me why I primarily paint women, and I feel that I am still exploring the answer to that question. I am in a constant search to understand this issue.

How would you define your artworks?
When I was a child, I painted cheerful things as a counterpoint to a painful experience that would mark my life: the death of my brother. Seeing my mother engulfed in infinite sadness pushed me to paint her joyfully, in an attempt to bring a smile to her face during that time of grief. My artistic work reflects a tendency towards light and color, seeking beauty in the everyday and oriented towards the opposite of darkness.

Dinner - Mixed Technique >>

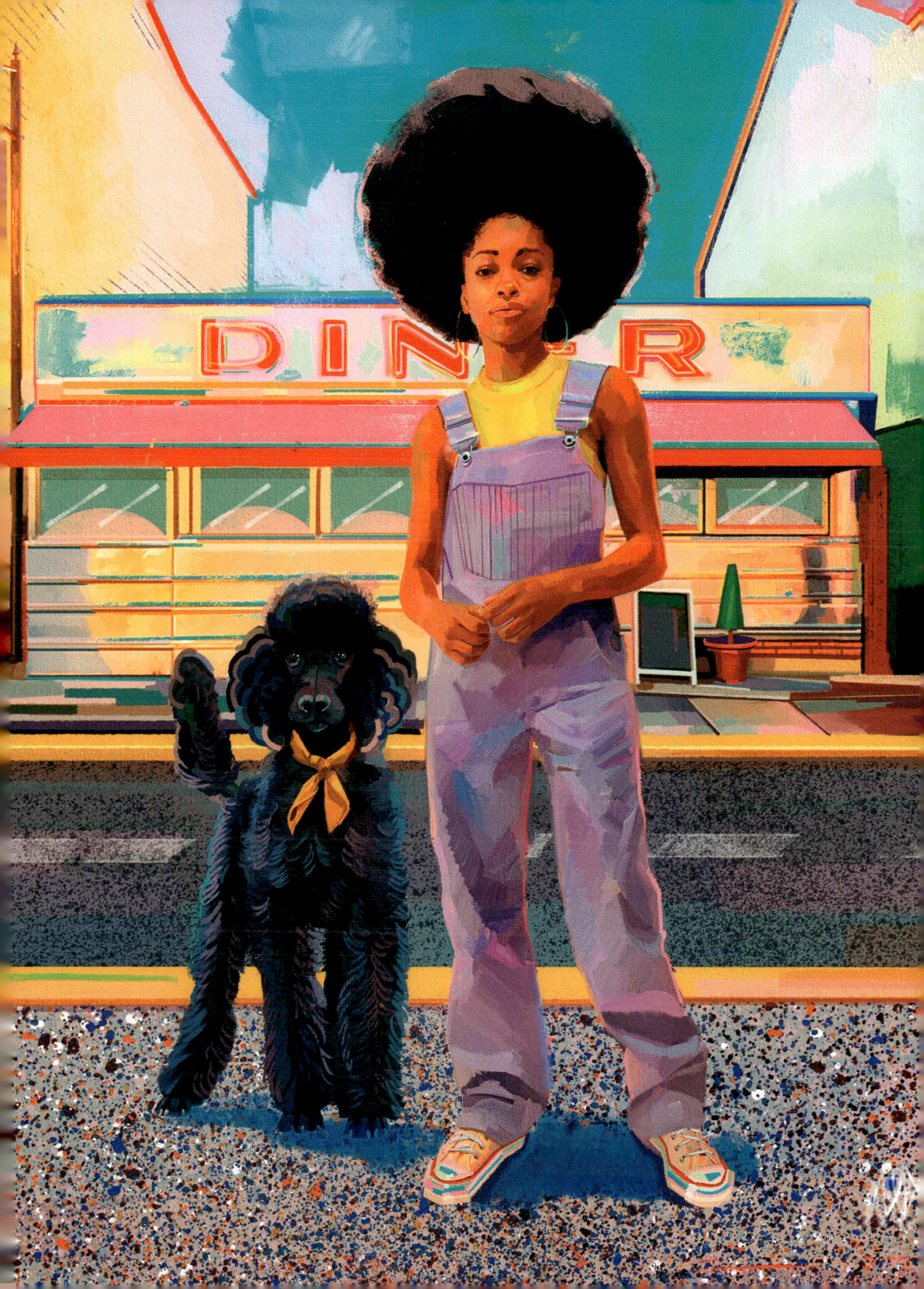
DINER

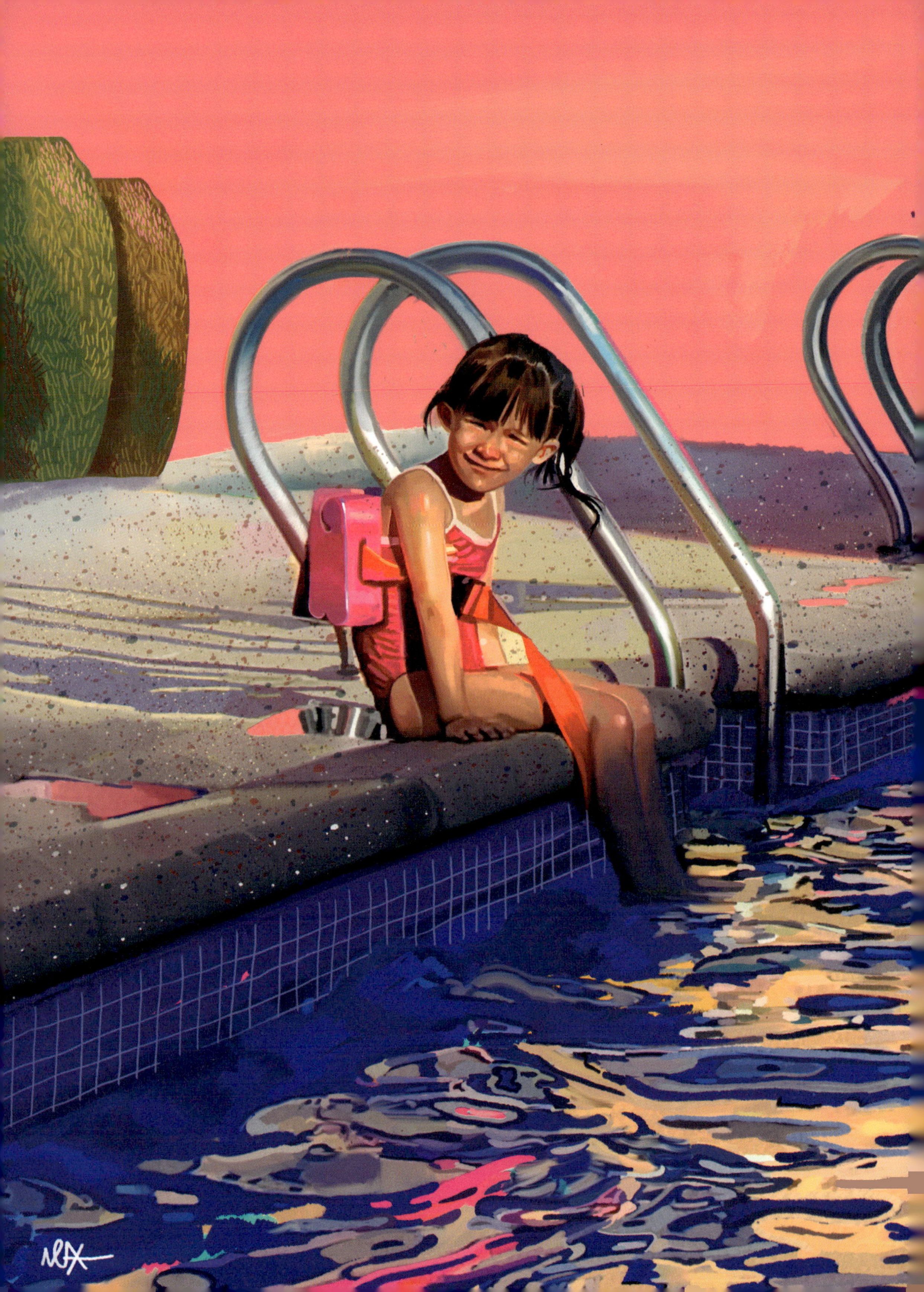

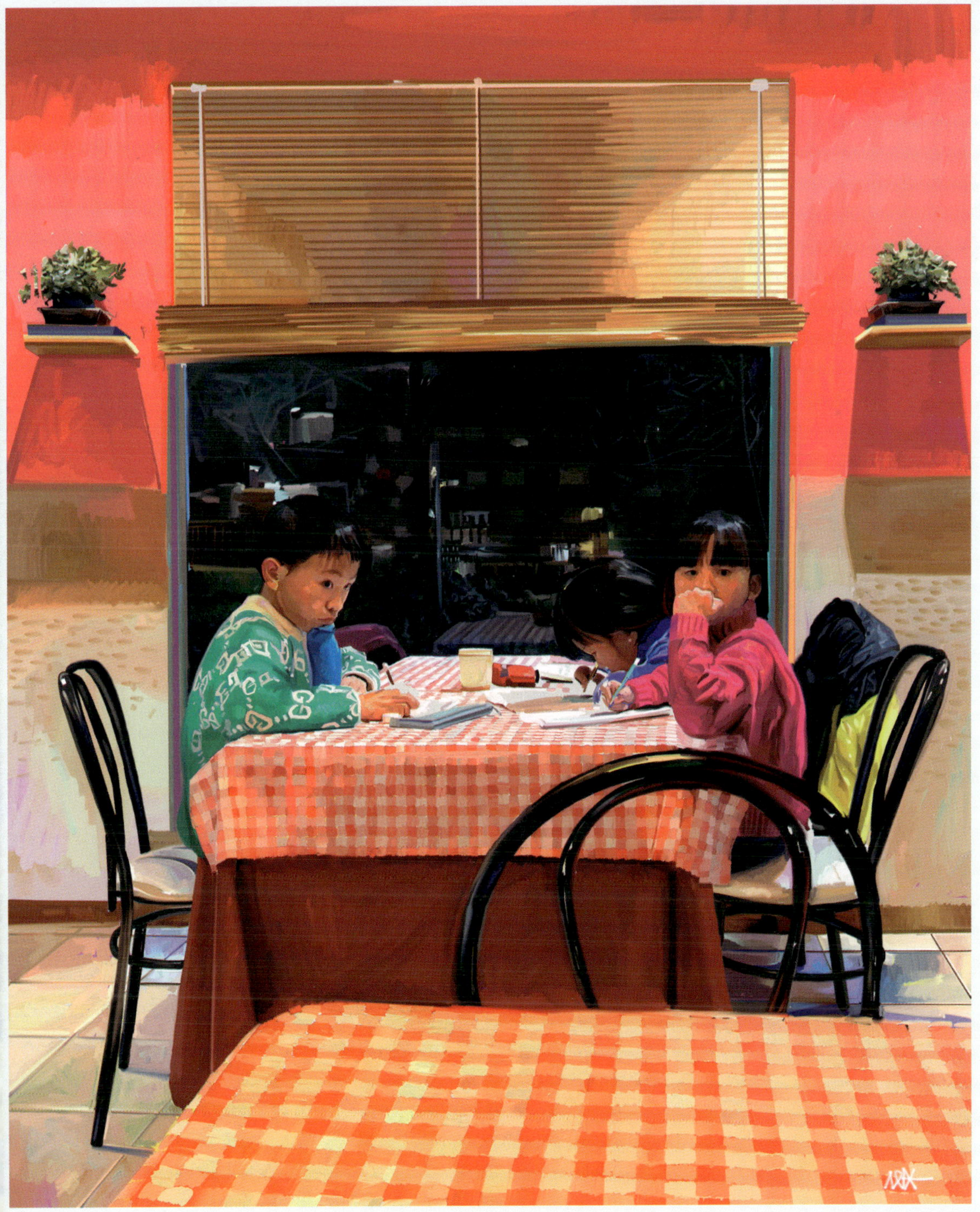

La Estrella de Oriente - Mixed Technique

<< Cloro y Agua - Mixed Technique

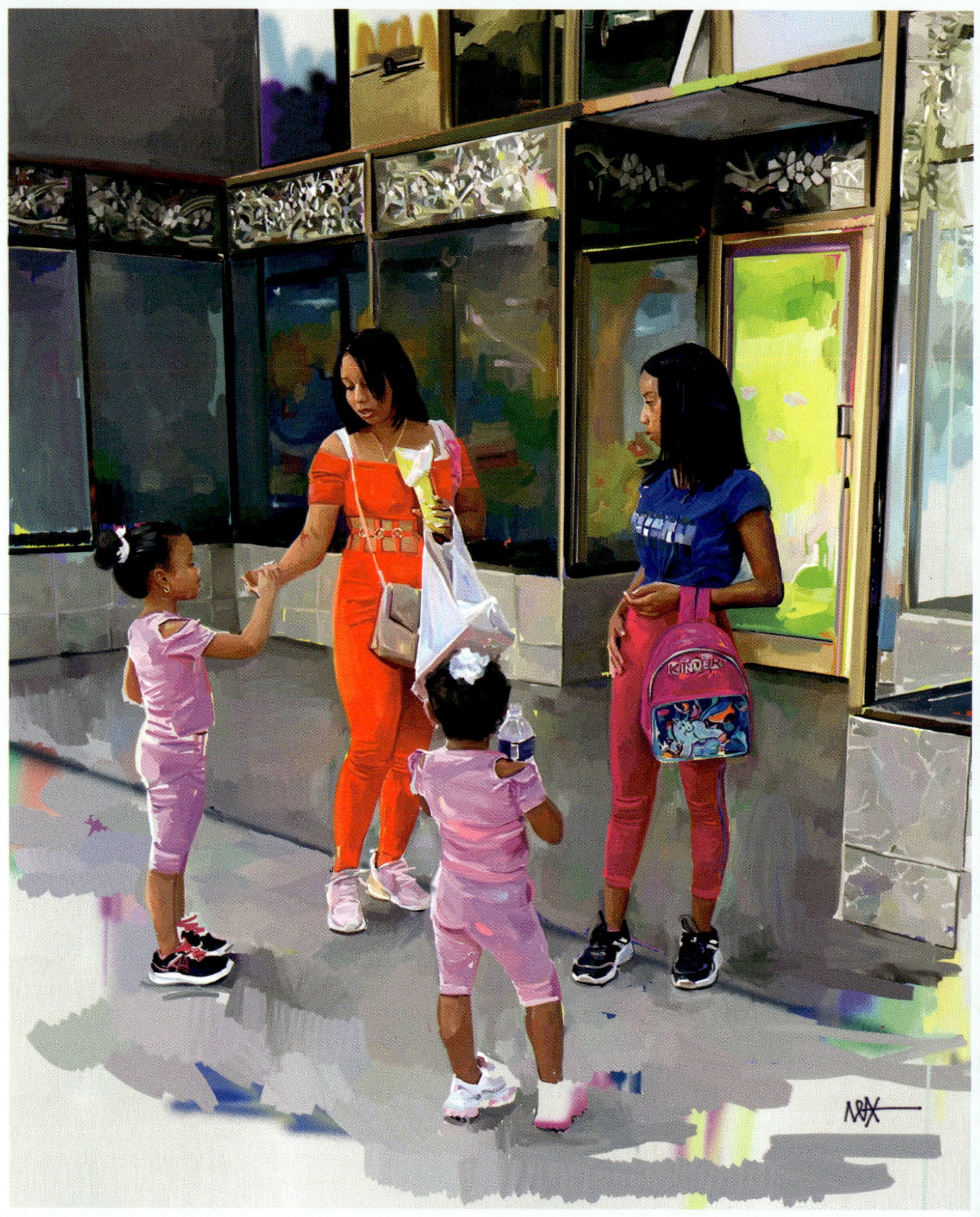

La Merienda de Nicol - Mixed Technique

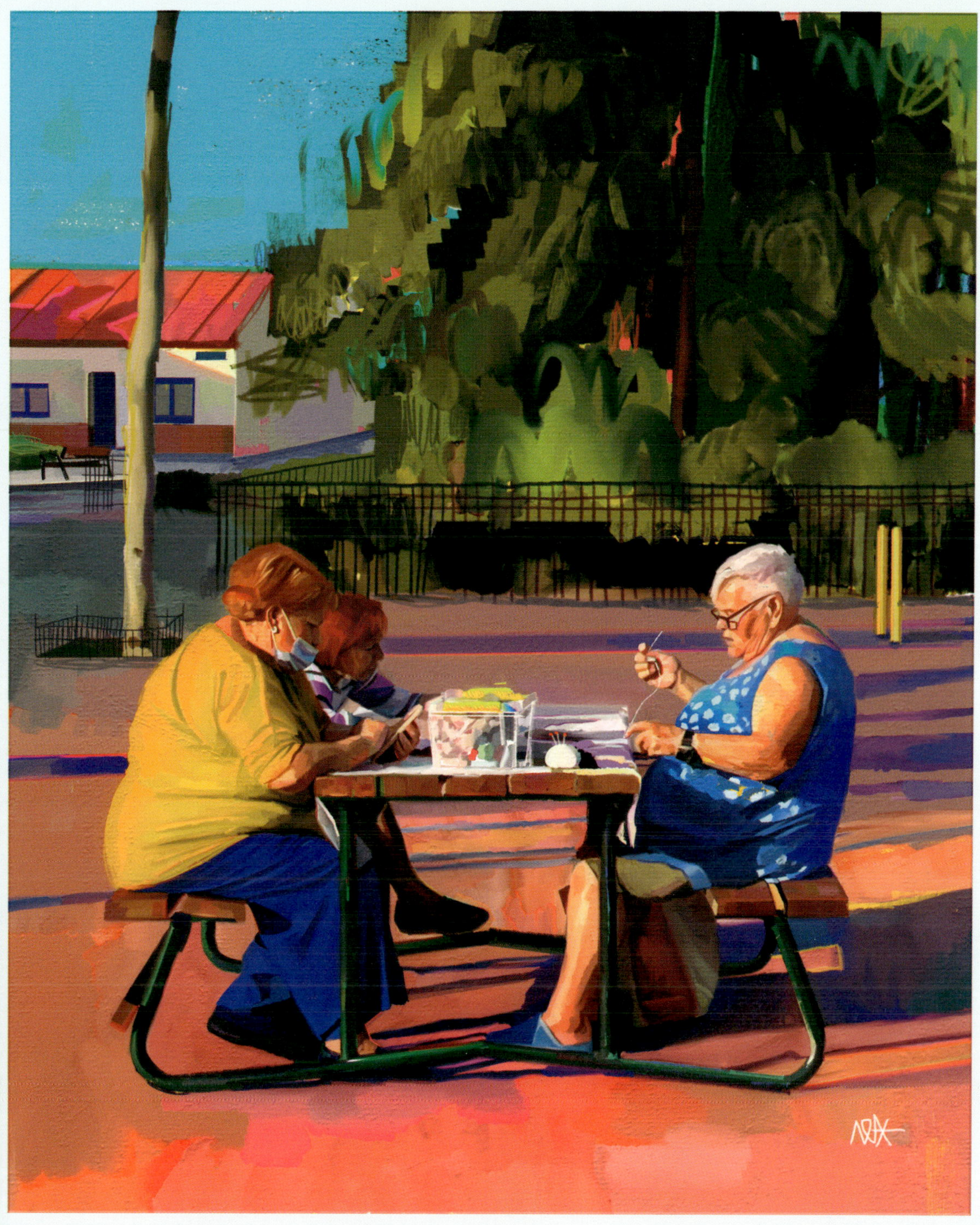

Señoras de mi Barrio quedan para Coser - Mixed Technique

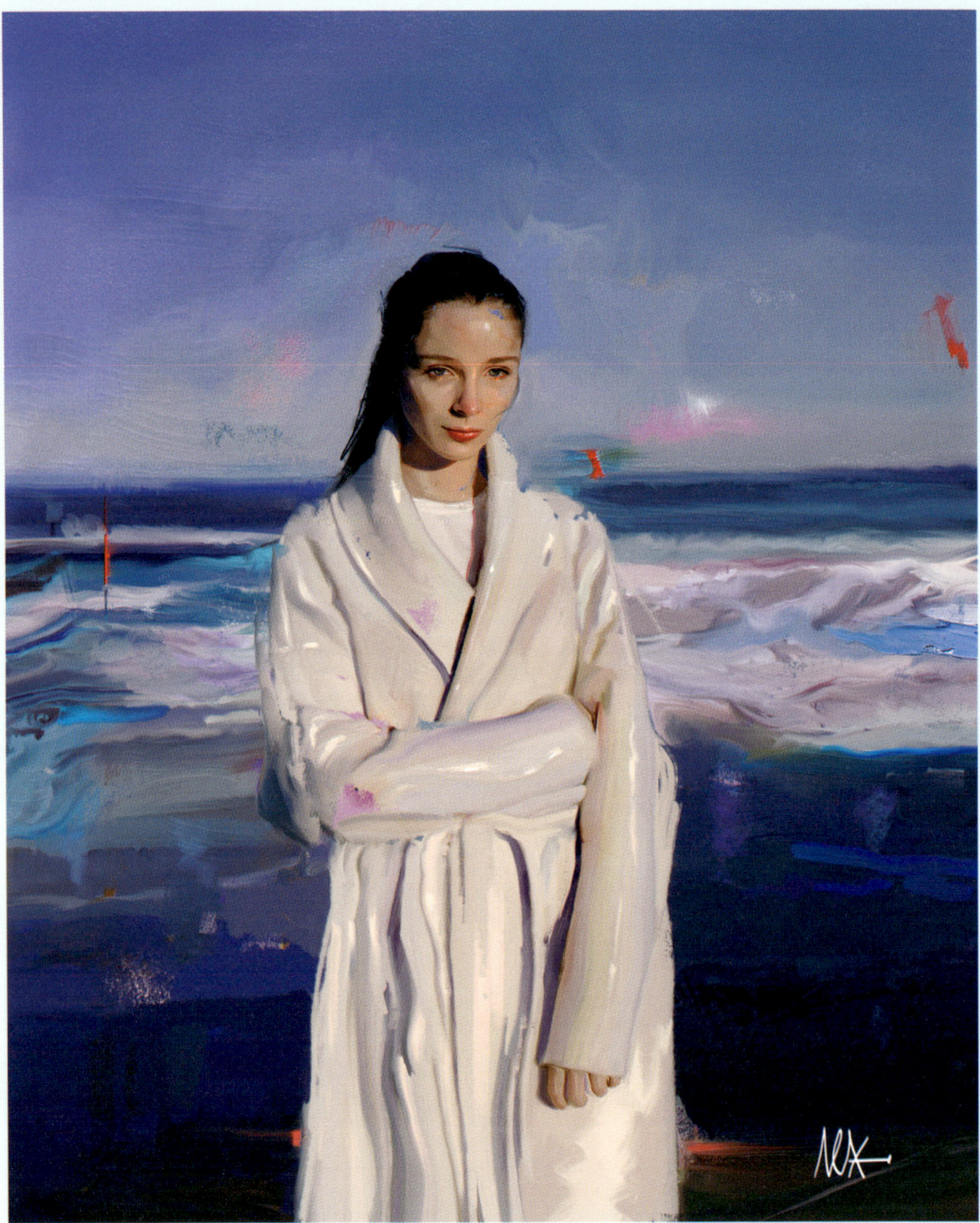

Luz de Costa en Invierno - Mixed Technique

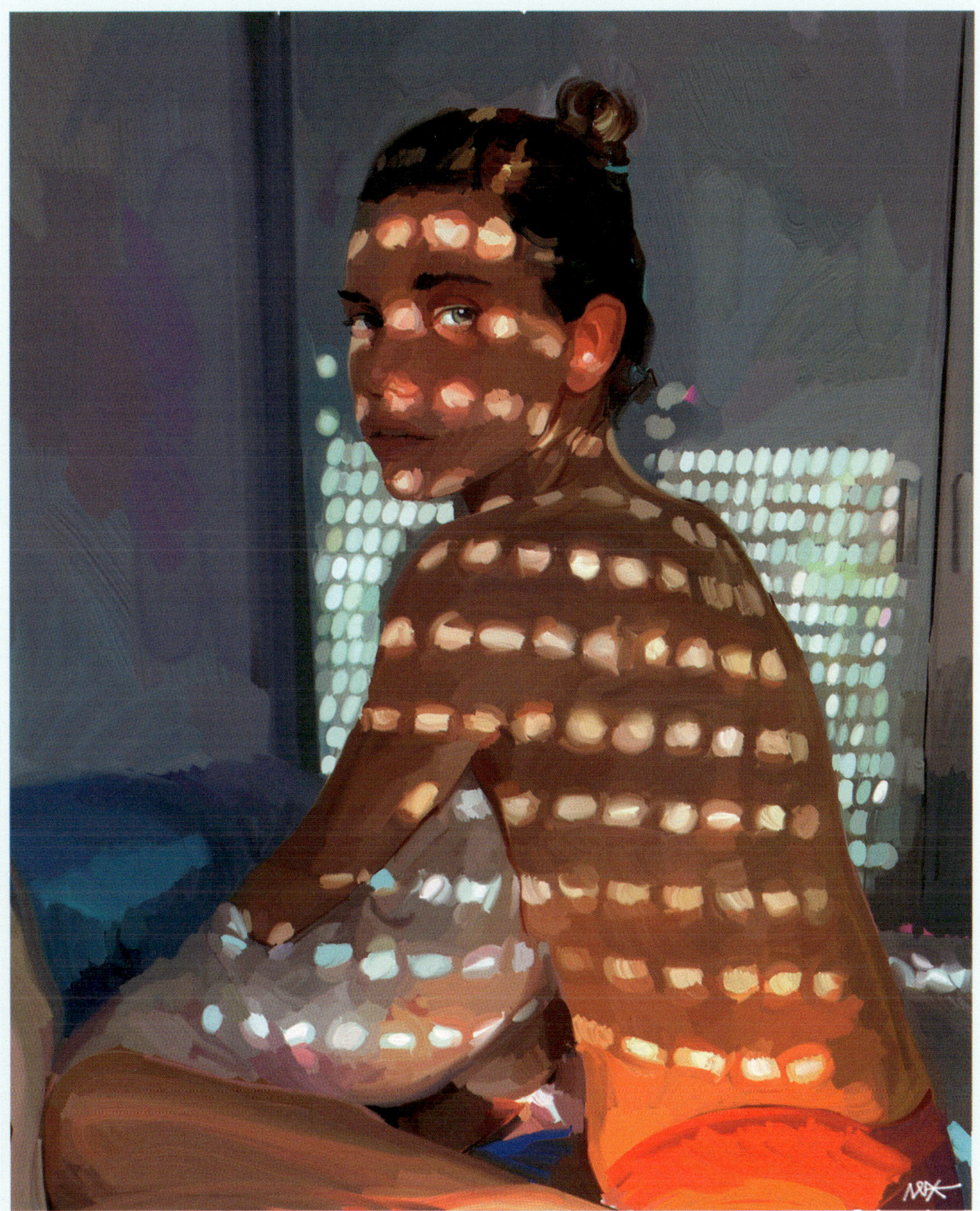

Luz sobre, Majo - Mixed Technique

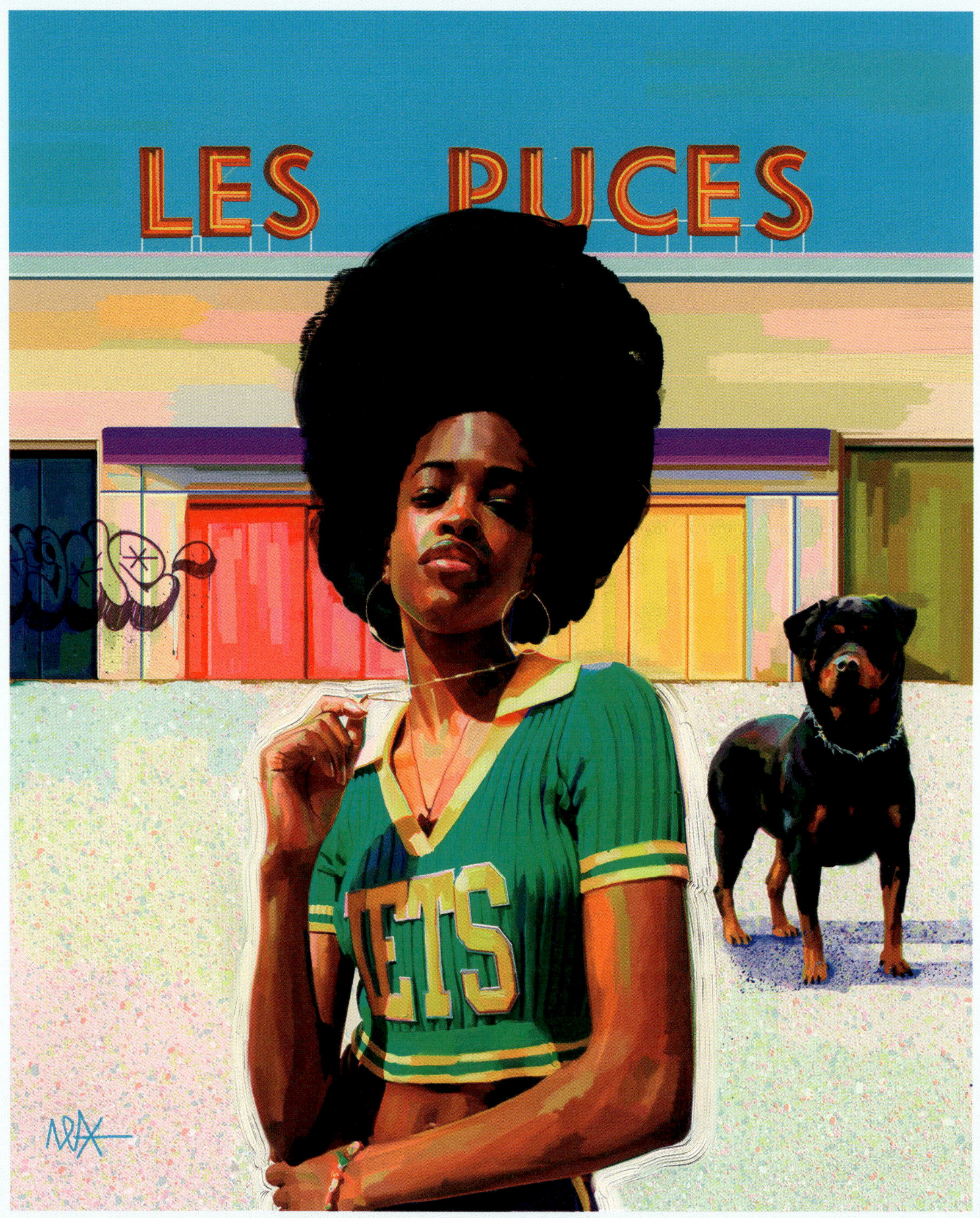

Les Puces - Mixed Technique

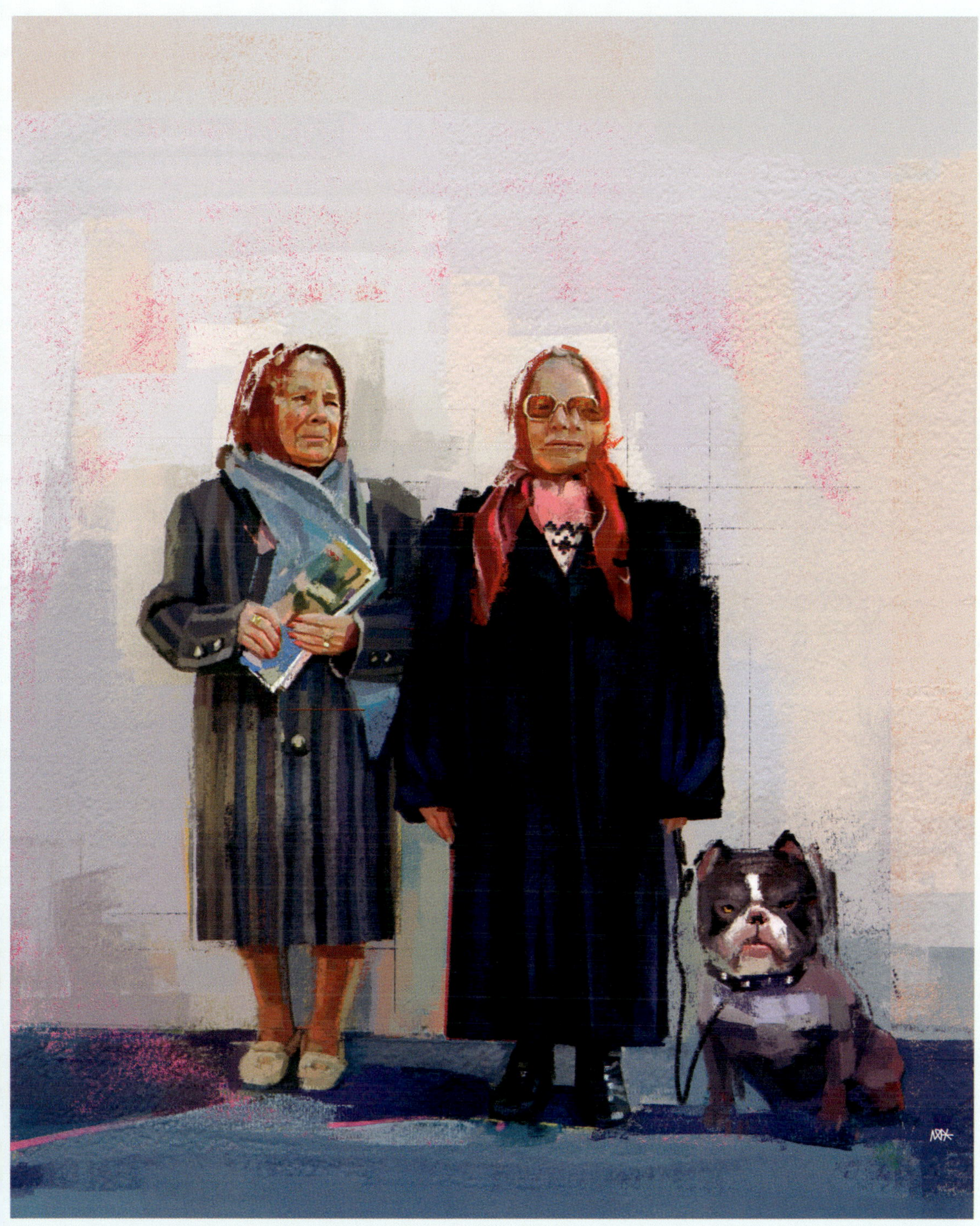

Las dos Marías con Pitbull - Mixed Technique

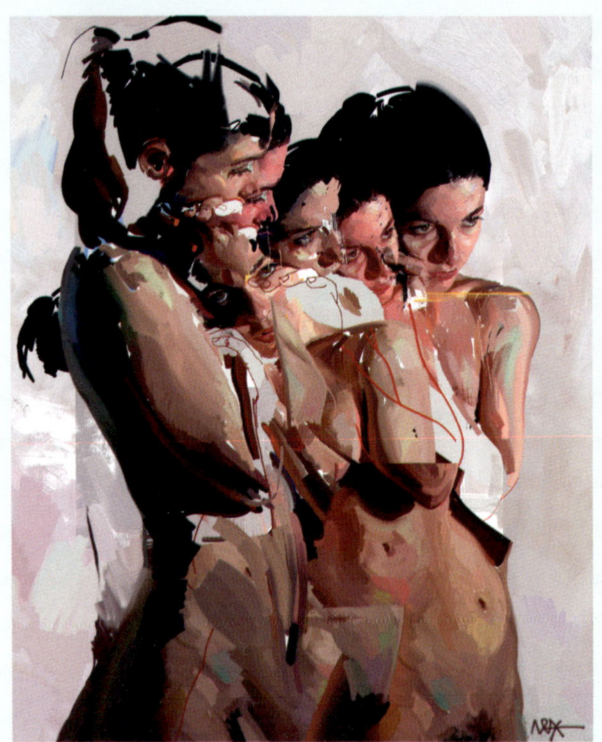

Refugio Interior - Mixed Technique

Who are your references in the world of painting?
Being from Madrid and living in a city with the
renowned Prado Museum, it's inevitable that I draw
inspiration from the Spanish pictorial tradition, with
artists such as Pradilla, Sorolla, Velázquez, Madrazo,
Ramón Casas, among others. Additionally, during my
time more closely connected to graffiti, I became
interested in American cultural movements, exploring
artists both within and outside of that sphere. I find
similarities in the work of African American artists such
as Amy Sherald, Kerry James Marshall, Kehinde Wiley,
Jordan Casteel, among others.

What do you do to promote your artworks?
I mainly use social media, especially Instagram.

**¿Quiénes son tus referentes en el mundo de la
pintura?**
Siendo de Madrid y viviendo en una ciudad con el
renombrado Museo del Prado, es inevitable que
me inspire en la tradición pictórica española, con
artistas como Pradilla, Sorolla, Velázquez, Madrazo,
Ramón Casas, entre otros. Además, durante
mi etapa más vinculada al graffiti, me interesé
por los movimientos culturales estadounidenses,
explorando artistas tanto dentro como fuera de esa
esfera. Encuentro similitudes en la obra de artistas
afroamericanos como Amy Sherald, Kerry James
Marshall, Kehinde Wiley, Jordan Casteel, entre otros.

¿Qué haces para promocionar tus obras?
Principalmente uso las redes sociales,
especialmente Instagram.

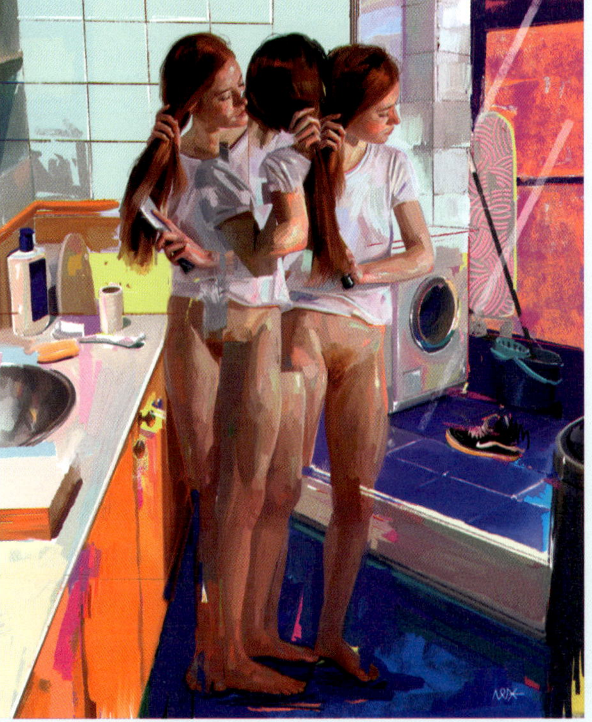

Lo que Vale un Peine - Mixed Technique

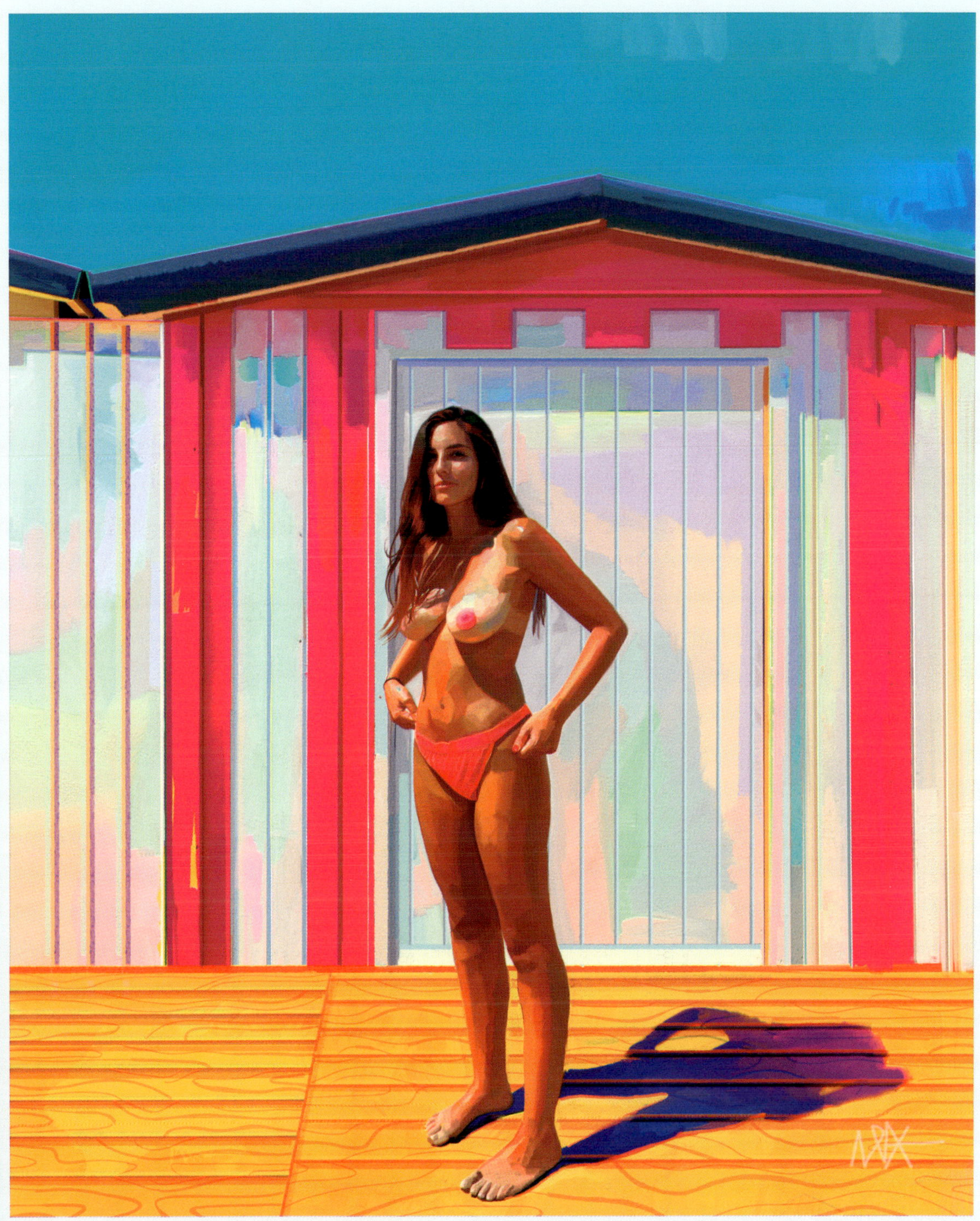

Erea en la Playa - Mixed Technique

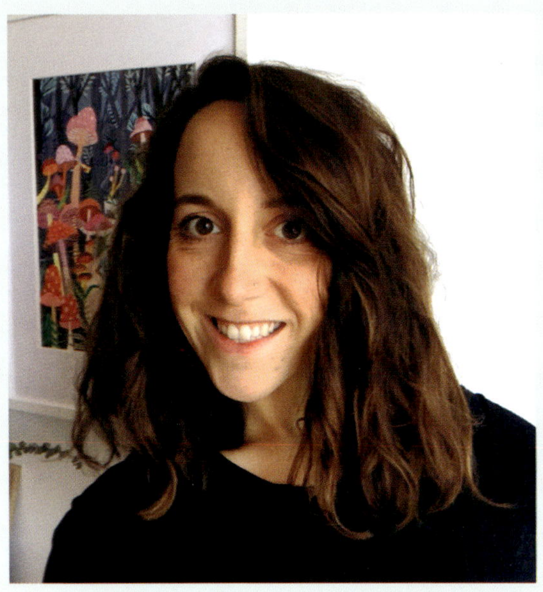

Miranda Sofroniou

www.mirandasofroniou.com
Instagram: @miranda_illustration
etsy.com/shop/mirandasofroniou

¿Cuándo y cómo comenzaste a crear tus trabajos?
Siempre me ha encantado dibujar y pintar desde que era pequeña, y mi papá es un artista, así que parecía un camino natural para mí. Estudié Ilustración en el Camberwell College of Arts en Londres, que fue increíblemente creativo y me dio la oportunidad de experimentar con muchas formas diferentes de expresión artística. Sin embargo, no fue hasta 2017, cuando me mudé a Melbourne, y empecé a trabajar como ilustradora independiente a tiempo completo.

¿Cuáles son las fuentes de inspiración que estimulan tu producción artística?
Encuentro inspiración en todas partes. Me gusta salir e "ir más despacio"; cuando te detienes, comienzas a notar cosas que normalmente no notarías, y encuentro eso enormemente inspirador.

¿Cómo describirías tus trabajos?
Creo ilustraciones que reflejan momentos espontáneos y evocan un sentido de lugar, construyendo un mundo en el que el espectador puede sumergirse. Disfruto experimentando con diferentes medios, mezclando pinturas de gouache y acuarela con lápices de colores para crear diseños lúdicos que celebran el color y el patrón.

When and how did you start creating your works?
I've always loved drawing and painting since I was young, and my dad is an artist, so it seemed like a natural path for me. I studied Illustration at Camberwell College of Arts in London, which was incredibly creative and gave me the opportunity to experiment with many different forms of artistic expression. However, it wasn't until 2017, when I moved to Melbourne, that I began freelancing as an illustrator full-time.

What are the sources of inspiration that stimulate your artistic production?
I find inspiration everywhere. I like to get out and about and 'slow down'; when you slow down, you start noticing things you wouldn't normally, and I find that hugely inspirational.

How would you define your artworks?
I create illustrations that reflect spontaneous moments and evoke a sense of place, constructing a world into which the viewer can step. I enjoy experimenting with different media, mixing gouache and watercolor paints with colored pencils to craft playful designs that celebrate color and pattern.

Beach - Watercolour, Gouache and Coloured Pencils > >

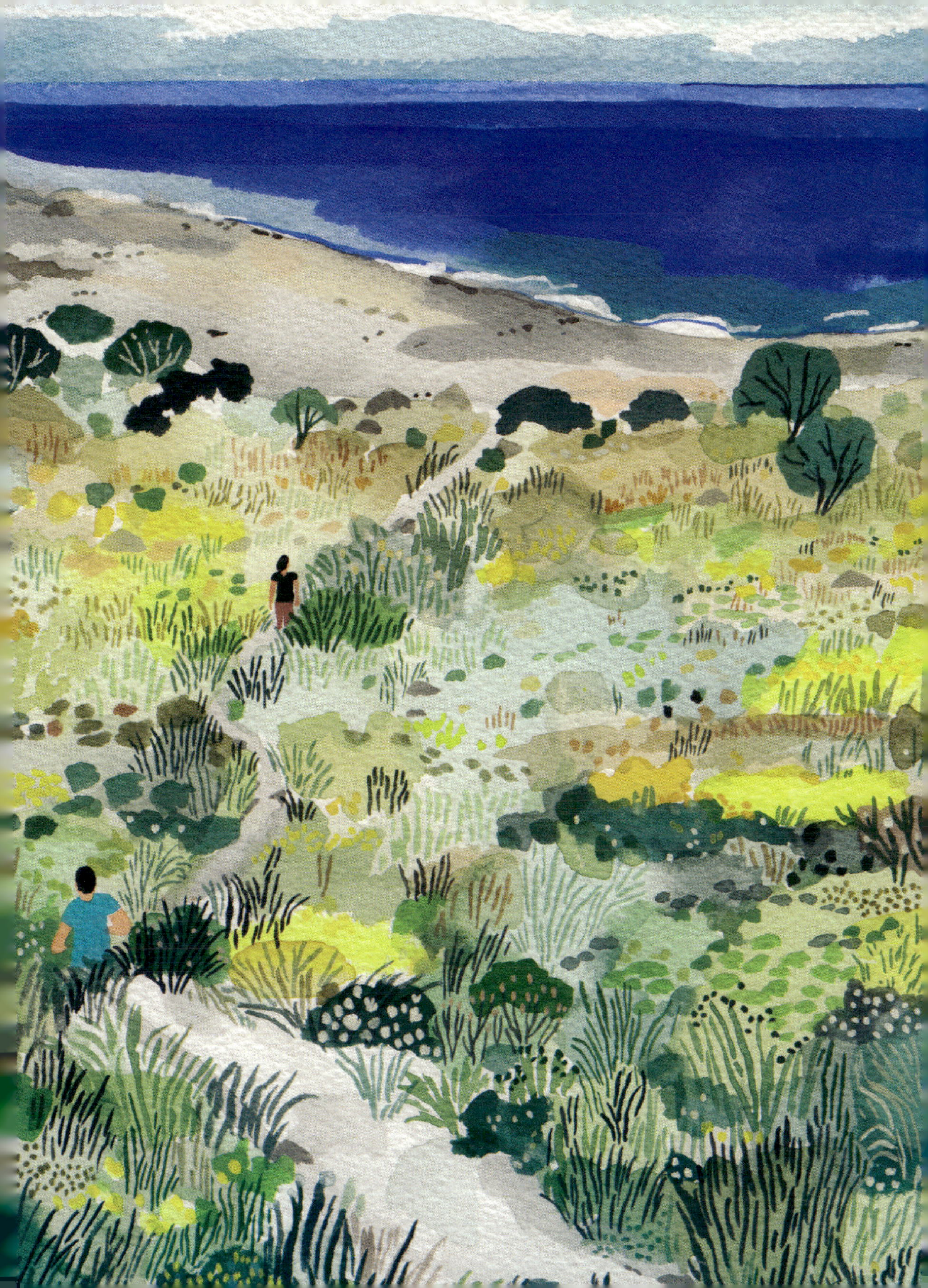

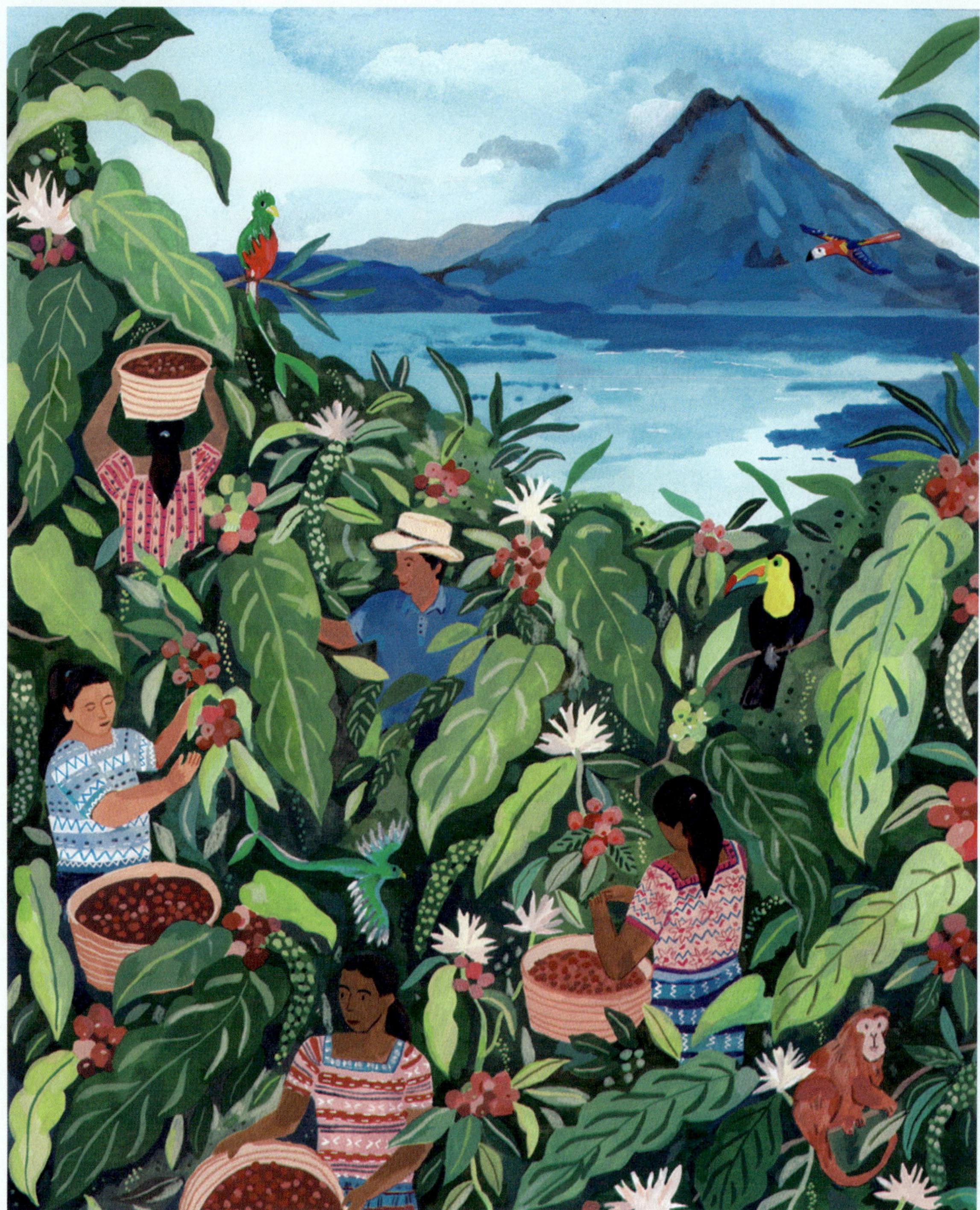

Illy - Watercolour, Gouache and Coloured Pencils

Jungle Pool - Watercolour, Gouache and Coloured Pencils > >

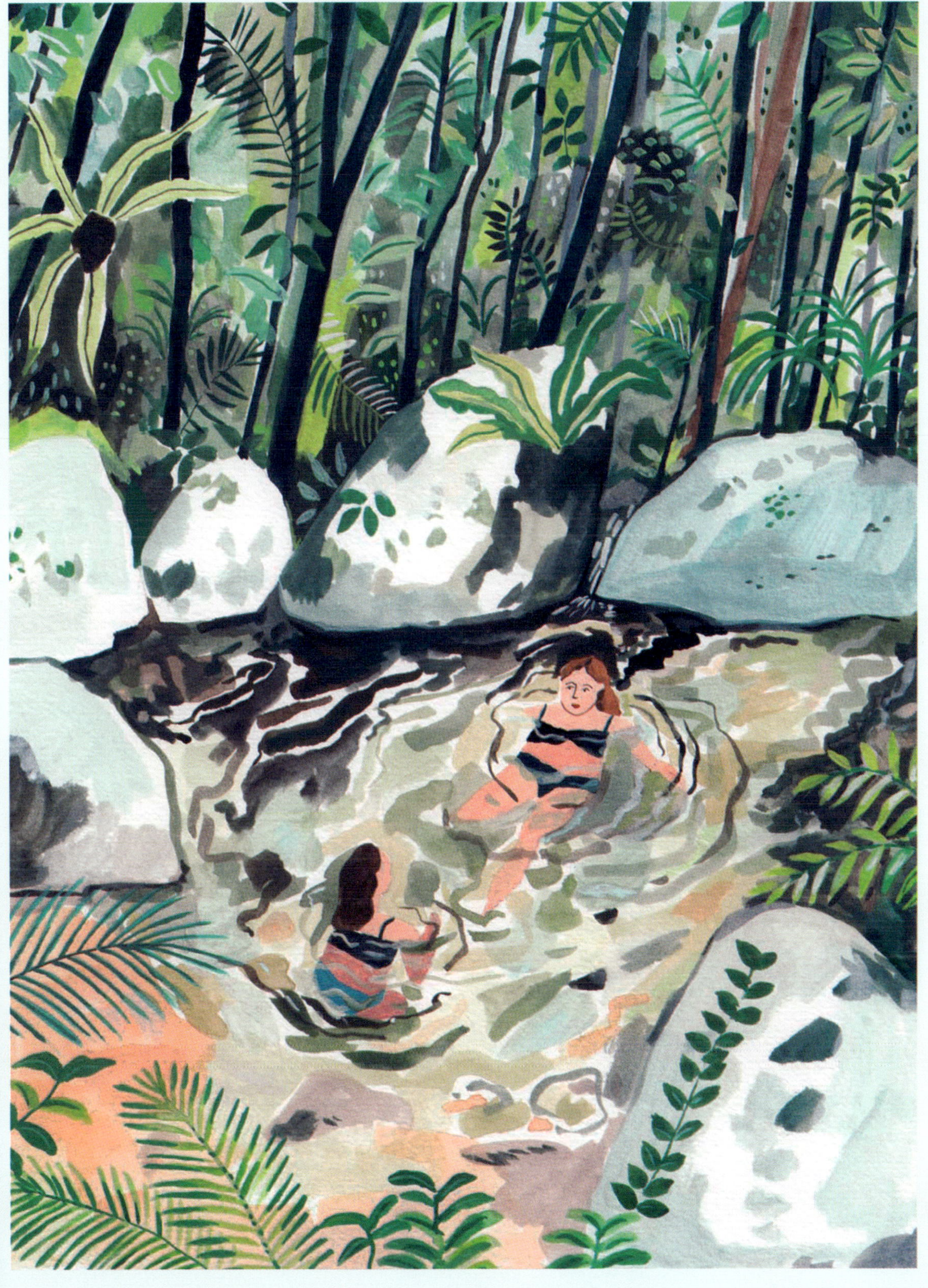

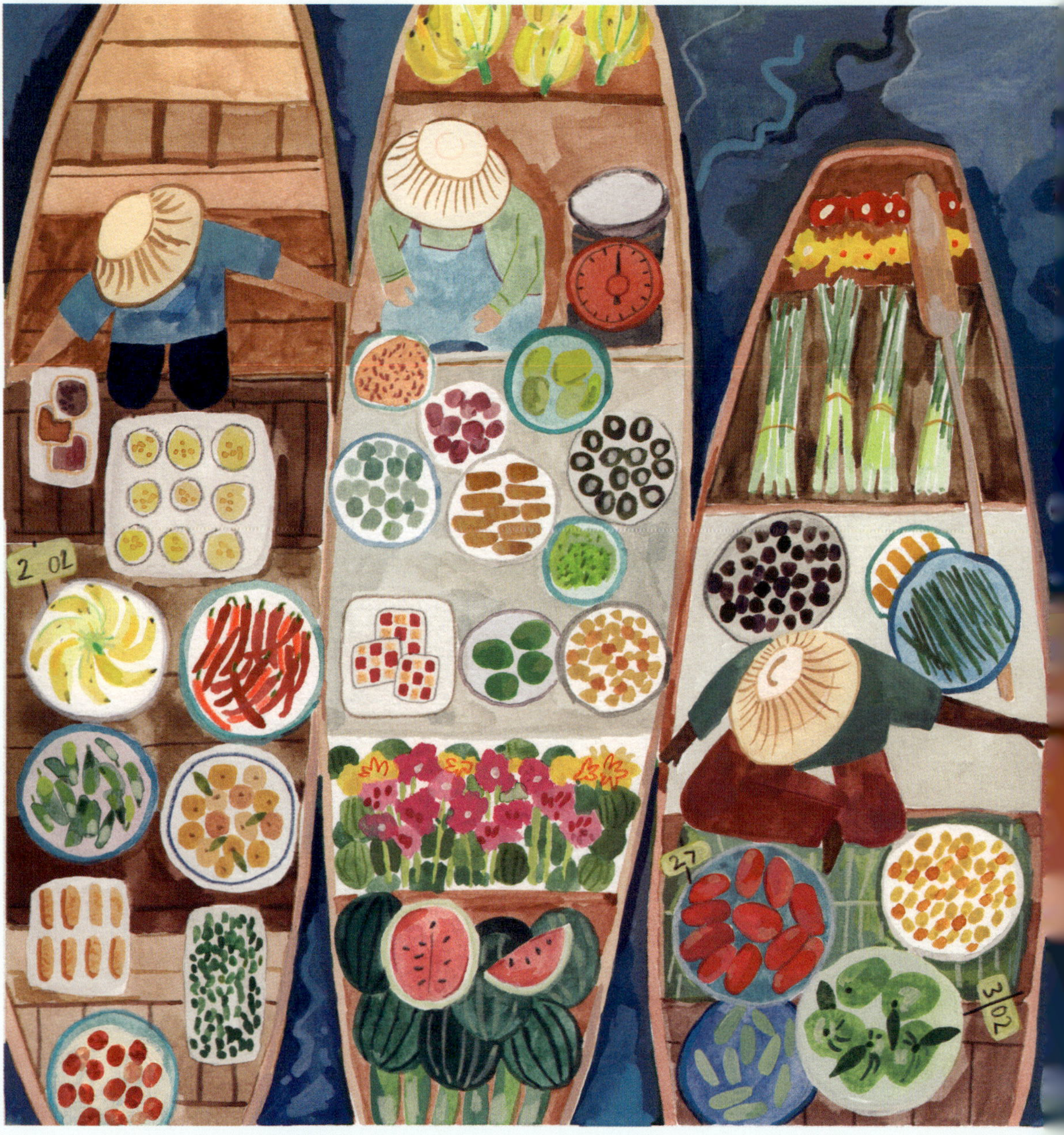

Market - Watercolour, Gouache and Coloured Pencils

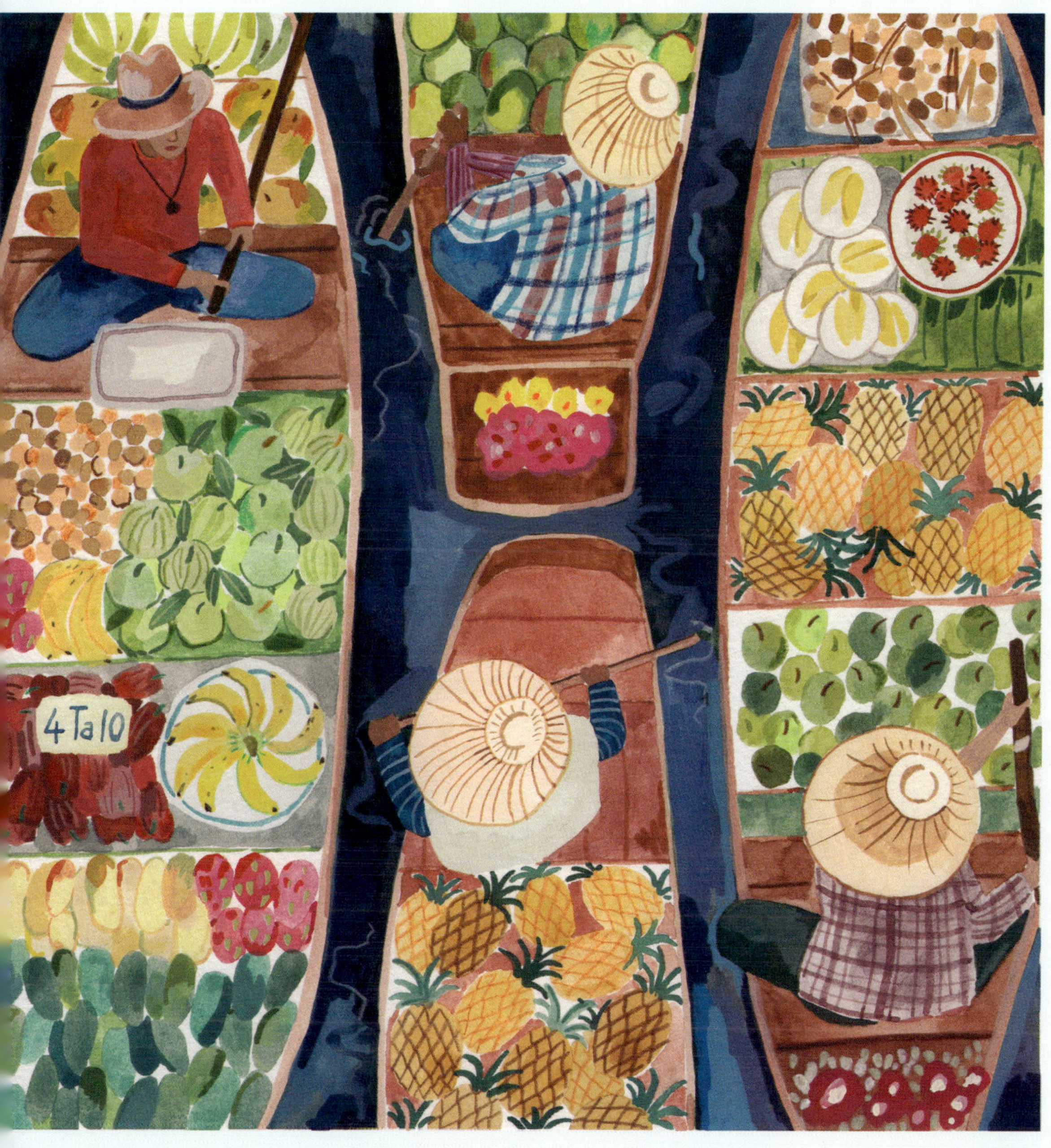
4 Ta 10

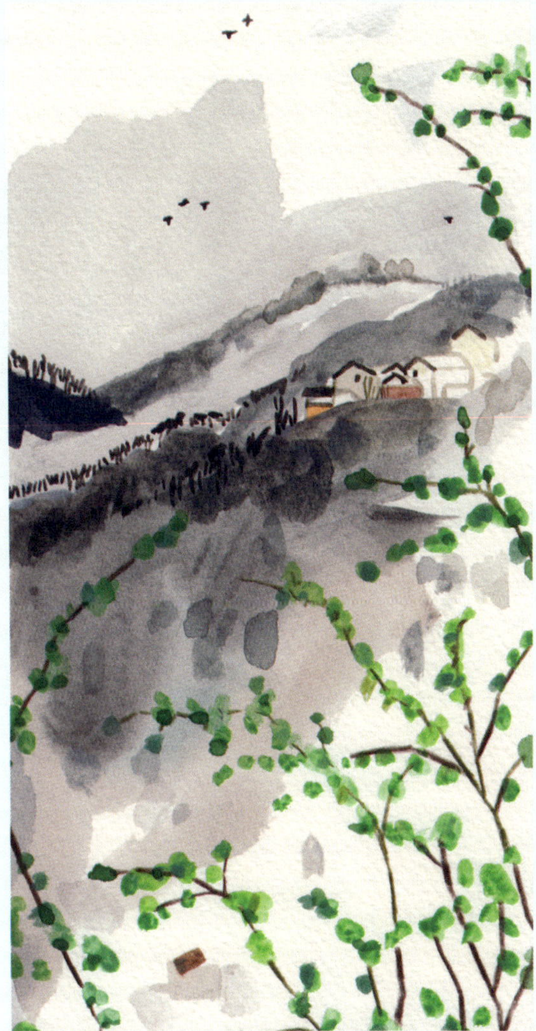

Mountain Misty - Watercolour, Gouache
and Coloured Pencils

¿Quiénes son tus referentes en el mundo de la pintura?
Realmente me encanta el trabajo de Charlotte Ager,
Jean Mallard y Yukiko Noritake. Sus obras son tan
coloridas y únicas.

¿Qué haces para promocionar tus obras?
Principalmente uso Instagram y mi página web.
Trabajar con revistas también es una excelente
manera de dar a conocer tu trabajo.

Who are your references in the world of painting?
I really love the work of Charlotte Ager, Jean Mallard,
and Yukiko Noritake. Their work is so colorful and unique.

What do you do to promote your artworks?
I mainly use Instagram and my website. Working with
magazines is also a great way to get your work out there.

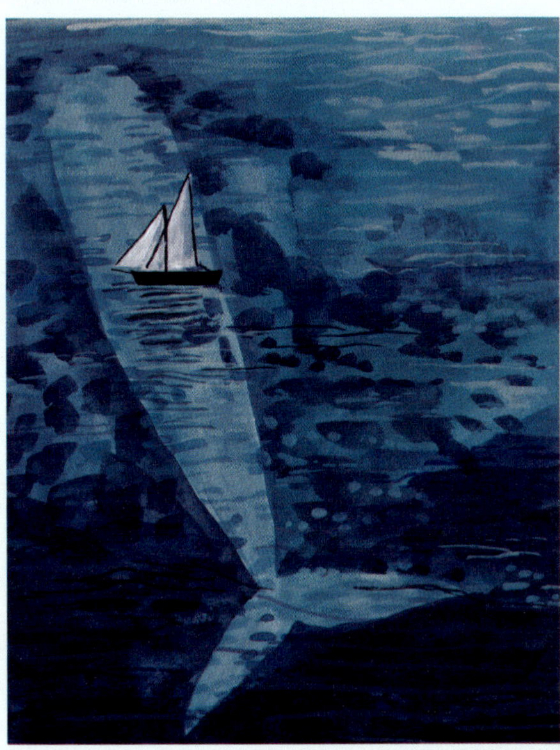

Whale - Watercolour, Gouache and Coloured Pencils

Meadow - Watercolour, Gouache and Coloured Pencils >>

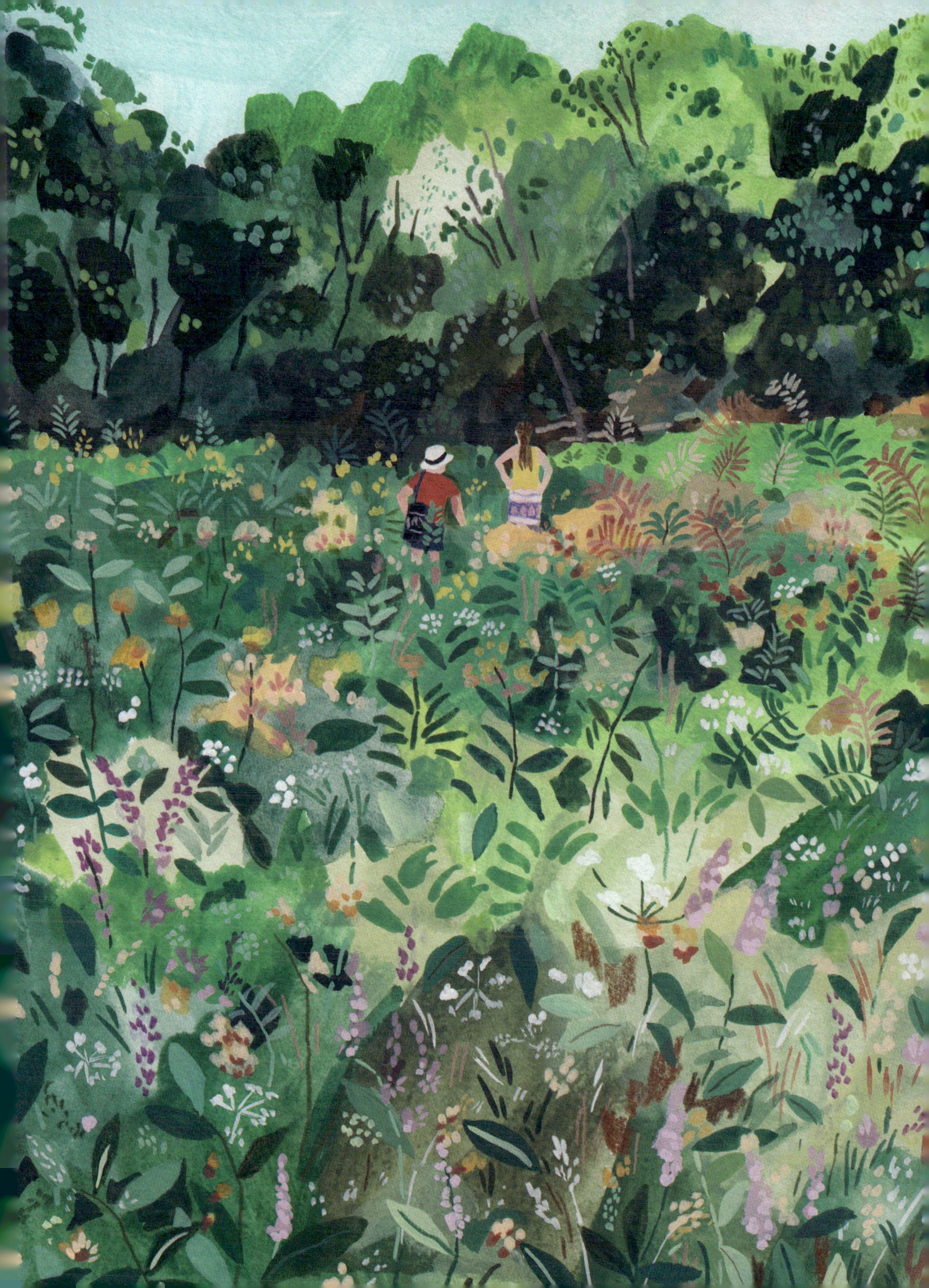

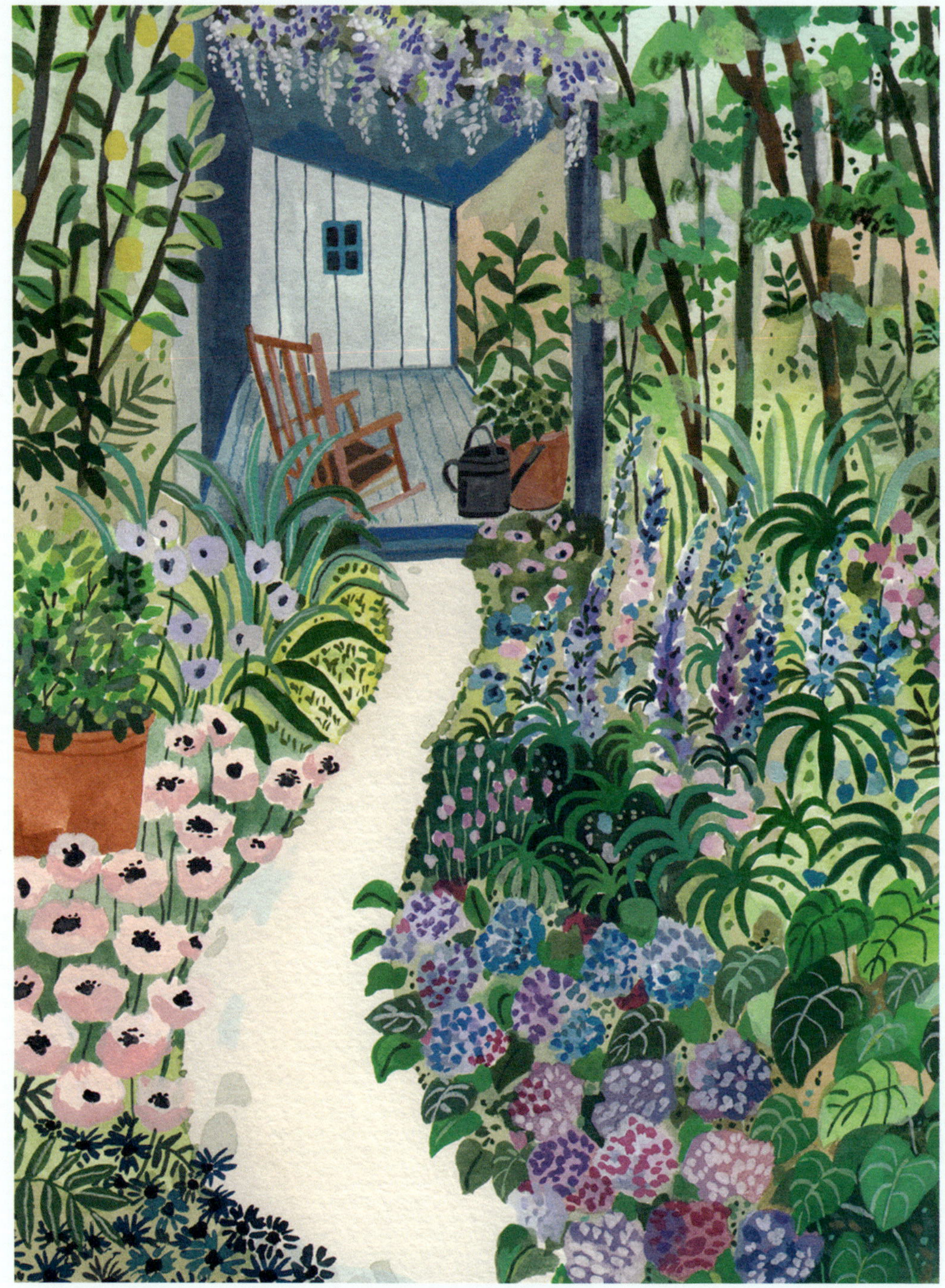

Bloom - Watercolour, Gouache and Coloured Pencils

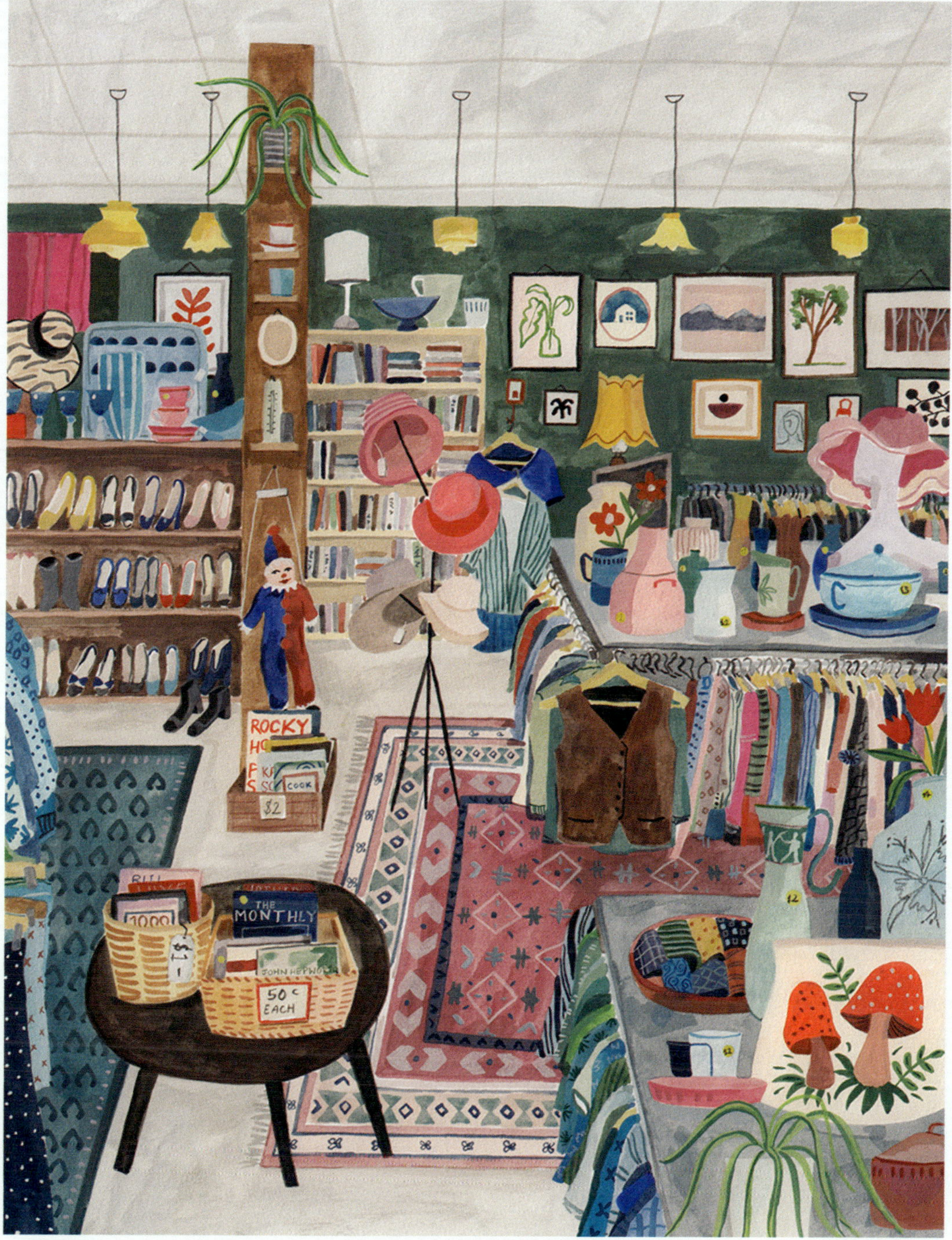

Frankie - Watercolour, Gouache and Coloured Pencils

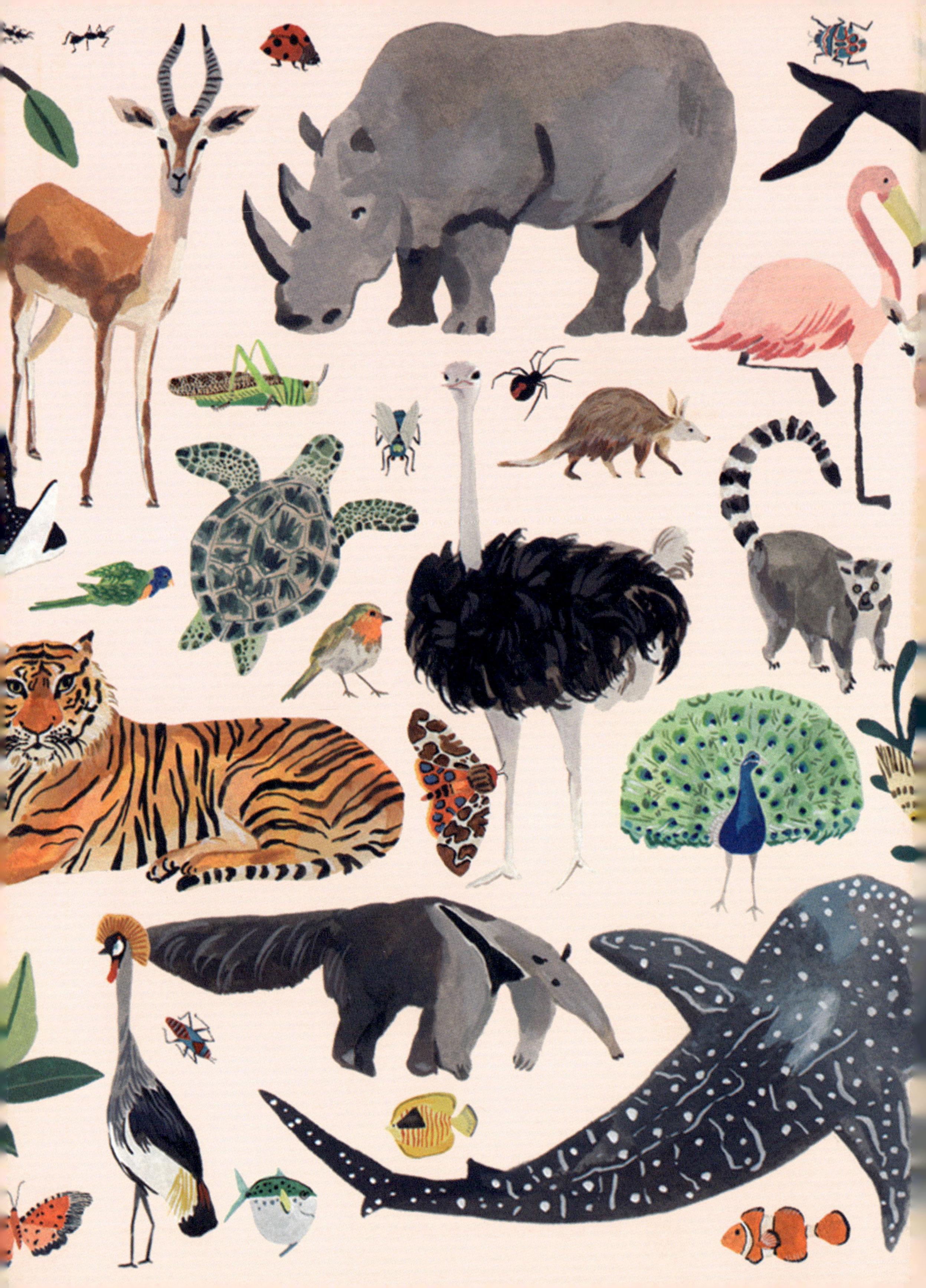